2

Theodore Levitt

Marketing Imagination

Theodore Levitt

Marketing Imagination

Die unbegrenzte Macht des kreativen Marketing

verlag moderne industrie

CIP-Kurztitelaufnahme der Deutschen Bibliothek

Levitt, Theodore:
Marketing imagination : d. unbegrenzte
Macht d. kreativen Marketing / Theodore
Levitt. [Aus d. Amerikan. übers. von
Ursula Bischoff]. – Landsberg :
verlag moderne industrie, 1984.
Einheitssacht.: The marketing imagination
⟨dt.⟩
ISBN 3-478-21350-9

Aus dem Amerikanischen übersetzt von Ursula Bischoff

Copyright © 1984 verlag moderne industrie AG & Co.
Buchverlag, 8910 Landsberg
Schutzumschlaggestaltung: Hendrik van Gemert
Satz und Druck: Limburger Vereinsdruckerei GmbH, Limburg 4 – Offheim
Bindearbeiten: Fa. Hollmann GmbH, Darmstadt
Printed in Germany 210350/884203
ISBN 3-478-21350-9

Für Rachel Daitch

Inhaltsverzeichnis

Vorwort

Was gibt es Neues? Führungskräfte meinen mit dieser Frage, welche mir noch unbekannten Faktoren könnten meinem Unternehmen oder meiner Karriere schaden oder nützen, Vor- oder Nachteile bringen? Und mit welchen neuen Techniken und Methoden lassen sich unsere Leistungen noch mehr steigern?

Die sogenannten Experten, die als Problemlösung exakt ausgearbeitete Schemata, musterhafte Strategien und passend zurechtgestutzte analytische Techniken empfehlen, werden in unserer Welt, die durch eine allgemeine Verunsicherung, tiefe Zwiespältigkeit und harten Konkurrenzkampf gekennzeichnet ist, ganz sicher bereitwillige Zuhörer finden. Den Guru mit dem Aktenkoffer findet man überall.

Und es gibt wohl keinen Manager, der sich nicht so dann und wann in seinem Leben bei der Frage »Was gibt es Neues?« wünscht, es gäbe sie wirklich – die schnell wirksame, magische Formel, die seine dringlichsten Probleme löst, ihm seine alltäglichen Sorgen abnimmt und die Risiken, die eine ungewisse Zukunft mit sich bringt, mindert. Führungskräfte sind außerordentlich anfällig für die zuversichtlichen Prognosen und glaubwürdigen Versprechungen solcher »Berater«, die mit ihren Patentrezepten hausieren gehen.

Die Unsicherheitsfaktoren, deretwegen sich Führungskräfte heutzutage am meisten den Kopf zerbrechen, betreffen die Vorgänge auf den Märkten, sei es in Amerika, Rußland, den Vereinigten Emiraten oder auf einem beliebigen Inlandsmarkt. Der Markt ist ein greifbarer Faktor, der sich nicht ignorieren läßt, und seine Gesetze entscheiden unerbittlich über das Schicksal aller Institutionen.

Aber der Markt ist nicht autonom. Er spiegelt lediglich die Aktivitäten derer wider, die ihn durch »Verkauf« und »Kauf« beeinflussen. Hier dirigieren die Akteure Materialien, Technologien, Menschen, Meinungen, geistiges Potential und Geld ihren jeweiligen Zielen entsprechend hin und her und stürzen sich dabei kopfüber in einen alles vermischenden, erbarmungslosen Schmelztiegel.

Das Kapitel »*Marketing Imagination*« reflektiert die Überzeugung, daß man sich im Umgang mit dem Neuen wie auch mit dem Alten, Dauerhaften, so umfassend wie möglich informieren und auf sein logisches Denken verlassen sollte.

Patentrezepte oder Bilderbuchlösungen mögen ganz bequem und gelegentlich sogar eine echte Hilfe sein. Aber sie haben keinen Einfluß auf Ihre Fähigkeit oder Geschicklichkeit, sich auf ständig neue Realitäten einzustellen. Wenn man durch »geradliniges Denken« in einer Welt, die von cleveren, logisch denkenden Menschen beherrscht wird, mehr als andere erreichen will, muß man eine spezifische Art des Denkens entwickeln, die über die gewöhnlichen Denkschemata, über das Offensichtliche und das Ableitbare, hinausführt. Die Zukunft gehört denen, die Möglichkeiten erkennen, bevor sie sichtbar werden, und die die Vor- und Nachteile beim Einsatz von Menschen und Mitteln frühzeitig abschätzen und entsprechend handeln. Ohne die Kühnheit des menschlichen Geistes gäbe es keine großen Taten.

Jedes Unternehmen hat ein fundamentales Interesse daran, Kunden zu werben und zu halten. Ohne einen zahlungskräftigen Kundenstamm kann kein Geschäft existieren. Dem Kunden wird ständig eine Vielfalt von Möglichkeiten geboten, seine Probleme zu lösen. Er kauft nicht einfach irgendeine Ware, sondern vielmehr eine Lösung für seine Probleme. Um krisenfest zu bleiben und zu florieren, muß ein Unternehmen deshalb ständig auf der Suche nach noch besseren Problemlösungen für seine Kunden sein – besser im Hinblick auf die Funktion, den Wert und die Verfügbarkeit. Um etwas Besseres anbieten zu können, muß man aber zuerst einmal wissen, was der Kunde für »besser« hält. Das zu wissen ist im Geschäftsleben vorrangig. Derjenige, der die Vorstellungskraft besitzt, herauszufinden, was »besser« ist, der mit Hilfe derselben Vorstellungskraft einen Weg findet, das »Bessere« zu verwirklichen, und der es dann auch mit Phantasie und Unternehmergeist realisiert, verhilft seiner Firma zum Erfolg.

In diesem Buch setze ich viele meiner Gedanken fort, die sich in meinem letzten Buch *Marketing for Business Growth* (1974) finden. Ich maße mir nicht an, meinen Lesern zu sagen, wie man folgerichtig denkt oder seine Vorstellungskraft einsetzt. Ich befasse mich lediglich mit bestimmten, wichtigen Dingen in einer Art und Weise, die man in den meisten Fachbüchern und Anleitungen und bei den meisten Professoren und Wirtschaftsexperten nicht findet. Meine Überlegungen gelten für alle Branchen und Institutionen.

Kapitel 1, »*Marketing und Unternehmensziel*«, ist bezeichnend für dieses Buch. Hier wird das soeben Gesagte weiter ausgeführt. Gewinn als Unternehmensziel ist nur zweitrangig. Ohne einen ausreichend großen Kundenstamm lassen sich keine Geschäfte und somit auch keine Gewinne machen. Kein Unternehmen kann lange existieren, ohne eine klare Vorstellung davon zu haben, wie man Kunden heranzieht, was die prospektiven Käufer wünschen und brauchen, was die Konkurrenz bieten kann; man benötigt Strategien und Programme, die sich am Marktgeschehen orientieren und weniger darauf Rücksicht nehmen, was die Firma leisten kann oder was sich die Geschäftsleitung vorstellt. Ein Unternehmen, in dem weder die Vorstandsmitglieder noch die Top-Manager ein Gespür für das ihre Branche betreffende Marktgeschehen haben, ist zum Untergang verurteilt. Die Vorgänge auf dem Markt gehen jeden an, und jeder sollte wissen, was sich dort tut – ob er nun in der Planungs- und Entwicklungsabteilung eines Mammutkonzerns oder in irgendeiner kleinen Firma in der Telefonzentrale arbeitet.

In Kapitel 2, »*Die Globalisierung der Märkte*«, stelle ich die Behauptung auf, daß die traditionellen multinationalen Konzerne veraltet sind. Sie arbeiten, wie der Name schon sagt, auf multinationaler und nicht auf globaler Ebene. Die Zukunft gehört den weltweit und nicht den multinational orientierten Unternehmen. Der Grund dafür ist, daß die Menschen durch den überall spürbaren Einfluß der Technologie immer einheitlicher in ihren Bedürfnissen und ihrem Verhalten werden – ob es dabei um Coca-Cola, Mikroprozessoren, Jeans, Filme, Pizza, Kosmetik oder Fräsen geht. Das bedeutet, daß sich unser Globus explosionsartig zu einem einzigen, gigantischen Markt ausweitet und die Vorstellung, daß es kleinere Teilmärkte oder spezifische Inlandsmärkte gibt, überholt ist. Durch diese Entwicklung wird selbst die abgelegenste, kleinste Firma in den Strudel eines weltweiten, harten Wettbewerbs hineingezogen – eines Wettbewerbs, der weitgehend vom Preis bestimmt wird. Das ist die neue Situation.

In Kapitel 3 geht es um die »*Industrialisierung des Dienstleistungssektors*«. Ich vertrete die Auffassung, daß die alten Vorstellungen von Dienstleistung in der Tat veraltet sind und durch moderne Wirtschaftssysteme ersetzt werden müssen. Diese können mit größerem Nutzeffekt und – auch in größerem Umfang angeboten – professioneller und rationeller, ähnlich einem großen Industriebetrieb, arbeiten. Es gibt sicher Dienstleistungsunternehmen im »Tante-Emma-Stil«, (in der Lebensmittelbranche, Justiz, Wartung und Instandsetzung, im Bankwesen und ähnlichen Bereichen), die mit knapper Not überleben. Aber Einfluß, und zwar positiven Einfluß auf unser aller Leben, hat nur ein großes, rationell arbeitendes Dienstleistungsunternehmen. Dazu braucht man aber eine neue Art von Führungskräften und einen neuen Führungsstil.

Kapitel 4 trägt die Überschrift »*Differenzierung ist Trumpf!*« Ich bin der Meinung, daß die Differenzierung von essentieller Bedeutung für den Wettbewerb ist; daß alle Güter differenzierbar sind, sogar Stahl, Zement, Geld, chemische Produkte und Getreide. Der Erfolg ist dem Unternehmen sicher, das sich deutlich sichtbar von der Konkurrenz unterscheidet und deshalb auch einen deutlich sichtbaren Kundenzulauf hat. Wie man es schafft, der Konkurrenz um Nasenlängen voraus zu sein, zeigt dieses Kapitel.

Kapitel 5, »*Marketing immaterieller Produkte und Produkteigenschaften*«, führt einige der Gedanken aus Kapitel 4 fort, wobei hier die besondere Betonung auf dem liegt, was wir normalerweise als »Service« bezeichnen. Tatsache ist, daß Service ein wesentlicher Bestandteil aller Güter ist, selbst so massiver, greifbarer Gebrauchsgüter wie Bagger oder Stahl. Bei allen Produkten gibt es materielle wie auch immaterielle Aspekte. Sie zu erkennen, vorteilhaft zu nutzen und richtig einzusetzen, verschafft einem Unternehmen deutliche Vorteile gegenüber der Konkurrenz.

Kapitel 6, »*Wie man den Kontakt zum Kunden pflegt*«, zeigt, daß der Kunde ein echter »Aktivposten« in jedem Unternehmen ist. Wenn man diesen Aktivposten in der Bilanz nicht verlieren will – weil nämlich der Kunde sagt: »Was habt ihr denn in letzter Zeit für mich getan?« – ist der richtige Umgang mit dem Kunden außerordentlich wichtig. Das ist einleuchtend, wenn man bedenkt, daß ein großer Teil der Arbeitsleistung heutzutage durch langfristige Verträge oder die Beziehung Käufer/Verkäufer geregelt ist, die notwendigerweise längere Zeit bestehen bleiben sollte. Diese Beziehung muß besonders gepflegt werden, damit der Kunde sie nicht abbricht und zur Konkurrenz geht, weil man dort behauptet: »Wir tun mehr für unsere Kunden«.

In Kapitel 7, »*Marketing Imagination*«, gehe ich intensiv auf das ein, was ich in den vorangehenden Kapiteln angedeutet habe. Man mag sich noch so sehr auf die moderne Wirtschaftswissenschaft oder umfangreiche Marktanalysen verlassen – es geht einfach nicht ohne Vorstellungskraft und logisches Denken bei der Marketingplanung. Heutzutage sucht jeder nach Patentrezepten und vorgefertigten Problemlösungen; Führungskräfte bilden da keine Ausnahme. Das ist nur allzu verständlich. Aber der Wettbewerb ist heute ungeheuer groß; durch den Konkurrenzdruck entstehen ständig neue Produkte und Produktionsverfahren, wobei oft das heute noch Neue bereits zum »Schnee von gestern« gehört. Nicht nur die neu hinzugekommenen Firmen sollten sich auf ihre Vorstellungskraft verlassen. Auch die Führungskräfte der alteingesessenen Unternehmen sollten sich darauf besinnen, daß die Vorstellungskraft und der Unternehmergeist ihrer Vorgänger die Firma erst zu dem gemacht haben, was sie heute ist.

Ich glaube, daß der Leser in diesem Buch vieles findet, was er nutzbringend anwenden kann. Ich hoffe aber darüber hinaus, daß sein Wahrnehmungsvermögen geschärft und seine Vorstellungskraft und sein kreatives Denken angeregt werden, und daß er diese Fähigkeiten zu seinem eigenen Nutzen weiterentwickelt.

Mein Kollege Professor Abraham Zaleznik, ein in vieler Hinsicht weiser, und – wenn es um sein Fachgebiet geht – bescheidener Mann, sagte eines Tages so ganz beiläufig: »Der eigentliche Motor allen Geschehens ist die Imagination im Marketing«. Von hier stammt der Titel des Buches.

Theodore Levitt
Harvard Business School

Kapitel 1:

Marketing und Unternehmensziel

Nichts ist im Geschäftsleben so bemerkenswert, wie die sich gegenseitig widersprechenden »Geheimtips« zahlreicher Theoretiker und Praktiker. Die Praktiker bieten zwar keine »Zauberformeln« an, aber statt dessen Erklärungen darüber, »wie wir es geschafft haben«; dabei lassen sie mit falscher Bescheidenheit durchblicken, daß »Sie es genauso machen sollten«. Die Praktiker, denen es an Stolz und Status nicht mangelt, werden zu »Berufsphilosophen«, die nichts als heiße Luft von sich geben.

Wir Theoretiker sind da weit besser beraten; wir bieten mehr als einfache Erklärungen. Wir reisen in höheren Werten, wie »Analysen«, »Konzeptionen« und »Theorien«, kurz: in Sachen »absolute Wahrheiten«. Da wir über ein ausgeprägtes Selbstwertgefühl verfügen, bieten wir uns nur allzu gerne als praktische Ratgeber und Berater an – aber alles, was wir im Kopf haben, ist ein wirres Knäuel von Ideen.

Ich möchte nicht meine eigene Zunft in Verruf bringen, sondern lediglich andeuten, daß diese beiden zu Recht verschiedenen und respektablen Varianten eines Berufes sich normalerweise mehr schaden als nutzen, wenn sie sich zu weit oder unüberlegt auf das Terrain des anderen wagen.

Wie oft haben wir nicht schon angesehenen Führungskräften ehrwürdigen Alters oder Unternehmern, die der jüngst erworbene Wohlstand übermannt hatte, zugehört, wenn sie mit arroganter Sicherheit und stolzer Aufrichtigkeit erklärten, was allein den Erfolg eines Unternehmens ausmache! In Wirklichkeit berichten sie aber nur in gefilterter Retrospektive, wie sie selbst es geschafft haben! Hört man zehn von ihnen zu, bekommt man u. U. auch zehn verschiedene Ratschläge.

Von zehn Theoretikern bekommt man im allgemeinen tausend Ratschläge. Der Unterschied liegt nicht etwa darin, daß die Theoretiker an das Prinzip »die Menge macht's« glauben. Viele Theoretiker werden neben ihrer Lehrtätigkeit auch noch fürs Denken bezahlt. Da es ihnen aber an der direkten, praktischen Erfahrung fehlt, denkt sich jeder zum Ausgleich verschiedene Möglichkeiten aus, um ans gleiche Ziel zu kommen. Die Praktiker werden dafür bezahlt, das Ziel zu erreichen, und mit an Sicherheit grenzender Wahrscheinlichkeit glauben sie – einmal dort angekommen –, daß ihr Weg der einzig richtige ist, selbst wenn der Nachbar auf einem anderen zum selben Ziel gekommen ist. Mit dieser Ansicht stehen aber die Wirtschaftspraktiker nicht alleine. Überlegen Sie doch einmal, wieviele verschiedene Auffassungen es bei den Erfolgsautoren über die »richtige Arbeitsweise« gibt: Hinsetzen und anfangen – nicht auf eine Inspiration warten, heißt es da, oder: erst dann schreiben, wenn man meint, man ist »soweit« und sich nicht an einen vorgegebenen Tagesplan halten; nur nachts schreiben; immer am gleichen Platz arbeiten; niemals lange am gleichen Platz bleiben; nur über das schreiben, was man kennt und nichts erfinden; nur die Phantasie zählt, alles andere ist das reine Chaos. Der Experte in Sachen Theorie ist offensichtlich nicht zuständig, wenn er erklären soll, was er tut und warum es funktioniert, und ganz besonders dann nicht, wenn er gute Ratschläge erteilen soll.

Als anerkannter Akademiker, der dafür bezahlt wird – auch wenn es sich um einen Hungerlohn handelt – über die Arbeit der Praktiker nachzudenken, Vorlesungen zu halten und zu beraten, bin ich von einer Sache ganz fest überzeugt: von den gesunden Geschäftspraktiken in den freiheitlichen Gesellschaftssystemen. Der hohe Standard unternehmerischer Tätigkeit spiegelt die Fähigkeiten unserer Führungskräfte und ihren effektiven Einsatz für die Unternehmensziele wieder.

Das moderne Management verfügt in der Tat über sehr gute Eigenschaften, besonders in den großen und weltweit aktiven Konzernen. Jeder halbwegs intelligente und aufgeschlossene Analytiker muß unseren modernen Mammutunternehmen bei näherer Betrachtung seine Anerkennung zollen, denn er wird ihre außergewöhnliche Effizienz, ihre Flexibilität, ihre Anpassungsfähigkeit und interne Vielfalt entdecken; das persönliche Engagement und die positive Einstellung ihrer unterschiedlichen Mitarbeiter; Qualitätsbewußtsein und Fairness im Geschäftsgebaren und den Eifer, mit dem neue, größere Projekte in Angriff genommen werden. Trotz einer Vielzahl unliebsamer, sich teilweise widersprechender Fakten gibt es heute keine Institution, gleich welcher Größe oder Vielfältigkeit, ob staatlich oder privat, mit einer beträchtlichen Anzahl wünschenswerter Attribute, die sich ernsthaft mit den Industriegiganten der modernen kapitalistischen Demokratien messen könnte. Das liegt auch nicht daran, daß sie, historisch gesehen, den anderen »um Nasenlängen« voraus sind. Die Zeitschrift *Fortune* gibt eine Liste der fünfhundert führenden amerikanischen Wirtschaftsunternehmen heraus, die sich ständig ändert, genauso wie die Rangordnung der führenden Banken und Versicherungen in Amerika. Studien des Kartellamtes über die »Unternehmenskonzentration« zeigen wiederholte Verschiebungen der Führungspositionen in einem Industriezweig nach dem anderen.

Offensichtlich ist die »historische Nasenlänge« nicht ausschlaggebend in unserer kleinen Ecke der westlichen Welt. Tatsache aber ist, daß unsere Unternehmen – als Gruppe betrachtet – weltweit ihren Vorsprung gegenüber den Nachahmern enorm ausbauen. Das ist außerordentlich bedeutungsvoll. Das »kapitalistisch sein« gibt ihnen eine genetische Komponente. Der Kapitalismus funktioniert einfach besser, und jeder, der das bestreitet und das Gegenteil behauptet, streitet nur des Streitens wegen und ignoriert ganz einfach die Realität.

Eine der interessantesten Tatsachen ist übrigens, daß diejenigen, die versuchen, mit unseren fortschrittlichsten und leistungsstärksten Einrichtungen Schritt zu halten, dieses mit einer Art selektiver Nachahmung unserer modernen Industrieunternehmen tun, gemäß dem Motto: »Wir suchen uns das Beste raus. Den Rest überlassen wir euch«. »Gegenverkehr« gibt es kaum oder gar nicht. Es gibt keinen Zweifel: nichts könnte bedeutsamer sein und nichts schmeichelhafter für die Vielseitigkeit des Kapitalismus.

Selbst dort, wo die Imitation eine lange Geschichte hat, wo man mit vereinfachenden Konstruktionen, Modellen, Maschinen, Kontrollsystemen, mit dem Transfer von Technikern, Bargeld und ganzen Fabrikanlagen, die die westlichen Unternehmen liefern, arbeitet – wie z. B. in der UdSSR, wo aufgrund von Lenins neuer Wirtschaftspolitik 1923 die ersten Ford-Modelle importiert wurden – selbst wenn die neuesten Methoden und Technologien herangezogen werden, fallen die Nutznießer sehr schnell wieder in ihren alten Trott, in Unfähigkeit und Bedeutungslosigkeit zurück.

Warum, so fragt man sich, sind die Sowjets, nachdem sie uns länger als ein halbes Jahrhundert fleißig (wenn auch nicht ganz ohne Groll) kopiert und ihre Fabriken und bäuerlichen Genossenschaften mit den neuesten technischen Errungenschaften des Westens ausgestattet haben, zu ihrer eigenen Bestürzung wirtschaftlich noch weiter zurückgefallen? Es stellte sich heraus, daß sogar bei dem von ihnen als besonders fortschrittlich gepriesenen Jagdflugzeug, das sich vor nicht allzu langer Zeit erst nach Japan »abgesetzt« hatte, nur die »Verpackung« fortschrittlich war. Wenigstens haben sie von uns gelernt, wie wichtig die ist! Daß diese Imitationsversuche häufig fehlschlagen, kann man auch in Ländern mit einer feudalen Militärdiktatur und in den Scheindemokratien von Südamerika, Südostasien und einigen entkolonialisierten Staaten Afrikas beobachten.

Ist es Zauberei, daß die großen Wirtschaftsunternehmen in den westlichen Demokratien so gut funktionieren? Liegt es einfach daran, daß sie durch und durch kapitalistisch sind, daß sie in einer demokratischen politischen Landschaft agieren, oder ist die Kombination kapitalistisch-demokratisches Umfeld von primärer Bedeutung? Oder ist es etwas ganz anderes?

Entscheidend ist ganz ohne Zweifel die Kombination. Kapitalistisch sein bedeutet, von der Last des Feudalismus und von Traditionen befreit zu sein, die die Menschen an ihre ungeliebten Herren fesseln, ohne ihnen die Chance zu bieten, sich selbst zu verwirklichen. In einer Demokratie zu leben heißt, daß die Öffentlichkeit mit an Sicherheit grenzender Wahrscheinlichkeit Widerstand leistet, wenn die Gesellschaft mehr und mehr vom Staat reglementiert wird, daß sie sich vermutlich auch gegen eine ständig zunehmende, alles erstickende Bürokratisierung aller Lebensbereiche zur Wehr setzt. (Ich glaube, es ist ganz interessant zu erwähnen, daß keine Diktatur oder Tyrannei je vom Volk gewählt wurde. Die Menschen – und zwar auch solche, die von Natur aus fügsam sind oder über eine nur mangelhafte Bildung verfügen – lehnen instinktiv und mit sicherem Gespür jede Art von Diktatur ab, in welcher Gestalt und »Verpackung« sie sich auch darbietet.)

Früher wurden solche Aussprüche in den liberalen Intellektuellenkreisen der Westlichen Welt als reaktionäre Clichévorstellungen abgestempelt; heute ist man da anderer Ansicht, weil sie sich inzwischen leider als Realität entpuppt haben. Die Überzeugung von Generationen intelligenter, engagierter Idealisten, daß Gleichheit und Gerechtigkeit mit Hilfe von eifrigen, selbstlosen Staatsdienern als sogenannte Kontrollinstanz realisiert werden können, ist an der Wirklichkeit gescheitert. Es ist heute schon eindeutig, daß die Zukunft nicht so aussieht, wie Robert Owen,

Karl Marx, Rosa Luxemburg, Sydney und Beatrice Webb, Rexford Guy Tugwell, Oscar Lange oder selbst Fidel Castro und Lyndon Baines Johnson sie sich vorgestellt haben.

Was am besten funktioniert, ist das, was wir Privatunternehmen und freie Marktwirtschaft nennen, die vor einem Hintergrund operieren, den wir als »Repräsentative Demokratie« bezeichnen.

Leider ist diese Erklärung aber nicht ganz befriedigend. Obwohl Wirtschaftsunternehmen in den modernen westlichen Demokratien als Gruppe allen anderen ähnlichen Institutionen, die in einem anders gearteten politischen und wirtschaftlichen System arbeiten, weit überlegen sind, haben wir auch feststellen müssen, daß der Grad der Überlegenheit variiert. Einigen Unternehmen geht es besser als anderen. Manche hinken hinterher, brechen zusammen und werden »ausradiert«. Wie ich schon angedeutet habe, sind die Erklärungen für diese Überlegenheit, die man normalerweise von den erfolgreichsten Praktikern des westlichen Wirtschaftssystems bekommt, für den Einzelfall zutreffend. Aber sie sind selten mehr als ein Bericht über bestimmte eigene Erfahrungen, die mit den Erfahrungen anderer nicht vergleichbar und ohne signifikanten analytischen Gehalt sind. Sie lassen sich nicht verallgemeinern, sind dafür aber oft umso bombastischer.

Dagegen sind auch die Theoretiker nicht gefeit, besonders wenn sie ihre »literarischen Ergüsse« als Weisheit ausgeben. Natürlich haben auch sie ein paar wirkliche Weisheiten von sich gegeben, z. B. die Gründe, warum vergleichsweise freie kapitalistische Unternehmen, die in relativ freien Märkten operieren, unterschiedliche Leistungen bringen; oder z. B. als sie die charakteristischen Merkmale für den unterschiedlichen Grad von Mißerfolg und Erfolg aufzeigten. Diese Weisheit ist allerdings jüngeren Datums. Im Wesentlichen macht sie nur mit folgenden einfachen Feststellungen hinsichtlich der Voraussetzungen für den Erfolg im Wettbewerb bekannt:

1. Das Ziel eines Unternehmens muß darin bestehen, Kunden zu gewinnen und zu halten.
2. Um das zu erreichen, muß ein Unternehmen Güter und Dienstleistungen herstellen und anbieten, die den Wünschen des Kunden entsprechen. Dies muß es zu Preisen und Bedingungen tun, die im Vergleich zum Angebot der Konkurrenz so attraktiv sind, daß ein ausreichend großer Kundenstamm gesichert werden kann, der solche Preise und Bedingungen ermöglicht.

3. Damit ein Unternehmen dazu auch weiterhin in der Lage ist, muß es Einnahmenüberschüsse in ausreichender Höhe und in regelmäßigen Abständen erzielen, um Investoren zu finden und zu halten; sie sollten mindestens genauso hoch, wenn nicht sogar höher als die Angebote der Konkurrenz sein.

4. Kein Unternehmen, wie klein es auch sein mag, trifft rein instinktiv oder zufällig die richtigen Entscheidungen. Es muß seine Ziele, Strategien und Pläne unmißverständlich festlegen, und je größer ein Unternehmen ist, desto größer ist auch die Notwendigkeit, sie eindeutig schriftlich zu fixieren, sie den Angestellten verständlich zu vermitteln und durch erfahrene Führungskräfte ständig zu überprüfen.

5. In jedem Unternehmen sollte es deshalb ein geeignetes System zur Leistungsbeurteilung, Überprüfung und Revision geben, damit das, was getan werden soll, richtig ausgeführt und andernfalls schnellstens korrigiert wird.

Vor gar nicht langer Zeit noch glaubten manche Unternehmen, eine ganz andere Zielsetzung sei wichtig für ein Unternehmen. Sie sagten: »Wir wollen in erster Linie verdienen«. Aber diese Aussage erwies sich als genauso gedankenlos wie der Spruch: »Man lebt, um zu essen«. Essen ist eine Notwendigkeit, kein Lebenszweck. Wenn man nicht ißt, stirbt man. Gewinn ist für das Wirtschaftsleben eine Notwendigkeit. Ohne Gewinn stirbt die Wirtschaft. Der Profit ist im Wirtschaftsleben das, was die Nahrungsaufnahme für den Körper ist: der Überschuß dessen, was hereinkommt, gegenüber dem, was hinausgeht. Das nennt man positiven Cash-flow. Er muß positiv sein, weil ein existenzerhaltender Vorgang auch gleichzeitig zerstörend wirkt. Ein Unternehmen muß, um überleben zu können, Güter und Dienstleistungen bereitstellen, die eine ausreichende Anzahl von Menschen zu angemessenen Preisen kaufen will. Da durch den Produktionsvorgang ein Verschleiß an Material und Menschen, die die Maschinen bedienen, entsteht, muß genug übrigbleiben, um das zu ersetzen, was abgenutzt ist. Und dieses »genug« ist nun einmal der Gewinn, gleichgültig, wie Buchhalter, Finanzämter oder GOS-PLAN* darüber denken. Deshalb ist der Profit eine Notwendigkeit und kein Unternehmensziel.

---

* Staatliche Planungskommission in der UDSSR

Außerdem ist die Auffassung, Gewinn sei Unternehmenszweck, moralisch gesehen hohl. Wer würde schon seinen Kopf hinhalten und Tiefschläge einstecken, nur damit irgendjemand weiterhin das Recht hat, seine »eigenen Taschen zu füllen«. Das ist abstoßend und längst überholt. Wenn ein Unternehmen keine wertvolleren Ziele finden und verfolgen kann, läßt sich seine Existenz moralisch nicht rechtfertigen.

Und es ist außerdem ein Ziel ohne Gehalt. Profit läßt sich auf mannigfaltige, oft nur kurzlebige Weise erzielen. Die Definition der Zielsetzung sollte ein Leitfaden für die praktische Arbeit sein; z. B. indem man klarstellt, daß es darum geht, Kunden zu gewinnen und zu halten; herauszufinden, was der Kunde wirklich wünscht und braucht und sich an diesen Wünschen und Bedürfnissen zu orientieren. Diese Zielsetzung bietet klare, praktische Anhaltspunkte und ist moralisch vertretbar.

Vor etwas mehr als zwanzig Jahren bewirkten diese neuartigen Überlegungen in Bezug auf die Definition der Unternehmensziele, daß die fortschrittlichsten Firmen anfingen, auch in praktischer Hinsicht zwischen Marketing und Verkauf zu unterscheiden; genauso wie sie heute Finanzplanung und Planung, lang- und mittelfristige Planung, Mitarbeiterführung und Personalplanung, Buchhaltung und Finanzwirtschaft, Gewinn und Cash-flow, erwartete Gesamtkapitalrendite und ihren aktuellen Tageswert sorgsam voneinander abgrenzen.

All diese Erkenntnisse sind relativ neu; die meisten wurden erst in unserer Generation entwickelt. Und im allgemeinen sind die Unternehmen am erfolgreichsten, die sich gewissenhaft danach richten, denn sie sind für den Erfolg verantwortlich.

Besonders wichtig ist dabei der Marketinggedanke und die Definition des Unternehmenszieles aus der Blickrichtung des Marketing: Das Ziel eines Unternehmens besteht darin, Kunden zu gewinnen und zu halten. Es gibt keine Unternehmensstrategie, die nicht im Grunde auch eine Marketing-Strategie ist, und es kann keine Zielsetzung geben, die nicht berücksichtigt, was der Kunde zu einem bestimmten Preis kaufen will. Der Wert einer Ware besteht darin, daß sie Einnahmen bringt – sei es, indem sie selbst verkauft wird, sei es durch den Verkauf von dem, zu dessen Entstehen sie beiträgt. Selbst einem plötzlichen, opportunistischen Run auf die Wall Street liegt ein logisches Marketing-Prinzip zugrunde: daß nämlich irgendwo ein unbemerkter oder potentieller

Wert existiert, der größer ist als der, den andere zur Zeit darin sehen. Dieser Wert ist eine Ware, weil auch er einen Ertrag erzielen kann.

Meistens sind diejenigen, die glauben, am wenigsten mit so trivialen Dingen wie Marketing und Verkauf zu tun zu haben, ihre glühendsten Anhänger. Man braucht nur einmal zu beobachten, wie die Wall Street-Firmen mit Argusaugen verfolgen, an welcher Stelle ihre Namen und die ihrer Konkurrenten auf der Liste der Emissionshäuser erscheinen. Warum, so fragt man sich, opfern diese sonst so distinguierten und vielbeschäftigten Banker ihre wertvolle Zeit für einen solchen Nervenkitzel, wenn auch mit Niveau, wenn es dabei nicht um zukünftigen Gewinn ginge? Und noch vielsagender ist, welche Bedeutung man in der Wall Street Schmeicheleien und Unterwürfigkeit gegenüber den Mammutkonzernen im Kundenkreis beimißt. Durch besonders dicke, nicht gekennzeichnete Messingtüren dürfen die »Bonzen« mit den besonders begehrten Kapitalanlagekonten, die es zu beeindrucken gilt, unbemerkt das »Allerheiligste« betreten. Gestärkte Leinentischwäsche, Kristallüster und ein aus Frankreich importierter Küchenchef, möglichst noch ein Paul Bocuse-Schüler, sind charakteristisch für die exklusiven privaten Speisezimmer, von denen aus langjährige und zukünftige Kunden einen Blick auf das geschäftige Treiben in der City tief unter ihnen werfen können. Die Verpackung, in der sich diese Emissionsfirmen ihren Kunden präsentieren, ist ebenso sorgfältig gewählt wie die Verpackung bei solchen Allerweltsprodukten wie Toilettenartikeln für die breite Masse. Der Fortbestand beider Praktiken ist gesichert, weil sie sich bewährt haben. Beide Kundengruppen kaufen nicht die Ware an sich, sondern die damit verbundenen Erwartungen. Und die Fähigkeit, diese Erwartungen zu befriedigen, läßt sich wesentlich besser durch die Verpackung ausdrücken als durch eine im Grunde nichtssagende Produktbeschreibung. Gefühle sind wichtiger als anfühlen: Was wir beim Anblick eines Autos fühlen ist wichtiger, als wie es sich anfühlt. Und so sollte es auch sein, besonders bei so wichtigen Entscheidungen im Leben, wie z. B. der Heirat, wo wohl weniger die Summe auf dem Konto der Zukünftigen, als vielmehr die Summe ihrer guten Eigenschaften eine Rolle spielt.

Es gibt da jedoch ein Problem. In meinem 1960 erschienenen Manifest »Marketing Myopia« [1] habe ich dem Marketing-Bereich zu einer Auf-

---

[1] Erschienen 1960 in der Juli/August-Ausgabe von HARVARD BUSINESS REVIEW

wertung im Bewußtsein der Unternehmensführung verholfen. Ich habe damals absichtlich die einseitige Forderung aufgestellt, alle Kräfte freizusetzen, um den Kunden um jeden Preis zufriedenzustellen. Alles andere würde sich, so habe ich behauptet, mit ein wenig gesundem Menschenverstand von selbst ergeben. Neun Jahre später, nachdem das Manifest seine beabsichtigte Wirkung erzielt hatte, habe ich einen konzilianteren, leichter annehmbaren Vorschlag gemacht: »Die Marketing-Matrix«.[1] Sie enthält einige Erkenntnisse über die Unternehmensziele auf breiterer Basis, so, wie ich sie hier schon angedeutet habe; es geht dabei besonders um die Notwendigkeit, die Bedingungen des externen Beziehungsfeldes (Kunden, Wettbewerb, Staat und Gesellschaft) und des internen Beziehungsfeldes (Ressourcen, Zuständigkeiten, Optionen und Wünsche) – solange das Risiko annehmbar bleibt – in Einklang zu bringen.

In der »Marketing-Matrix« habe ich die Behauptung aufgestellt, daß die Unternehmen, deren Politik ausschließlich auf ihren eigenen Vorteil gerichtet ist – zu Lasten des Kunden natürlich –, keine hohe Lebenserwartung haben. Das letzte der etwa 25 Kriterien zur Beschreibung solcher Unternehmen war: »Bei der Festlegung der Unternehmensziele sollte man einzig von Produktionsvolumen, Erträgen, Gewinn und der Vergrößerung des Betriebskapitals ausgehen; Marktfaktoren, Befriedigung der Kundenbedürfnisse, Serviceleistungen oder die aktuelle Nachfrage sollten dabei keine Rolle spielen.« In dieser Matrix erhielten Unternehmen, die sich an den ersten Teil dieses Grundsatzes hielten und ihre Ziele lediglich im Hinblick auf ihren eigenen Nutzen formulierten, neun Punkte auf einer neun Punkte umfassenden »Nutzen-Skala«. Die Unternehmen, die von dem zweiten hier zitierten Grundsatz ausgingen (Marktfaktoren, Befriedigung der Kundenbedürfnisse usw.) bekamen einen Punkt auf einer »kundenorientierten Skala« zugeteilt. Kurz: mit diesen beiden Statements wird ein »9.1 Punkte-Unternehmen« beschrieben. Es gab auch »1.9«, »5.5« und »9.9 Punkte-Unternehmen«. Letztere findet man äußerst selten, und es läßt sich auch kaum vorstellen, daß ein Unternehmen so tugendhaft sein kann, selbst wenn es seine Anleitungen von einem »professionellen Theoretiker« erhält.

Die eine Seite des Problems im Hinblick auf die Marketing Konzeption habe ich schon in meiner Abhandlung »The Limits of the Marketing

---

[1] Theodore Levitt, THE MARKETING MODE (New York: McGraw-Hill, 1969), Kapitel 11, Seite 203-17.

Concept«, die direkt auf die »Marketing-Matrix« folgte, erläutert. Jetzt ist es an der Zeit, die andere Seite unter die Lupe zu nehmen und zu zeigen, was daran falsch ist.....

Im November 1976 wagte IBM mit den, offiziell so genannten, Serie/1-Computern den ersten Schritt in die Welt der Minicomputer. Der Konzern befolgte genau das, was ich in »Marketing Myopia« empfohlen hatte: »Wenn der Kunde ein Produkt vorzieht, das mit dem von Ihnen angebotenen Artikel konkurrieren würde, ist es viel vernünftiger, seine Wünsche zu erfüllen, als zu warten, daß es die Konkurrenz tut. Es ist besser, seinen eigenen Markt zu vernichten, als zusehen zu müssen, wie andere ihn zerstören«. »Kreative Zerstörung« habe ich das genannt – in Anlehnung an einen einprägsamen Satz des verstorbenen Joseph Schumpeter, – der mir dies verzeihen möge.

IBM war nicht die erste Firma, die auf den Computermarkt drängte. Sie war eigentlich sogar ein ausgesprochener »Spätzünder«. Aber im Handumdrehen stieg ihr Marktanteil auf 80% – und das bei einer 1976 noch auf zwanzig Milliarden Dollar Jahresumsatz geschätzten Industrie. Das lag wohl hauptsächlich daran, daß IBM ein außerordentlich risikofreudiges, einsatzbereites, marketing-orientiertes Unternehmen war. Während seiner ganzen Geschichte hatte dieses Symbol der modernen Wissenschaft und Technologie noch bis Ende 1976 nie mehr als zwei leitende Führungskräfte, die nicht in erster Linie über den Marketing-Bereich die Erfolgsleiter erklommen hatten und nur einer war Wissenschaftler. Das Symbol der modernen Wissenschaft und Technologie war vor allem deshalb so erfolgreich, weil es Mut zum Markt hatte – einmal ganz abgesehen von den Meriten, die es für die herausragenden Eigenschaften des Forrester-Informationsspeichersystems erntete. Das Management entwickelte Marketing-Pläne, Verkaufs- und Verkaufsschulungsprogramme für besonders anvisierte Branchen und Betriebe. Das Verkaufspersonal wußte genausoviel über die Industriezweige, an die es zu verkaufen galt, wie über die zu verkaufende Hardware selbst. Der Konzern bot das gesamte Softwarepaket als Teil seiner Produktpalette zu einem Gesamtpreis an, so daß der Kunde sicher sein konnte, daß die Anlagen auch richtig programmiert waren und funktionierten. Er stellte dem Kunden bei der Montage Personal zur Verfügung, reorganisierte seine Datensammlungs- und Berichtssysteme, schulte seine Mitarbeiter in der Datenverarbeitung, war immer bereit, neue Wege zu gehen und entwickelte später neue, noch rationellere Datenverarbeitungsanlagen. Im Laufe der Zeit wurde der Kunde immer größer und abhängiger. Er hatte die Wahl, einen festen Preis für alles, was er kaufte, zu bezahlen, oder die Anlage nebst Software zu leasen, ohne dabei vor ausgeklügelten Annullierungsklauseln auf der Hut sein zu müssen. Wenn es je ein sorgfältig geplantes, marketing-orientiertes, professionell arbeitendes Unternehmen gab, dann war es IBM. Das Unternehmen erlebte eine Blütezeit.

Aber im November 1976 gab man mit der Einführung der Serie/1 alle bisher verfolgten Strategien auf. Für das Verkaufspersonal hatte das Produkt jetzt wichtiger zu sein als der Kunde oder die Serviceleistungen. Es arbeitete noch mit genausoviel Elan – aber nur noch am Verkauf der Serie/1-Computer. Es gab keine besonderen Serviceleistungen mehr – nur noch verkaufen, verkaufen, verkaufen! Auch die Leasingmöglichkeit entfiel. Man wollte »Bargeld sehen«, obwohl die gute Finanzlage des Unternehmens leicht die Beibehaltung der Leasing-Option, die ja erst zur Konkurrenzfähigkeit von IBM beigetragen hatte, gestattet hätte.

Die Produktion der Serie/1-Computer ist ein deutliches Beispiel für die Richtigkeit des Prinzips der kreativen Zerstörung – also sich selber Konkurrenz zu machen, um zu überleben. Nichts ist daran wirklich neu.

Neu ist nur, daß dabei bewährte Marketing-, Verkaufs- und Preisstrategien gegen fast völlig konträre Verfahrensweisen eingetauscht wurden.

In der gleichen Woche, im November 1976, erschien in der Zeitschrift *Business Week* ein Leitartikel über Revlon unter folgender, fettgedruckter Überschrift: »Realistische Manager in der Glamour-Welt der Kosmetik: Kontrolle, Budget und Planung statt Glanz und Glitter!« Sie können sich jetzt sicher denken, was in dem Artikel stand. Und es wird Sie wohl auch nicht überraschen, wenn Sie hören, daß im ersten Jahr, nachdem der etwas mystische Führungsstil von einer neuen »Stilrichtung« abgelöst worden war, der Absatz um achtzehn Prozent und der Gewinn um sechzehn Prozent stieg. In den ersten neun Monaten des folgenden Jahres war nochmals ein Anstieg des Umsatzes um dreiundzwanzig bzw. des Gewinns um fünfundzwanzig Prozent zu verzeichnen.

Ähnlich wie den erfolgreichen Managern und Unternehmern, die glauben, anderen Ratschläge aus der beschränkten Perspektive ihrer persönlichen Erfahrungen heraus geben zu können, (selten lassen sich aber diese verallgemeinern oder sind wirklich brauchbar), ergeht es den Wirtschaftstheoretikern, deren Überlegungen in ebenso starren Bahnen verlaufen, wie die Erfahrungen der Praktiker. Beim Verkauf der Serie/1-Computer ging man dazu über, sich vorrangig am Produkt zu orientieren, weil sich die Lage geändert hatte. Als die Serie/2 auf den Markt kam, (kommen mußte!) hielt man es im Hinblick auf die Wettbewerbssituation für angezeigt, Kunden und Kundendienst mehr Aufmerksamkeit zu widmen. Und wer kann denn heute schon sagen, ob Revlon, wenn die eingeschlagene Richtung beibehalten wird, auch in Zukunft noch genauso erfolgreich ist, – gleichgültig, wie groß der Konzern noch wird? Vielleicht ist unter bestimmten Bedingungen eine Verquickung beider Zielrichtungen die beste Lösung. Richard Barrie, der neue Generaldirektor von Fabergé, hat einmal gesagt: »Irgendwann müssen wir uns einmal von der alten Vorstellung des mystischen Führungsstils befreien, aber wir müssen dafür sorgen, daß das Mystische im Marketing erhalten bleibt.« Wer weiß?

Die Welt des freien Wettbewerbs zwischen Unternehmen, die sich auf freien Märkten offen gegenübertreten, ist eine Welt, die sich ständig verändert. Die Konzeption des Marketing macht uns diese Tatsache bewußt und erinnert daran, daß man, um Schritt halten zu können, ständig die Wünsche und Bedürfnisse des Kunden erforschen und berücksichtigen und das eigene Angebot so schnell wie möglich auf das der Konkurrenz abstimmen muß. Sie führt uns auch vor Augen, daß der Wettbewerb oft von außen an die Branche, in der er eigentlich stattfindet, herangetragen wird. All diese Überlegungen kreisen um einen Punkt: nichts ist wichtiger als der Kunde. Der Kunde ist – wieder einmal – König!

1976 ließ IBM etwas ganz anderes verlauten: »Man muß sich am Produkt und nicht am Kunden orientieren«. Und Revlon scheint nach dem Motto zu handeln: »Man muß versuchen, mit seinem Unternehmen klarzukommen und nicht mit dem Kunden«. Offensichtlich haben beide recht. Ein »1.9-Unternehmen« (wenig unternehmens-, dafür aber umso stärker kundenorientiert) funktioniert nicht richtig, genauso wenig wie ein »9.1-Unternehmen«. »9.9« ist wohl unerreichbar, und »5.5-Unternehmen« sitzen ständig zwischen zwei Stühlen.

Das Problem einer Marketingkonzeption liegt, wie bei fast allen Konzeptionen im Unternehmensbereich, bei allen physikalischen »Gesetzen«, Wirtschaftstheorien, Philosophien und Ideologien wohl in ihrer Tendenz zur Unbeweglichkeit. Sie werden mehr und mehr dogmatisiert und als immer starrere, wenig flexible Vorschriften ausgelegt. Im Fall der Marketingkonzeption ist das besonders gefährlich, da dieser Bereich eine zentrale Rolle bei der Festlegung der Ziele, Strategien und Taktiken des gesamten Unternehmens spielt.

Es gibt und es kann keine starre, permanent gültige Interpretation des Begriffes Marketing geben und dessen, was er für die Zielsetzung des einzelnen Unternehmens zu einem bestimmten Zeitpunkt bedeutet. Betrachten wir noch einmal die Beispiele IBM, Revlon und andere Unternehmen.

IBM

Als die Firma IBM die Serie/1-Computer produzierte und damit ins Computergeschäft einstieg, kopierte und folgte sie der Konkurrenz, die bereits ihren Platz auf dem Computermarkt erobert hatte. Als der Computer noch relativ neu war, wußten seine Hersteller wesentlich mehr über den potentiellen Gebrauch und Nutzen als über die potentiellen Kunden. Der Bedarf der potentiellen Käufer mußte geweckt und in den Kaufwunsch umgesetzt werden. Damit der Wunsch zu kaufen auch realisiert wurde, mußte der Kunde sorgfältig über den Gebrauch aufgeklärt und angeleitet werden. Das alles unterschied sich gar nicht so sehr von den Methoden, mit denen man zehn Jahre zuvor den Bedarf nach Lidschatten und Eyelinern geweckt hatte. Die großen Kosmetikfirmen mußten in den Kaufhäusern einen Stand einrichten, um den Frauen zu zeigen, was sie mit ihren Produkten machen konnten.

Aber als der Kunde erst einmal »aufgeklärt« war – durch Schulungen und Kurse, die wie Pilze aus dem Boden schossen, als der Markt zu expandieren begann – war er auch selbst in der Lage, zu entscheiden, was er brauchte und wie er das Produkt einsetzen wollte. Mit dem wachsenden Erfolg der Firmen, den Bedarf nach ihren Produkten zu wecken und zum Kauf zu animieren, befreite sich der Kunde zunehmend aus der Abhängigkeit vom Anbieter. In der Anfangsphase bestand »das Produkt« aus einem komplexen Bündel von Erfüllungen bestimmter, damit verbundener Wertvorstellungen, wozu z. B. auch die Aufklärung, Schulung, der Einsatz von Hilfspersonal, ständige Beratung und stetige Bereitschaft in Notsituationen gehörten. In der Reifephase, als der Kunde zwar nicht nur »die Ware«, aber ganz sicher auch nicht mehr ein Bündel von Vorstellungen kaufte und außerdem zunehmend kritischer und anspruchsvoller wurde, blieb einfach »der Computer» oder »die bunte Lidschattenpalette«.

Aber es geschah noch mehr. Als der Computer verstärkt in den verschiedenen Unternehmensbereichen eingesetzt wurde (zuerst hauptsächlich mit der kräftigen Nachhilfe der Hersteller, später sorgten dann die betriebsinternen Spezialisten des Kunden dafür), wurde er zu einem unberechenbaren Faktor. Die unterschiedlichen Benutzer innerhalb eines Unternehmens brauchten ihn zu mannigfaltigen, oft konträren Zwecken. Es entbrannte ein regelrechter Kampf um die Entscheidung, für welche Abteilung und für welche Mitarbeiter eines Unternehmens die verschiedenen Einsatzmöglichkeiten des Computers und der dazugehörigen Software, die immer kostenintensiver wurde, geeignet waren. Damit war der Nährboden für den Minicomputer bereitet. Jeder Industriezweig, jede Abteilung, ja sogar jeder Angestellte konnte sich nun seinen eigenen Kleincomputer, der seinen Wünschen und Bedürfnissen entsprechend programmiert oder programmierbar war, anschaffen. Die Entwicklung von integrierten Schaltkreisen und Mikroprozessoren ließ das Bächlein zum reißenden Fluß anschwellen.

Die Kunden waren mittlerweile genauso gut über das Produkt informiert wie die Hersteller, die Anschaffungskosten gering und der Markt zwischen den etablierten Firmen aufgeteilt. IBM tat jetzt genau das, was jedes marketing-orientierte Unternehmen tun sollte: es bot die reine Hardware an, ohne die früher damit verbundenen Dienstleistungen. Und diese Strategie schlug wie eine Bombe ein – genauso, wie ein paar Jahre später der Personalcomputer.

Revlon

Wenn man Andrew Tobias' Buch über die steile, märchenhafte Karriere von Charles Revson, *Feuer und Eis: Die Geschichte von Charles Revson, der Mann, der das Revlon-Imperium errichtete,** aus der Hand legt, weiß man, daß Revson am Ende selbst Zweifel kamen an der »feudalistischen Schreckensherrschaft«, die er über sein Reich ausübte. Seine ständig wachsenden, persönlichen Haßgefühle gegenüber seinen Konkurrenten spiegelten nur seine Unsicherheit gegenüber den eigenen Führungsmethoden wider. Als er schließlich nach einigen katastrophal endenden Versuchen mit Führungskräften verschiedener Stilrichtungen den eleganten Franzosen Michel C. Bergerac, vormals Direktor der Europäischen Niederlassung von ITT, zu sich holte, löste er bei Revlon

---

* New York: Morrow, 1976

die gleiche Art der Umwandlung aus, die auch bei IBM stattgefunden hatte. Daß Revson diese Umwandlung wohl für dringend notwendig hielt, äußerte sich darin, daß er Bergerac 1,5 Millionen Dollar zahlte, damit er überhaupt zu Revlon kam und ihm einen 5-Jahres-Vertrag gab, worin dem Franzosen ein Jahreseinkommen von 325.000 Dollar und eine 3-Jahres-Option auf ein Aktienpaket im Werte von 70.000 Dollar zugesichert wurden.

Das Problem bestand darin, daß der Wettbewerb jetzt noch härter geworden war, nachdem einige der größten Kosmetikfirmen an die Arznei- und Verpackungsmittelindustrie verkauft worden waren. Die Bedingungen für einen Marktausgleich hatten sich verschärft. Die Distributionskosten waren schlagartig angestiegen, aber der »knallharte« Wettbewerb ließ eine Kompensation durch Preiserhöhungen nicht zu. Jede Tonne Kosmetika, die das Werksgelände verließ, bereitete jetzt genausoviel Kopfzerbrechen wie deren farbliche Gestaltung. Bergerac, dessen beflissene Verbindlichkeit Revlon's Glamour-Verkäufer bestach, verdiente sich ihren Respekt aber nicht zuletzt wegen seiner bei ITT erprobten Führungsmethoden. Der Verkauf war nicht länger das »Sorgenkind« des Unternehmens; alles lief nach Wunsch
– Rückschläge jüngeren Datums nicht mitgerechnet.

Allegheny Ludlum Steel

Vor noch nicht allzu langer Zeit war rostfreier Stahl etwas Besonderes. Wie auch bei den Computern mußte man den Kunden erst einmal zeigen und erklären, wozu man ihn benutzen kann und wie man den Bedarf erhöht, um auch auf *ihren* Märkten eine Wettbewerbssituation zu schaffen. Das Wichtigste an diesem »Produkt« war zu diesem Zeitpunkt nicht der Stahl selbst, sondern das Design und der Service, die der größte Hersteller, Allegheny Ludlum-Steel, gleich mitlieferte. Kunden, die vorher den normalen Kohlenstoffstahl oft viel billiger, auch in kleineren Mengen und bei kürzeren Lieferzeiten von unabhängigen Stahlmagazinen gekauft hatten, rissen sich jetzt darum, den rostfreien Stahl ab Fabrik in größeren Mengen, bei längeren Lieferfristen und höheren Preisen zu kaufen. Die Hilfe des Herstellers bei auftauchenden Problemen wurde wichtiger als die Vorteile, die die ortsansässigen Lieferanten zu bieten hatten.

Mit der Zeit wurde aber auch der Marktanteil der freien Lieferanten für rostfreien Stahl größer. Allegheny Ludlum verlor Marktanteile an die

Konkurrenz, die sich mehr auf den Verkauf an Zwischenhändler konzentriert hatte. Wie im Fall IBM konnte auch hier der »aufgeklärte« Kunde auf die Vorteile, die der Hersteller bot, zumindest teilweise, verzichten. Um konkurrenzfähig zu bleiben, mußte man sich nun weniger am Marketing, im herkömmlichen Sinn, als vielmehr am Produkt und am Absatz orientieren. Die Anzahl oder die Kapazität der Zulieferfirmen mußte vergrößert werden, um die Lieferzeiten zu verkürzen. Im Verkaufsbereich war jetzt wichtiger »wen man kennt« als »was man weiß«.

Der Allegheny Ludlum-Stahlkonzern änderte seine Strategie. Er hatte dabei die Marketing-Konzeption nicht völlig »ad acta« gelegt, sondern sich nur einer neuen Version, einer neuen Methode im Marketing zugewandt, um den neuen Anforderungen und der veränderten Situation gewachsen zu sein. Er ignorierte den Kunden nicht, versuchte aber auch nicht, ihm etwas aufzuzwingen. Er vereinfachte und »trimmte« das Produkt auf die neuen Wünsche und Bedürfnisse des Kunden. Die Marketing-Konzeption an sich blieb relevant, aber sie mußte in den Punkten, wo sie – entgegen ihrer eigentlichen Aufgabe – zum starren Dogma zu werden drohte, abgeändert werden. Und das wirkte Wunder.

Chevrolet

Schauen wir uns Chevrolet an, einen Teil von General Motors. Wenn man Alfred P. Sloan Juniors autobiographisches Buch *Meine Jahre bei General Motors* liest, hat man den Eindruck, der Erfolg eines Unternehmens beruhe darauf, daß jedes einzelne Produkt in einer Palette sich klar von den anderen unterscheiden muß, obwohl alle zur gleichen Gattung gehören. »Ein Auto ist ein Auto« – aber das stimmt nicht ganz. Der Chevrolet war eigentlich das ideale Erstauto, gebaut für flotte Jugendliche aber auch geräumig genug für die frischgebackene Familie. Als nächstes kam der Pontiac, der Reife und beginnenden Erfolg signalisierte. Der größere, bequemere und renommiertere Buick galt als Symbol des soliden, erfolgreichen Mittelklasse-Managers, der sich auf dem sicheren Weg nach oben befindet. Oldsmobile fuhren diejenigen, die es endlich geschafft hatten, und der Cadillac zeigte an, daß man alles besaß, was man sich wünschte. Jeder wußte genau, wer welches Auto fuhr und was sein Besitz symbolisierte.

Aber vor fast zwanzig Jahren hat Chevrolet mit dieser geheiligten Tradition gebrochen – und fährt auch noch gut dabei! Es gibt inzwischen mehr Typen des Chevrolet, als es während Sloans Zeit als Generaldirektor bei General Motors insgesamt gegeben hat. Breiter sind nicht nur die Karosserie, die Preisspanne und die Skala der Zahlungsbedingungen geworden, sondern auch die Palette der Typenbezeichnungen, die umfangreicher ist als die des gesamten Unternehmens während der Sloan-Ära. Inzwischen haben alle Produktionszweige bei General Motors ihr Programm nach oben und unten, kreuz und quer durch alle Bereiche erweitert, und der Chevrolet-Abteilung geht es, wie auch dem gesamten Konzern, besser als je zuvor. Und es gibt nicht den geringsten Anhaltspunkt dafür, daß dieses Haus auf Sand gebaut sein und jeden Augenblick einstürzen könnte.

Nur wer sich nicht auskennt, könnte nun der Meinung sein, daß Chevrolet sich nicht marketing orientiert verhält oder daß General Motors sich in geistiger Verwirrung oder auf dem Pfade der Zerstörung befindet.

Sicher würde Alfred Sloan die neue Strategie gutheißen, obwohl sein Buch das Gegenteil behauptet. Er schrieb es zu einem Zeitpunkt, als das Auto noch mehr als Statussymbol betrachtet wurde oder als Ausdruck eines bestimmten Strebens. General Motors hat seine Änderung wie der Kunde vollzogen – und hat Erfolg damit. Nun plant sogar General Motors auf bestimmten Gebieten eine Zusammenarbeit mit Toyota. Noch größerer Erfolg ist abzusehen.

Exxon/Gulf

Schließlich liefert die gegensätzliche Entwicklung von Exxon und Gulf Ende der 50er Jahre den endgültigen Beweis dafür, daß nicht einmal das Glück, vom »Gold der Wüste« zu profitieren, ein Unternehmen der Notwendigkeit enthebt, den richtigen Kurs einzuschlagen. Gulf, zu der Zeit der größte Ölmulti, entschied sich dafür, das Öl so schnell wie möglich in »klingende Münze« umzusetzen. Er baute sein Tankstellennetz in den Vereinigten Staaten aus, pachtete neues Areal für die Errichtung großer neuer Tankstellen und ebensoviele Tankstellen mit mittlerem und geringem Umsatz in weniger guter Lage. Er entwickelte sogar ein etwas minderwertiges Benzin, das Gulftane, das zusammen mit Normal- und Superbenzin, aber um 20 Pfennig pro Liter billiger, verkauft wurde.

Der Exxon-Konzern schlug einen völlig anderen Kurs ein. Es gehörte zu seiner Politik, den Platz für die Errichtung neuer Tankstellen sorgfältig auszusuchen und ältere Tankstellen oder solche mit geringem Umsatz systematisch zu schließen. Er begann, Grundstücke und die daraufstehenden zur Tankstelle gehörenden Gebäude aufzukaufen, wobei das billige Anlagevermögen im Ausland ein Ausgleich für die schwindelerregend hohen Grundstückspreise im Inland war. Dazu kam, daß ein Tankstellenbesitzer leichter als ein Tankstellenpächter den Ansprüchen der Kunden entsprechende, umsatzsteigernde Veränderungen vornehmen konnte. Man gab sich große Mühe mit der Auswahl und Schulung des Tankstellenpersonals. Und obwohl der Konzern, wie Gulf, immer mehr Tankstellen erwarb, kaufte er nicht nur einzelne Stationen auf, sondern ganze Ketten, die sich auf den Verkauf einer bestimmten Benzinsorte spezialisiert hatten. Exxon veränderte sie seinen gehobeneren Ansprüchen entsprechend und ging schließlich zur eigenen Marke über.

Lange vor Oktober 1973, als der Wert des Erdöls plötzlich um das Vierfache anstieg – ja, sogar noch bevor es den Arabischen Ländern durch verstärkten Aufkauf und Beteiligungen gelang, die Erdölreserven noch mehr zu reduzieren, mußte Gulf einsehen, daß ihm ein folgenschwerer Irrtum unterlaufen war. Es war teurer, an kleinen, technisch veralteten Tankstellen das minderwertige Benzin aus billigerem Rohöl zu verkaufen, als an größeren, modernen, teureres Benzin aus hochwertigem Rohöl. Diese Entwicklung hatten schon viele vorausgesagt. Aber wesentlich belastender als die Kostenfrage war, daß der Konzern im Laufe der Zeit seine Kunden verlor. Im Gegensatz zu General Motors, das seine Produktskala nach unten erweitert hatte, (Exxon expandierte nach oben mit dem verbesserten Superbenzin) hatte Gulf durch die Erweiterung der Produktpalette nach unten und durch die Pacht zusätzlicher Tankstellen und Standorte Mitarbeiter und Kunden verunsichert. Die Leute, die Wert auf erstklassigen Treibstoff legten, kauften nicht mehr von Gulf. Mit dem größten Energie- und Kostenaufwand versucht der Konzern nun seit mehr als zehn Jahren, die so vorschnell begangenen Fehler wiedergutzumachen. In den 50er Jahren war ihm plötzlich nur noch das Produkt wichtig. Dieser Kurswechsel schlug wie eine Rakete ein – leider aber ins eigene Haus!

All diese Beispiele zeigen uns etwas, was wir alle wissen, aber bei unseren Überlegungen und Handlungen oft nicht berücksichtigen: daß die für ein Unternehmen charakteristischen Marketing-Methoden und -Strategien in engem Bezug zu den charakteristischen Methoden und

Strategien des gesamten Unternehmens stehen; ohne die wichtigsten Aspekte des Marketing-Bereiches miteinzubeziehen, lassen sich keine grundlegenden Methoden und Strategien formulieen. Es gibt Phasen während der Entwicklung bestimmter Märkte, die Methoden und Strategien erfordern, die, fälschlicherweise, den Anschein erwecken, als seien sie produkt-orientiert. Aber all diesen Veränderungen, Berichtigungen und Schwankungen muß eine konsequente, unerbittliche, kompromißlose und alles beherrschende Ordnung und Logik innewohnen, gleichgültig, wie sich die Dinge ändern oder zu verändern scheinen. Diese alles beherrschende Ordnung ist das logische Prinzip der Marketing-Konzeption. Der Markt ist es, der den Ton angibt, und die Spieler tun gut daran, im Takt zu bleiben.

Wenn die Praktiker im »abgeklärten Alter« glauben, sie könnten anderen Ratschläge geben, wie man es »schafft«, indem sie ihnen erzählen, wie sie es geschafft haben, dann lassen sich diese Ratschläge vielleicht sogar an einem bestimmten Tag im Jahr anwenden, aber nicht unbedingt an den restlichen 364. Mag sein, daß die Welt einen Kopernikus oder einen Kepler braucht, die das Ganze erforschen, damit wir anderen die allem zugrunde liegende Ordnung verstehen, die Konstanten, die wir wegen des täglich auf uns lastenden Drucks der Ereignisse nicht mehr als solche erkennen. Unten in der Arena, in der der Kampf ums Überleben stattfindet, sieht man die Dinge selten so klar wie oben auf den Rängen, wo sich die Zuschauer bequem zurücklehnen und alles aus der Entfernung beobachten können.

Aber die Tatsache, daß die Aktiven da unten in der Arena die Dinge vielleicht nicht ganz so deutlich sehen, besagt nicht, daß das, was sie darüber sagen können, weniger der Wahrheit entspricht. Ganz sicher empfinden sie das Geschehen viel intensiver. Nichts geht so unter die Haut und wird stärker als Realität empfunden, als das, was man selbst erlebt.... Die Praktiker, die Aktiven in der Arena, die den Stier bei den Hörnern packen müssen, verfügen über eine fundamentale Weisheit. Ihre Erfahrungen und Ansichten darüber, wie man ein Unternehmen führen sollte, muß man respektieren. Nur sie wissen, was für ein Gefühl das ist, da unten zu stehen; aber sie können nur für sich selbst sprechen, aus ihrer engen Perspektive heraus. Wir, die wir dort oben auf den Rängen sitzen, kennen dieses Gefühl vielleicht nicht, können aber gut beurteilen, was für ein Bild der Kämpfer abgibt, besonders im Vergleich zu den anderen. Und aufgrund dieses Vergleichs ist es möglich, wenn auch schwierig, zu wissen, wie dieser Kampf aussehen sollte.

Für mich gibt es eine Konstante, eine Definition, die besagt, daß es keine wirksame Unternehmensstrategie gibt, die nicht marketing-orientiert ist und sich nicht folgenden Leitsatz zu eigen macht: das Hauptziel eines Unternehmens muß darin bestehen, Kunden zu gewinnen und zu halten. Um das zu erreichen, muß ein Unternehmen alles tun, um für die Kunden attraktiv zu bleiben. Alle anderen Überlegungen zu diesem Thema lassen sich von diesem Satz ableiten.

Kapitel 2:

Die Globalisierung der Märkte

- Technologie als Konvergenz o.ä. S. 38 f.
- Wechselnotwendigkeit vom multinationalen zum globalen Unternehmen S. 39 f.
- Technologie verwischt und beseitigt ideologische Unterschiede
- Verfall der gesellschaftl. Moral durch internationale Kontakte S. 42 $\quad$ S. 41
- Annäherung von Wirtschaftssystemen und Wirtschaftsorganisationen. S. 42
- weltweite Wettbewerbsverdichtung S. 42
- Vereinbarkeit von Qualität und niedrigen Kosten S. 43
- Ansatz zur Marktsegmentierung, S. 44
- Widerspruch zwischen Standardisierung + Konzentration S. 44 f.
- Dominanz des Preises S. 45, 46 f., 57
- 6 σ · Philosophie → Ähnlichkeiten, Geschäftsperspektive 46 f.
- Aufforderung zur Umformung, technol. Beglückung S. 47
- Stellenwert von Geist + Tradition, S. 49
- Globalisierungstriebfeder → monetäres System, internationale Investmentströme S. 60 f → jap. Unternehmensfinanzierung
- Behandlung von Unterschieden
- Prämissen der Globalisierung S. 63
- Flexibilität neuer Produktionsanlagen S. 63 f.
- Gestaltung des Vertriebssystems S. 64 f.
- Risikoabwägung beim Verlassen herkömmlicher Wege
- Zusammenwachsen ursprüngl. national ausgerichteter Marktsegment

Eine ungeheure Kraft rückt die Welt zu einer einzigen, homogenen Gemeinschaft zusammen: die Technologie. Durch sie wurden Kommunikation, Transport und Reisen zum Allgemeingut und selbst den entlegendsten Orten und den Ärmsten der Armen leicht und für wenig Geld zugänglich gemacht. Plötzlich muß niemand mehr auf die verlockenden Angebote des modernen Zeitalters verzichten. Alle möchten alles besitzen, wovon sie einmal gehört, was sie gesehen oder durch die modernen technologischen Errungenschaften, die unsere Wünsche und Bedürfnisse lenken, kennengelernt haben. Und die Technologie dirigiert unsere Wünsche und Bedürfnisse in die gleiche Richtung und erreicht damit, daß sich überall auf der Welt die Märkte immer mehr angleichen.

Dadurch wurde eine neue Realität im Wirtschaftsleben geschaffen: das explosionsartige Entstehen globaler Märkte für weltweit standardisierte Produkte – gigantische »Weltmärkte« von bisher ungeahntem Ausmaß.

Unternehmen, die sich dieser neuen Realität angepaßt haben, profitieren davon in vielen Bereichen: bei der Produktion, bei Absatz und Vertrieb und im Management. Wenn sie diese Vorteile in niedrigere Weltmarktpreise umsetzen, ruinieren sie die Konkurrenten, die immer noch nicht gemerkt haben, daß die Welt nicht mehr so ist, wie sie einmal zu sein schien.

Die Menschen wollen heute ständig mehr und werden immer anspruchsvoller, und die meisten erstreben um jeden Preis das, was ihnen als »das Fortschrittlichste auf diesem Gebiet« angepriesen wird. Das erklärt zumindest teilweise, warum so viele Nationen im Ausland so hoch verschuldet sind – und dabei handelt es sich nicht nur um halbwegs industrialisierte Länder wie Mexiko, Brasilien und Rumänien, sondern auch um reine Entwicklungsländer wie Togo oder Malawi. Sie alle wollten in den vergangenen zehn Jahren den »Fortschritt um jeden Preis« einführen, den sie sich selbst nicht ermöglichen konnten oder wollten; sie wurden von der Bevölkerung dazu gezwungen, die den Lebensstandard und die Vorteile der Menschen in den Industrienationen auch für sich beanspruchte.

Überall auf der Welt sind nur noch die technisch ausgefeiltesten Produkte der auf diesem Sektor führenden Hersteller gefragt; Güter und Dienstleistungen gleich guter Qualität oder ähnlicher Art genügen schon nicht mehr. Man verlangt auch ein Optimum an Funktionalität, Qualität, Garantie, Service und Preiszugeständnissen. Vorbei ist die Zeit, als man noch das Vorjahresmodell oder die in Zahlung genommenen Maschinen in den Entwicklungsländern absetzen konnte. Vorbei ist die Zeit, als es in den kleineren Ländern noch attraktive Märkte für eine weniger kostenaufwendige Version des gleichen technischen Produktes gab, das auf den Märkten der hochindustrialisierten Nationen reißenden Absatz fand. Vorbei ist die Zeit, als Preise, Gewinnspannen und Profit im Ausland noch besser waren als im Inland.

Verschwunden, oder im raschen Verschwinden begriffen, sind auch die althergebrachten national und regional bedingten unterschiedlichen Präferenzen in bezug auf bestimmte Produkte oder Dienstleistungen. Die Welt wird heute überall und in jeder Beziehung gleichgeschaltet und homogen. ⌐→ von wem?

Das ist das Ende der multinationalen Wirtschaftspolitik und damit auch das Ende der multinationalen Konzerne. Die neue Realität erfordert die Globalisierung der Märkte und die daraus resultierende Entwicklung des globalen Unternehmens.

Nicht jedes Unternehmen, das in mehr als einem Land vertreten ist, bezeichnet sich als multinational. Bei manchen, die das vorgeben, trügt der Schein. Wenn eine Niederlassung nur dazu dient, Rohstoffe für die Weiterverarbeitung im eigenen Land zu gewinnen oder zu verarbeiten, kann man kaum von einem multinationalen Unternehmen sprechen. Um wirklich multinational zu sein, muß ein Unternehmen seine Präsenz auf den Märkten anderer Nationen nachweisen können. Wenn es das, was die Natur bietet, nur gewinnt, verarbeitet oder kauft, um es im Heimatland weiterzuverarbeiten und zu verkaufen – wie aufwendig oder lang dieser Prozeß auch sein mag – ist es nur ein multinationaler Käufer und kein multinationales Unternehmen. Ein multinationales Unternehmen ist darauf bedacht, eine ausreichende Anzahl von Kunden auf verschiedenen nationalen Märkten zu gewinnen. Der Unterschied zwischen diesen beiden Unternehmenstypen ist der gleiche wie zwischen einem

Touristen, der in der ganzen Welt herumreist und einem überzeugten »Weltbürger«.

Ein multinationales und ein globales Unternehmen unterscheiden sich auch voneinander. Das multinationale operiert in verschiedenen Ländern, an deren spezifische Bedingungen es sich anzupassen versucht, was natürlich ziemlich kostenintensiv ist. Im Gegensatz dazu sind für die globalen Unternehmen die vergleichsweisen Kosten gering, weil sie mit gleichbleibenden Arbeitsmethoden das gleiche Produkt verkaufen und die ganze Welt als einen großen nahezu identischen Absatzmarkt betrachten.

Welcher Strategie man den Vorzug geben soll, ist weniger von der persönlichen Meinung abhängig als vielmehr von den Notwendigkeiten. Durch verbesserte Reise- und Kommunikationsmöglichkeiten werden der Menschheit der »Fortschrittsgedanke« und unsere Vorstellungen darüber eingehämmert, wie man Leistungen und Arbeitsplätze verbessert und anreichert, den Lebensstandard hebt und die Freizeit noch angenehmer gestaltet. Fortschritt spielt nicht nur in der Theorie, sondern auch in der Praxis eine große Rolle, selbst für diejenigen, die sich mit philisterhafter Leidenschaft oder religiösem Eifer an althergebrachte Denkmuster und Traditionen klammern.

Wer könnte die Szenen vergessen, die wir 1979 im Fernsehen von den Unruhen im Iran gesehen haben: Fanatische junge Männer in modernen Hosen französischen Zuschnitts, die Seidenhemden bis zur Taille geöffnet, gingen da mit modernen Waffen und nach Blut dürstend, im Namen der Islamischen Revolution auf die Straße.

In Brasilien strömen Tausende aus der präindustriellen Wildnis von Bahia in die explodierenden Städte, wo sie sich so schnell wie möglich einen Farbfernseher in ihre Wellblechhütten stellen, vor denen sie – gleich neben ihren schrottreifen Volkswagen – bei Kerzenlicht ihre Macumbas abhalten und ihren Göttern Früchte und frisch geschlachtete Hühner opfern.

Im Bruderkrieg gegen die Ibos sah die ganze Welt Bilder von Soldaten, die im tiefsten Busch der Musik aus einem Transistorradio lauschten – in der einen Hand ein blutbeflecktes Schwert, in der anderen eine Büchse Coca-Cola.

Selbst im fernen Sibirien, in einer Stadt wie Krasnoyarsk, weit ab von geteerten Straßen und unkontrollierten Neuigkeiten, muß sich ein Besucher aus dem Westen, der sich hierher verirrt hat, damit abfinden, daß man ihm pausenlos Zigaretten, Digitaluhren, ja sogar die Kleidung, die er auf dem Leibe trägt, abkaufen will.

Der illegale Handel mit modernen Waffen und Militärberatern, besonders in den unterentwickelten Nationen verbreitet, wird in seinem Umfang nur noch durch den organisierten Schmuggel von elektronischen Geräten, Gebrauchtwagen, westlicher Kleidung, Kosmetika und Raubkopien westlicher Filme übertroffen.

Unzählige Beispiele bestätigen, was längst jedem klar ist: daß sich die Wünsche und Bedürfnisse nach den neuesten Produkten und Produktionsverfahren, die auf dem Markt zu haben sind, immer mehr gleichen. Daniel J. Boorstin, Kongreßbibliothekar und Verfasser der umfangreichen Trilogie *Die Amerikaner*, hat unser Zeitalter einmal als »die Republik der Technologie« bezeichnet, »deren oberstes Gesetz Konvergenz – die Tendenz zur allgemeinen Angleichung –« heißt.

Die Wirtschaft hat darauf mit der Entstehung globaler Märkte und globaler Unternehmen reagiert, die die gleichen standardisierten Produkte – Autos, Stahl, Chemikalien, Rohöl, Zement, landwirtschaftliche Erzeugnisse und Maschinen, industrielle und gewerbliche Anlagen, Bankwesen, Versicherungen, Computer, Halbleiter, Transport, elektronische Geräte, Arzneimittel und Telekommunikationssysteme, um nur ein paar zu nennen – auf die gleiche Art und Weise anbieten.

Der Sturm des weltweiten Wettbewerbs fegt nicht nur über die sogenannten Gebrauchsgüter oder hochtechnisierten Produkte hinweg, wo eine Standardisierung durch Käufer und Verbraucher, die die gleiche Sprache – nämlich die der Wissenschaft und Technik – sprechen, erleichtert wird. Er dringt auch, beschleunigt durch die verbesserten Reise- und Kommunikationsmöglichkeiten, in jeden Lebensbereich vor. Boorstin schreibt dazu: »Die Kräfte der Angleichung in allen Lebensbereichen (die »die Republik der Technologie« freigesetzt hat) werden von allen Bevölkerungsschichten, über alle Sprachbarrieren hinweg, verstanden. Menschen, die man früher nie dazu gebracht hätte, Goethe zu lesen, fahren jetzt stolz ihren VW.... Die Technologie verwischt und beseitigt ideologische Unterschiede.

Im Wirtschaftsleben gibt es wohl keinen anschaulicheren Beweis dafür, als die anhaltende Beliebtheit von McDonald's Restaurants auf den Champs Elysees wie auf der Ginza, von Coca-Cola in Bahrain und Pepsi in Moskau, von Rockmusik, Griechischem Salat, alten Hollywood-Filmen, Revlon Kosmetika, Sony Farbfernsehern und Levis-

Jeans. Die Symbole des Wohlstands sind inzwischen genauso bekannt wie die Symbole der Technologie. Aber die Globalisierung reicht noch weiter. Suzanne Keller, Soziologin an der Princeton-Universität, hat festgestellt, daß in den Ländern, die mit Industrialisierung und Verstädterung in Berührung gekommen sind, die Scheidungsrate und die Anzahl der Unterhaltspflichtigen, die eine Zweitehe eingehen, steigt, die Geburtenrate abnimmt und die sexuelle Moral zunehmend verfällt.

Luxusgüter und hochtechnisierte Produkte gleichen sich immer mehr; die Individualität wird dem kosmopolitischen Prinzip geopfert. Nichts bleibt davon verschont, und die Entwicklung ist durch nichts aufzuhalten. Die individuellen Wünsche und Bedürfnisse der Menschen werden in ein homogenes, weltumfassendes »Korsett« gepreßt.

Althergebrachte Unterschiede zwischen den Wünschen und Vorstellungen bestimmter Völker, ihren Wirtschaftssystemen und ihren Wirtschaftsinstitutionen müssen der zeitgemäßeren Angleichung weichen, die sich auf jeden, der mit den neuen technologischen Errungenschaften in Berührung kommt, auswirkt. Die weltweite »Vereinheitlichung« der Wünsche führt unausweichlich zu einer Standardisierung von Produkten, Herstellungsmethoden und Institutionen in Industrie und Handel. Kleine Inlandsmärkte werden völlig umgestaltet und zu Weltmärkten »umfunktioniert«. Das zieht eine ökonomischere Arbeitsweise in Produktion, Vertrieb, Marketing und Management nach sich. Die Folge ist ein Wettbewerb auf weltweiter Ebene, der auf der Leistungsfähigkeit von Produkten, Vertrieb, Marketing und Management basiert. Daraus resultiert eine weltweite Wettbewerbsverdichtung, die sich im Preisgefüge widerspiegelt. Da der Preis wieder zur Grundlage des globalen Wettbewerbs geworden ist, muß ein Unternehmen, um konkurrenzfähig zu bleiben, verbesserte Qualität und Zuverlässigkeit in den Preisen miteinbringen. Hierdurch entwickelt sich schließlich eine weltweit standardisierte Produktpalette, die zwar im Hinblick auf Design, Funktionstüchtigkeit und Modernität überall identisch ist, aber aufgrund des produkteigenen Wertes, der sich aus Preis, Qualität, Zuverlässigkeit und Lieferbedingungen zusammensetzt, einem scharfen Wettbewerb unterliegt.

So läßt sich primär der wachsende Erfolg verschiedener japanischer Firmen erklären, die auf dem ganzen Globus die verschiedensten Güter und Dienstleistungen anbieten, wie z. B. Stahl, Autos, Motorräder, Hifi-Geräte, landwirtschaftliche Maschinen, Roboter, Mikroprozesso-

42

ren, Kohlefasern, neuerdings sogar Textilien, sowie Bank- und Schiffstransportgeschäfte, Kontrakte und Subkontrakte allgemein und Computer Software. Hohe Qualität und niedrige Preise sind, wie man sieht, nicht unvereinbar, obwohl beredte Statistiker und eifrige Beraterfirmen zwanzig Jahre lang – bis 1982 – einstimmig und stereotyp das Gegenteil behauptet haben. Aber ihre Daten und Fakten sind unvollständig, widersprüchlich oder falsch analysiert worden. »Man kann eine ganze Menge durch reines Beobachten lernen«, sagt Yogi Berra. »Beobachten« bedeutet, mit dem Verstand erfassen, was das Auge sieht. Und der »Beobachter« kann mühelos erkennen, daß niedrige Kosten das Markenzeichen besserer Managementmethoden sind, deren Überlegenheit eben darin besteht, daß sie sich auf qualitativ bessere Produkte spezialisiert haben. Hohe Qualität und niedrige Kosten verhalten sich nicht wie Feuer und Wasser. Sie sind die notwendigen und durchaus zu vereinbarenden Charakteristika überlegener Unternehmenspraktiken.

Wenn man leugnet, daß Japan ein exzellentes Beispiel für unsere Definition von Globalität ist, indem man Haarspalterei betreibt und sich auf bestimmte Fakten beruft, wie z. B. darauf, daß die Autoindustrie für den Inlandsmarkt das Lenkrad rechts, für den Export nach Amerika und Europa aber links einbaut, daß Büromaschinen in den USA über Zwischenhändler, in Japan jedoch direkt verkauft werden, daß japanische Bankiers in Brasilien Portugiesisch sprechen und für Frankreich bestimmte Produkte eine französische Beschriftung erhalten, beweist nur, daß man die Begriffe »Verschiedenheit« und »Unterscheidungsmerkmal« miteinander verwechselt. Die Lenkradanbringung ist verschieden, ebenso wie die Absatzwege und die Sprache. Ein charakteristisches Unterscheidungsmerkmal besteht aber darin, daß die Japaner unerbittlich nach größerer Wirtschaftlichkeit und Qualität streben. Und das bedeutet überall auf der Welt und in jeder Branche, daß man versucht, hochqualitative Produkte weltweit zu standardisieren.

Vorrangig ist dabei die Überlegung, daß bei vernünftiger Berücksichtigung, ob diese Strategie angemessen ist, die Kosten und Preise gesenkt und die Qualität und Leistungen verbessert werden müssen. Dann werden immer mehr Kunden ungeachtet ihrer Nationalität weltweit standardisierte Produkte vorziehen, wobei konventionelle Marktforschungsergebnisse und allgemeine Beobachtungen bezüglich der Existenz national- und gruppenbedingter Eigenheiten, Unterschiede, Bedürfnisse und Institutionen keine Rolle spielen. Die Richtigkeit dieser

Überlegungen scheint sich genauso zu bestätigen, wie seinerzeit Henry Fords Strategie, das T-Modell zu bauen. Und Japan wird immer wieder und mit bemerkenswertem Erfolg von Unternehmen in Südkorea (Fernseher und Baugewerbe), Malaysia (Taschenrechner und Minicomputer), Brasilien (Autoersatzteile und Werkzeug), Kolumbien (Bekleidung), Singapur (optische Geräte), ja selbst in den USA (Bürokopierer, Computer, Fahrräder, Gußwaren), Westeuropa (Waschvollautomaten), Rumänien (Haushaltsartikel), Ungarn (Kleidung), Jugoslawien (Möbel) und Israel (Paginierungsausrüstung) kopiert.

Natürlich standardisieren selbst die Mammutkonzerne, die in nur einem Land oder in nur einer großen Stadt operieren, nicht alles, was sie herstellen, verkaufen oder auf bestimmten Märkten anbieten. Deshalb gibt es ja bei ihnen eine Produktpalette und nicht nur eine Ausführung eines bestimmten Artikels, verschiedene Absatzkanäle usw. Denn selbst in einer Großstadt gibt es schon gesellschaftliche, lokale, regionale, ethnische und institutionelle Unterschiede. Aber all das trifft nicht den Kern der Sache. Obwohl sich ein Unternehmen stets auf einen bestimmten Kundenkreis spezialisiert, muß es sich, um in einer Welt zunehmend sich gleichender Wünsche und Vorstellungen überleben zu können, auf Strategien und Verfahren stützen, die es ermöglichen, weltweit einen ähnlichen Kundenkreis anzusprechen. Nur dann kann es wirtschaftlicher arbeiten und die Kosten niedrig genug halten, um wettbewerbsfähig zu bleiben.

Nur selten findet man heute noch spezifische Käufergruppen, die nur in einem ganz bestimmten Land existieren. Man trifft sie überall auf der Welt an, und sie sind für jeden Anbieter zugänglich. Kleine lokale Teilmärkte werden deshalb weltweit standardisiert und dehnen sich aus und unterliegen somit auch dem weltweiten Wettbewerb, insbesondere dem Preiswettbewerb.

Das global orientierte Unternehmen sucht deshalb ständig nach Möglichkeiten, das Niveau des Weltmarktes zu erreichen, indem es seine Arbeitsweise und seine Produkte dem dort vorgegebenen Standard anpaßt. Nur so gelingt es ihm, die Kosten niedrig zu halten und konkurrenzfähig zu bleiben. Viele ansonsten weltweit ausgerichtete Firmen haben zu ihrem eigenen Schaden diesem Prinzip den Rücken gekehrt, nachdem sie alle Möglichkeiten der Standardisierung erschöpft zu haben und auf Teilmärkten besser zu verdienen glaubten. Aber nach einer Weile versuchten sie unweigerlich und mit allen Mitteln, die

Standardisierung wieder einzuführen, um sich nicht mehr auf unwirtschaftliche, kleine Teilmärkte beschränken zu müssen.

Das ist nicht das Ende für kleinere Marktsegmente und Produktvielfalt. Es ist nur der Beginn eines Preiswettbewerbs, bei dem es um Produkte von hoher Qualität geht, die auf wenigeren, dafür aber umso größeren, weltweit gestreuten Teilmärkten angeboten werden.

In unserer zunehmend homogenen Welt wird ein Unternehmen, dem der »weltweite Horizont« fehlt und das nicht auf die ökonomische Vereinfachung und Standardisierung seiner Produkte bedacht ist, unweigerlich in Bedrängnis geraten. Am meisten gefährdet sind die Firmen, die in großem Umfang auf relativ kleinen Inlandsmärkten qualitativ hochwertige Produkte anbieten, für die sich auch in anderen Ländern kleine Märkte finden würden. Da die Transportkosten im Verhältnis zu den Gesamtkosten relativ niedrig sind, ist es für die weltweit orientierten Firmen, die ihre Ware, weil sie wirtschaftlicher arbeiten, auch billiger anbieten können, kein Problem, in die entferntesten Märkte einzudringen, an die die provinziellen Hersteller gewöhnt sind und die sie fest in der Hand zu halten glaubten. Das ist das Ende des Territorialanspruchs inländischer Unternehmen, insbesondere, wenn sie Produkte anbieten, die einem bestimmten Käuferkreis angepaßt sind. Sie wandern alle ausnahmslos in den Schmelztiegel des Wettbewerbs.

Die neue »Republik der Technologie« homogenisiert die Vorstellungen, Wünsche und Möglichkeiten. Das führt zur Entwicklung von Märkten globalen Zuschnitts, die eine weltweite Standardisierung von Produkten erfordern und die dem auf globaler Ebene ökonomischer arbeitenden Unternehmen Wettbewerbsvorteile bieten. Wenn es aufgrund seiner geringeren Produktionskosten seine Waren auf globalen Märkten preisgünstiger anbieten kann, kann sich sein Absatzvolumen verdoppeln: nämlich deshalb, weil der Käufer bei einem Produkt gerne auf seine Vorliebe für ein bestimmtes Merkmal, Design oder eine besondere Funktionsmethode verzichtet, wenn dafür der Preis »stimmt«.

Die Strategie der Standardisierung ist nicht nur den homogenen Weltmärkten vorzüglich angepaßt, sondern sie trägt auch noch durch das damit verbundene niedrige Preisniveau zu ihrer Erweiterung bei.

Damit verstärkt das neue »Monstrum Technologie« nur ein uraltes Motiv des Menschen: möglichst sparsam mit dem Geld umzugehen.

45

Und niemand kann behaupten, daß es diese Einstellung nicht auf der ganzen Welt gäbe.

Der Unterschied zwischen dem Fuchs und dem Igel, zwischen Dosto-jewsky und Tolstoi, besteht darin, erklärt Sir Isaiah Berlin, daß der Fuchs eine Menge über viele Dinge weiß – der Igel weiß jedoch alles über eine bestimmte Sache. Das multinationale Unternehmen weiß eine Menge über viele Länder und gibt sich die größte Mühe, sich an die dort herrschenden unterschiedlichen Bedingungen anzupassen. Das globale Unternehmen ist sich einer Sache ganz sicher, und die gilt für alle Länder gleichermaßen; daraus kann es »Kapital schlagen«. Es interessiert sich nicht dafür, in welcher Hinsicht sie sich unterscheiden, sondern in welcher Beziehung sie sich *gleichen*. Es weiß, daß es im eigenen Land wie auch auf der ganzen Welt darum geht, konkurrenzfähig und flexibel zu bleiben und ständig nach neuen Wegen zu suchen, um jedes Produkt auf weltweit anerkannten Standard zu bringen. Und das gelingt ihm – ich möchte es noch einmal betonen – indem es sich das zunutze macht, was in allen Ländern und bei allen Völkern gleich ist.

Das, was alle Nationen und Völker miteinander verbindet, ist der Mangel. Niemand will sich damit abfinden. Jeder möchte sich soweit wie möglich aus seiner eigenen Zwangslage befreien. Jeder will mehr. Sogar die Hippies, um die es inzwischen still geworden ist, versuchten damals noch mit der salbungsvollen Begründung »weniger ist mehr« ihre selbstgewählte Armut zu versüßen. Auch sie wollten mehr – ihre Art von »mehr« – im Austausch für den Mangel, dem sie nicht entrinnen konnten, mit dem sie sich aber auch nicht abfinden wollten.

Niemand ist heute völlig autonom. Überall gibt es irgendeine Form von Handel, Tausch und Geld. Arbeitsteilung und Spezialisierung in der Produktion sind die Mittel, Handel, Tausch und Geld die Möglichkei-ten, mit denen die Völker und Nationen ihren Lebensstandard zu verbessern suchen. Die Erfahrung hat uns drei wichtige Dinge über das Geld gelehrt: daß es knapp, schwer zu verdienen und leicht zu verlieren ist. Das erklärt, warum die Menschen sich erst nach sorgfältiger Überle-gung schweren Herzens davon trennen.

Das erklärt zum Teil auch das, was die weltweit orientierten Unter-nehmen längst erkannt haben: Wenn der Preis attraktiv genug ist, greifen immer mehr Menschen in unserer zunehmend homogenen Welt nach den genormten Produkten, selbst wenn sie nicht genauso sind, wie man

46

sie sich vorgestellt hat, wie sie in der »guten alten Zeit« waren oder wie sie laut nüchterner Marktanalysen sein sollten.

Es ist eine unabänderliche Tatsache, daß in der heutigen Zeit die Bereitstellung stärker genormter Produkte und Dienstleistungen billiger ist als die Herstellung weniger stark genormter und daß die Produktionskosten genormter Artikel mit steigendem Produktionsvolumen sinken. Es ist kostensparender, eine oder zwei Ausführungen eines Erzeugnisses herauszubringen als drei, vier oder sogar fünf. Wenn man die ganze Welt als einen oder zwei Märkte betrachtet, kann man ökonomischer arbeiten als wenn man sie in drei, vier oder mehr Produktmärkte aufspaltet. Die globalen Unternehmen bemühen sich, die ganze Welt als wenige, standardisierte Märkte zu behandeln und weniger als festgefügte Teilmärkte. Sie setzen sich mit Worten und Taten für eine weltweite Anpassung ein. Darin besteht der entscheidende Unterschied. Ihr Motto ist es, stets das Neueste zu bieten und die Preise attraktiv zu gestalten, selbst wenn sie Spitzenprodukte zu Spitzenpreisen verkaufen. Im Gegensatz dazu akzeptieren die multinationalen Unternehmen bereitwillig alle erkennbaren, rudimentären nationalen Unterschiede; sie stellen sich nicht die Frage, ob man sie umformen kann; sie erkennen nicht, daß die Welt reif ist für die »Segnungen unseres modernen Zeitalters«, besonders dann, wenn der Preis auch noch stimmt. Ihre Anpassungsbereitschaft an die sichtbaren unterschiedlichen Konditionen in den verschiedenen Ländern ist mittelalterlich, genauso wie ihre Produkte und Preise.

Wie ich bereits gesagt habe, ist die weltweite Konvergenz nicht nur auf den technologischen Bereich oder die Produkte des wissenschaftlichen Fortschritts beschränkt – auf die Symbole der Technolgie im Gegensatz zu den Symbolen des Luxus. Betrachten wir noch einmal den erstaunlichen Fall Coca-Cola und Pepsi-Cola, die nach allen nur denkbaren Kriterien zu den weltweit standardisierten Produkten gehören, die überall mit Hilfe der gleichen Kommunikationsmethoden vermarktet werden und überall auf der Welt reißenden Absatz finden. Bemerkenswert ist dabei die Tatsache, daß es sich hier um Produkte handelt, die »durch den Magen gehen«, vorbei – zu unserer größten Freude – an einer Unmenge feinster, gut trainierter Geschmacksnerven, die seit undenklichen Zeiten eine ganz individuelle, tief verwurzelte Vorliebe für bestimmte Aromen, eine besondere Art der Schaumbildung, der Konsistenz, des Nachgeschmacks usw. entwickelt haben. Und dennoch sind diese beiden gleichbleibenden Produkte ein Verkaufsschlager! Das gleiche gilt für Zigaretten, besonders für amerikanische; im Laufe der Zeit haben sie immer mehr Zigarettenmarken von ihrem angestammten Platz verdrängt. Das kann kein Zufall sein! Das sind Beispiele für die allgemeine Tendenz zur weltweiten Homogenisierung selbst der Luxusartikel, der Vertriebs- und Finanzierungsart der Produkte, der Preise, der Institutionen, die sie verkaufen und der Art, wie sie auf den Markt gebracht werden. Es gibt keine Ausnahme. [1] Die Produkte und Methoden unserer industrialisierten Welt geben den Ton an und alle tanzen nach »ihrer Pfeife«. Das Verlangen nach noch größerer globaler Anpassung ist noch nicht befriedigt; der Motor ist dabei die Macht der Technologie, die unser Zeitalter entscheidend prägt. Die Unterschiede, die es noch gibt, sind rudimentäre Bestandteile unseres kulturellen Erbes, die Werte, Normen und die Institutionen selbst. Einige verschwinden im Laufe der Zeit, andere werden weltweit zum Allgemeingut. Nur so läßt sich das Wachstum der sogenannten ethnischen Märkte – das sind spezifische Teilmärkte für Nahrungsmittel, Bekleidung und Freizeitgestaltung, ja sogar Einzelhandelsgeschäfte wie z. B. Delikatessenläden, Metzgereien und Antiquitätengeschäfte – überall in der Welt erklären. Ihre Existenz steht nicht im Widerspruch zur These von der globalen Anpassung, sie bekräftigt sie vielmehr. Ohne die weltweite Homogenisierung der Neigungen und des Geschmacks gäbe es keine ethnischen Besonderheiten. Unterscheidungsmerkmale können nur dann weiter existieren, wenn die Anpassungsbereitschaft dominiert. Das globale Wachstum ethnischer Märkte bestätigt das Vorhandensein weltweiter Normen in allen anderen Bereichen und ist selbst der beste Beweis für die weltweite Standardisierung der Teilmärkte.

Überall auf der Welt gibt es Chinesische Restaurants, Pittabrot, Country- and Western-Musik, Pizza und Jazz. Daß ethnische Besonderheiten weltweit bekannt geworden sind, ist ein Beweis für ihre kosmopolitische Tendenz. Um es noch einmal zu betonen: Globalisierung bedeutet nicht das Ende der Teilmärkte; sie trägt vielmehr zu ihrer weltweiten Ausdehnung bei.

---

[1] 1968 publizierte Robert D. Buzzell in der November/Dezember-Ausgabe von *Harvard Business Review* einen aufsehenerregenden Artikel »Läßt sich das multinationale Marketing standardisieren?« in dem er die Bedingungen auflistete, die seiner Meinung nach eine Normierung erleichtern bzw. erschweren. Er wies darauf hin, daß selbst unter erschwerten Bedingungen die Barrieren auf schnellstem Wege zugunsten größerer Wirtschaftlichkeit und arbeitserleichternder neuer Methoden fallen.

Es bleiben aber große Unterschiede zwischen den Produkten und den Produktmerkmalen der verschiedenen Herstellerländer, in denen eine große Zahl multinationaler Unternehmen vertreten sind. Sie operieren in den jeweiligen Ländern völlig verschieden. Aber ihre Verschiedenartigkeit basiert nur darauf, daß sie sich auf die ihrer Ansicht nach festgefügten lokalen Präferenzen eingestellt haben. Sie glauben, daß die Dinge unabänderlich sind – nicht etwa, weil sie es tatsächlich sind, sondern weil diejenigen, die davon überzeugt sind, multinational statt global denken und handeln. Sie haben entweder überhaupt nicht, oder aber auf die falsche Art und Weise versucht, eine weltweite Standardisierung einzuführen.

Ich befürworte es keineswegs, lokale und nationale Unterschiede zu ignorieren. Ich behaupte nur, daß man, bei allem Respekt, nicht die Möglichkeit, etwas anders oder besser zu machen, außer acht lassen darf. Es gibt z. B. enorme Unterschiede zwischen den erdölexportierenden Ländern im Mittleren Osten. Manche sind sozialistisch, einige sind Monarchien, andere wiederum Republiken. Für einige ist der Code Napoléon die gültige Rechtsgrundlage, für andere die Gesetze des Ottomanischen Reiches oder das Englische Common Law, und alle sind stark vom Koran beeinflußt. Aber in all diesen Ländern versteht man unter der Art, Geschäfte zu machen, eine ganz persönliche, fast intime Geschäftsbeziehung. Dazu gehört, daß man nationale Ruhezeiten respektiert; dies bedeutet z. B., daß im Fastenmonat Ramadan ein Verkaufsgespräch erst nach zweiundzwanzig Uhr, wenn die Menschen müde und satt sind, beginnen kann. Es geht nichts ohne einheimischen Mittelsmann oder Geschäftspartner, und ein ortsansässiger Jurist ist ebenso obligatorisch wie ein unwiderruflicher Kreditbrief. Aber es ist genauso, wie Sam Ayoub, Vizepräsident von Coca-Cola kürzlich erst erklärt hat: »Die Araber sind sehr wohl in der Lage, zwischen kulturellen und religiösen Notwendigkeiten einerseits und der wirtschaftlichen Realität andrerseits zu unterscheiden. Islam und Wissenschaft und Modernes Zeitalter vertragen sich sehr gut.«[1]

Die Schranken, die dem Einzug des Fortschritts gesetzt sind, existieren aber nicht nur in diesen Ländern. Es gibt juristische und finanzielle Barrieren beim freien Daten- und Technologietransfer selbst über die Grenzen der EG-Länder hinweg. Überall in Europa ist der Widerstand

---

[1]Zitat aus einer Rede, die er 1982 in Pebble Beach, Kalifornien, gehalten hat.

49

gegenüber Rundfunk- und Fernsehübertragungen aus den Nachbarländern spürbar. Aber die Vergangenheit lehrt uns etwas Wichtiges für die Zukunft: daß mit Beharrlichkeit und den richtigen Mitteln die Barrieren zu einer besseren Technologie und größerer Wirtschaftlichkeit noch immer gefallen sind. Es ist nur eine Sache der Zeit und des Willens.

Viele Unternehmen, die sich bemüht haben, weltweit relevante Verfahren und Produkte in großem Umfang zu exportieren, ohne sie an die Abnehmerländer anzupassen oder entsprechend zu verändern, haben Schiffbruch erlitten. Derartige Fehlschläge bewerten viele Antagonisten als abgrundtiefe Dummheit angesichts des von vornherein aussichtslosen Versuches, das Unmögliche möglich zu machen. Die Protagonisten einer weltweiten Standardisierungsmöglichkeit haben ihr Scheitern auf Fehler bei der Durchführung zurückgeführt und sich davon distanziert.

Es ist richtig, daß das Versagen vieler Unternehmen bei der Standardisierung von Produkten und Verfahren auf Fehler in der Verfahrensweise zurückzuführen ist. An Horrorgeschichten fehlt es nicht, aber es hätte keinen Sinn, ausführlich darüber zu berichten. Viel sinnvoller ist es, Beispiele für die vielen verpaßten Möglichkeiten zur Standardisierung, insbesondere aber für den Mangel an Durchhaltevermögen aufzuzeigen.

Betrachten wir z. B. einmal die Hersteller von Waschvollautomaten in Westeuropa, zu einem Zeitpunkt, als es in nur wenigen Haushalten halbautomatische oder sogar manuell betriebene Waschmaschinen gab. Die Firma Hoover mit ihrem Stammsitz in North Canton, Ohio, hatte bereits mit ihrem Staubsauger- und Waschmaschinenprogramm in England Fuß gefaßt, war aber auf dem Kontinent weniger gefragt. Die riesigen Fabrikhallen in England waren bei weitem nicht ausgelastet, und es gab auch keine Möglichkeit, die Kapazität mit der Produktion für den Markt in Großbritannien voll auszuschöpfen. Sie brauchte ein erheblich größeres Absatzkontingent an halbautomatischen und vollautomatischen Waschmaschinen auf dem Kontinent. Da sie sich selbst für marktorientiert hielt, ließ sie von den Experten Wettbewerbsanalysen und Studien über die Verbraucherpräferenzen erstellen. Die Analyse zeigt nur allzu deutlich, welche Produktmerkmale man in welchem Land bevorzugte (vgl. Tab. 1).

Tabelle 1: Verbraucherpräferenzen bei Waschvollautomaten nach Ländern

MERKMALE	GROSSBRITANNIEN	ITALIEN	DEUTSCHLAND	FRANKREICH	SCHWEDEN
Gehäuseabmessungen[1]	85 cm hoch & schmal	niedrig & schmal	85 cm hoch & breit	85 cm hoch & schmal	85 cm hoch & breit
Material der Trommel	Email	Email	Rostfreier Stahl	Email	Rostfreier Stahl
Ladeart	Toplader	Frontlader	Frontlader	Frontlader	Frontlader
Vordere Sichtscheibe	Ja/Nein	Ja	Ja	Ja	Ja
Fassungsvermögen	5 Kilo	4 Kilo	6 Kilo	5 Kilo	6 Kilo
Schleuderdrehzahl	700 U/min	400 U/min	850 U/min	600 U/min	800 U/min
Heizspirale	Nein[2]	Ja	Ja[3]	Ja	Nein[2]
Design	Unauffällig	Bunt	Robust	Elegant	Kompakt
Waschprogramm	Intervall-Lauf	Rechts-Links-Lauf	Rechts-Links-Lauf	Intervall-Lauf	Rechts-Links-lauf

[1] 85 cm galt damals in Europa als Standardhöhe bei Arbeitsflächen.
[2] »Nein«, weil es in den meisten Haushalten in Großbritannien und Schweden zentrale Warmwasserzubereitung gab.
[3] »Ja«, weil man in Deutschland höhere Waschtemperaturen als allgemein vorgesehen vorzog.

51

Die Mehrkosten pro Waschmaschine aufgrund der folgenden, von den einzelnen Ländern bevorzugten Änderungen betrugen:

Stahl statt Emailtrommel	£ 1.00
Vordere Sichtscheibe	0.10
800 statt 700 Schleuderumdrehungen pro Minute	0.15
Heizspirale	2.15
6 Kilo statt 5 Kilo Fassungsvermögen	1.10
	£ 6.10

Hätte man auch die anderen, von den einzelnen Verbrauchern gewünschten Veränderungen berücksichtigen wollen, wären beträchtliche Investitionen in die Produktionsanlagen und zusätzliche variable Kosten angefallen. Zu der Zeit sahen die Einzelhandelspreise für die Waschmaschinen der führenden einheimischen Hersteller (in Pfund Sterling) so aus:

Großbritannien	£ 110
Frankreich	£ 114
Deutschland	£ 113
Schweden	£ 134
Italien	£ 57

Bei einer »Maßanfertigung« nach den Wünschen der Kunden in den verschiedenen prospektiven Abnahmeländern hätte Hoover seine Wettbewerbsfähigkeit eingebüßt, weil die zusätzlichen Einbauten einen Aufpreis verlangt hätten und außerdem die Herstellungskosten wegen des verkürzten Produktionsablaufes – eine Folge des permanenten Umbaus – gestiegen wären. Und da sich das alles abspielte, bevor in den EG-Ländern die Zolltarife gesenkt wurden, mußte Hoover zusätzlich noch mit einer Einschränkung seiner Wettbewerbsfähigkeit wegen der Zollabgaben auf dem Kontinent rechnen.

Eine schöpferische, systematische Analyse des tatsächlichen Verkaufs von Waschmaschinen in all diesen Ländern hätte folgende Widersprüchlichkeiten aufgedeckt:

1. Italienische Waschvollautomaten mit weniger Kapazität, kleiner, mit geringerem Leistungsvermögen, ohne eingebaute Heizspirale, mit

Porzellan-Email-Trommel, zu ausgesprochen niedrigen Preisen, verzeichneten eine rege Nachfrage – selbst in Deutschland – und sie gewannen ständig neue Marktanteile dazu.

2. Die marktführenden deutschen Waschvollautomaten waren zwar den Vorstellungen des deutschen Verbrauchers optimal angepaßt, kosteten aber auch am meisten. Die Werbung für die deutschen Fabrikate war dreimal intensiver als für die Maschinen, die den zweithöchsten Absatz erzielten.

3. Italien, das am wenigsten Werbung für seine Waschmaschinen machte, stellte ziemlich schnell auf Waschvollautomaten um und übersprang dabei die langen Produktionsphasen in anderen Ländern, wo man von handbetriebenen Wringmaschinen zu halbautomatischen Waschmaschinen überging und dann erst Vollautomaten produzierte. Die Leute, die zum ersten Mal ein italienisches Fabrikat kauften, entschieden sich normalerweise gleich für den Waschvollautomaten zum Niedrigpreis.

4. In Europa fingen die Waschmittelhersteller – wie vorher in Amerika die Waschmittel- und Waschmaschinenindustrie – gerade erst an, Kalt- und Lauwarmwaschprogramme zu propagieren.

Der – sogar in Deutschland – wachsende Erfolg der kleinen italienischen Maschinen mit niedriger Leistung, Schleuderdrehzahl, Kapazität und erstaunlich niedrigem Preis gegenüber dem bemerkenswerten Erfolg der zwar beliebteren, aber wesentlich teureren und durch intensive Werbung bekannteren deutschen Fabrikate enthielt eine Botschaft, für die allerdings die Befürworter einer anderen Version der Marketing-Konzeption nicht empfänglich waren – daß es nämlich besser ist, dem Kunden das zu geben, was er will, als das, was man um jeden Preis verkaufen will.

Jeder konnte mit ein wenig Vorstellungskraft und gutem Willen erkennen: Unter den gegebenen Bedingungen gab der Verbraucher dem preisgünstigeren Waschvollautomaten – in diesem Fall dem italienischen Fabrikat – den Vorzug gegenüber den manuell betriebenen und halbautomatischen Maschinen und ganz besonders gegenüber den teureren Marken – und dies obwohl die Billigmaschinen in Funktion und Aussehen von ihren Idealvorstellungen abwichen. Das galt sogar für die als pedantisch und kompromißlos geltenden Deutschen, obwohl die billigeren Maschinen keineswegs ihren Ansprüchen in Bezug auf besonders hohe Wassertemperaturen, Schleuderdrehzahl und Gehäusegröße entsprachen. Und genauso klar ist, daß der Verbraucher im Falle der Waschvollautomaten besonders stark von der Werbung beeinflußt wurde, denn in Deutschland war die »ideale« Waschmaschine, für die am meisten Reklame gemacht wurde, die teuerste; diese hatte aber auch den größten Marktanteil.

Aus dem Geschilderten läßt sich folgendes ableiten: Die Verbraucher kauften lieber vollautomatische als manuelle oder halbautomatische Waschmaschinen. Zwei Faktoren beeinflußten die Entscheidung für ein bestimmtes Fabrikat: der niedrige Preis, auch wenn die bevorzugten besonderen Produktmerkmale fehlten, und die intensive Werbung, wobei der Preis nebensächlich war. In beiden Fällen bekam der Kunde das, was er sich eigentlich wünschte: die Vorteile, die der Besitz einer vollautomatischen Waschmaschine bietet.

Hoover hätte zu dem Schluß kommen müssen, nur die qualitativ hochwertigen Maschinen mit dem einfachen Design herzustellen, die die Engländer bevorzugten, und diese verstärkt auf dem Kontinent zu einem extrem niedrigen Preis anzubieten, der durch die 17%ige Kosteneinsparung (weil ja nun die Mehrkosten von £ 6.10 für die Zusatzeinbauten entfielen) ermöglicht wurde. Der Einzelhandelspreis hätte noch unter £ 100 liegen können; dem Konzern wäre dann sogar noch eine »eiserne Reserve« für den Ausbau eines Servicenetzes und intensive Werbung in den Medien auf dem Kontinent geblieben, weil er sich ja die notwendigen Veränderungen der Produktionsanlagen »erspart« hätte. Die Werbung hätte vermitteln müssen, daß genau dieses Fabrikat das richtige für Sie, liebe Hausfrau, ist, weil es Ihnen die Bürde der täglichen Hausarbeit erleichtert, damit Sie mehr Zeit haben, Ihren Kindern eine liebevolle Mutter und Ihrem Gatten eine zärtliche Gefährtin zu sein. Man hätte gezielt beide Ehepartner ansprechen müssen, um dem Mann – möglichst in Gegenwart seiner Frau – klarzumachen, daß es seine vornehmste Pflicht sei, zuerst seiner besseren Hälfte eine Waschmaschine zu kaufen und dann erst das neue Auto für sich selbst.

Ein extrem niedriger Preis, der durch Standardisierung ermöglicht worden wäre, gepaart mit einer intensiven Werbung, die den allgemeinen Wunsch anspricht, die langweiligen und »erniedrigenden« Routinearbeiten im Haushalt auf ein Minimum zu reduzieren, um mehr Zeit für die Familie zu haben, hätte alle Vorstellungen vom »idealen« Produkt verdrängt. Ein solches Vorgehen hätte bewiesen, daß man etwas verstanden hat, was uns alle betrifft: Jeder möchte sich sein Leben ein wenig erleichtern und ist bereit, dafür zu bezahlen, wenn er es sich leisten kann, und wenn man ihm zeigt, wie er es anstellen muß.

Auch wenn man in diesem Fall eine individuell angepaßte Produktstrategie richtig ausgeführt hätte, wäre das Ergebnis nicht optimal, vielleicht sogar ein Fiasko gewesen. Es ging hier nämlich nicht um die Durchführung, sondern um Konzept – nicht darum, etwas richtig zu tun, sondern darum, das Richtige zu tun. Man hat das Pferd am falschen Ende aufgezäumt. Man fragte sich, welche Produktmerkmale der Verbraucher erwartete, anstatt zu überlegen, was er – für jedermann sichtbar – vom Leben erwartete. Ein Produkt den Kundenwünschen entsprechend maßzuschneidern, wäre in diesem Fall nicht nur dumm, sondern auch gedankenlos gewesen – und das ist viel schlimmer. Denn man hätte sich, der eigenen Dummheit und Gedankenlosigkeit nicht bewußt, völlig falsche Fragen gestellt, und mit einem Stolz, der völlig fehl am Platze gewesen wäre, darauf hingewiesen, daß man sich nur an die Marketing-Konzeption halte. In Wirklichkeit beachtete man die Marketing-Konzeption überhaupt nicht! Man betrachtete nur oberflächlich die Daten, ohne einen weiteren Gedanken, geschweige denn seine Vorstellungskraft an sie zu verschwenden – wie die Gegner des Kopernikus im Mittelalter, die zu beobachten glaubten, daß die Sonne Tag für Tag auf einer berechenbaren ellipsenförmigen Bahn um die Erde kreist; Kopernikus hingegen kam zu einer ganz anderen, zwingenderen Schlußfolgerung. Er verfügte über die gleichen Daten, aber er unterschied sich von seinen Widersachern durch seinen Forscherdrang.

Aufgrund seiner Beharrlichkeit und Kreativität machte Kopernikus, wie der Igel, eine immens wichtige Entdeckung. Diese Entdeckung ist es, die das globale Unternehmen vom multinationalen unterscheidet. Das globale Unternehmen hat erkannt, daß unser modernes Zeitalter eine Realität ist, und daß die Technologie unabänderlich zu weltweiter Konvergenz in allen Lebensbereichen – sei es zum Guten oder Schlechten – zu Erleichterungen im Alltagsleben, zu mehr Freizeit und höherem Lebensstandard führt. Die Rolle, die das globale Unternehmen in unserer heutigen Zeit spielt, unterscheidet sich beträchtlich von der, die das normale Durchschnittsunternehmen bisher in seiner kurzen, aber turbulenten und bemerkenswert vielseitigen Geschichte gespielt hat. Heute besteht die Aufgabe des globalen Unternehmens darin, die beiden Elemente Technologie und Globalisierung, die nicht aufzuhalten sind, zum Wohl der Wirtschaft und der ganzen Menschheit zu nutzen. Diese Rolle wurde ihm nicht vom Schicksal, von der Natur oder von Gott auferlegt, sondern sie ergibt sich aus der Notwendigkeit, die Wirtschaft zugänglich zu machen – einer Notwendigkeit, die zu Aktionen und Reaktionen zwingt, wobei nur die Besten und Wagemutigsten eine Überlebenschance haben.

Diese Notwendigkeit bekamen zwei Industriezweige in Amerika zu spüren, bevor sie selbst davon überzeugt waren. Nachdem die Gewerkschaften jahrzehntelang regelmäßig und mit aller Härte ganze Industriezweige zur Arbeitsniederlegung aufgefordert hatten, gab es bei der Stahlarbeitergewerkschaft seit 1959 und bei der Automobilarbeitergewerkschaft von General Motors seit 1970 keinen Streik mehr (wodurch ⅔ der Gesamtproduktion in den USA lahmgelegt worden wäre). Daraus ist ersichtlich, daß man die Globalität dieser Industriezweige erkannt hatte, daß man zwar die Arbeiter von der Arbeit, nicht aber die Kunden vom Kauf abhalten konnte. Die ausländischen Hersteller wären nur allzu gerne bereit gewesen, »in die Bresche zu springen« und nebenbei den einheimischen Firmen einen gehörigen »Dämpfer aufzusetzen«. Die Gewerkschaften hatten noch vor den Unternehmen erkannt, daß der weltweite Wettbewerb die einheimischen Hersteller zwingt, sich auf die Realität einzustellen.

Seit der Entwicklung der Marketingidee vor ca. 25 Jahren haben die fortschrittlichsten Unternehmen der Westlichen Welt ihre Bereitschaft gezeigt, das zu produzieren, was der Kunde will, und ihm nicht das aufzudrängen, was sie produzieren. Dadurch entstanden aber auch viel zu große und teure Marketing-Abteilungen, die mit professionellen Marktforschungen zusammenarbeiteten; Produktangebote und Arbeitsverfahren wuchsen ins Uferlose – man bot maßgeschneiderte Erzeugnisse und Vertriebssysteme für die verschiedenen Märkte, Verbraucherkreise und Länder an.

In letzter Zeit hat man auf der ganzen Welt den erstaunlichen Erfolg japanischer Firmen beobachten können. Es ist bezeichnend für die Japaner, daß sie anscheinend ganz ohne die im Westen so beliebten Marketing-Abteilungen und Marktanalysen auskommen. John F. Welch jr., Generaldirektor von General Electric, hat die Situation einmal sehr plastisch beschrieben: »Die Japaner, die von einer kleinen, rohstoffarmen Inselkette auf der anderen Seite des Globus und aus einem völlig anderen Kulturkreis stammen, deren komplexe Sprache für uns kaum zu

56

durchschauen ist, haben es geschafft, den »Code« der westlichen Märkte zu knacken.« Ihr Erfolg ist darin begründet, daß sie nicht mit mechanischer Gründlichkeit untersucht haben, wie sich die Märkte und Verbraucher unterscheiden, sondern vielmehr darin, daß sie, wie Kopernikus, voll tiefer Weisheit nach dem verborgenen Sinn gesucht haben. Dadurch haben sie schließlich das Eine entdeckt, das allen gemein ist: das brennende Verlangen nach den Dingen, die auf der ganzen Welt einheitlich als Fortschritt gelten, zu möglichst niedrigen Preisen, wobei der »niedrige« Preis selbst in den teureren Produktkategorien und bei einer anspruchsvollen Käuferschicht eine bedeutende Rolle spielt.

Je niedriger der Preis ist, desto größer ist die Wahrscheinlichkeit, daß die moderne standardisierte Technologie weltweit in allen wichtigen Bereichen und Märkten Fuß fassen kann; daß man auf die unwirtschaftliche Anpassung an übernommene Produktpräferenzen und uralte Verfahrensweisen verzichtet. Je stärker die globale Standardisierung und die Einführung niedriger Preise zur Ausdehnung der Weltmärkte beitragen, desto mehr können auch die Produktions- und Vertriebskosten gesenkt werden, wodurch die Preise weiter fallen und die Märkte noch mehr expandieren. Dieses Prinzip hatte man schon in den Anfangsstadien der Industriellen Revolution erkannt, als die Englische Textilindustrie auf den Weltmärkten und in den unzugänglichsten, primitivsten Ländern führend war. Heute ist es typisch, daß die Japaner Qualitätsprodukte überall auf der Welt anbieten, denen kaum jemand »widerstehen« kann, nicht einmal die Länder, die, wie die Technokraten unter den Marktforschern mit überheblicher Sicherheit behaupten, eine reiche Produktpalette und spezifische Vertriebssysteme anbieten, die zu Kosten- und Preissteigerungen und somit zu vermindertem Absatz und eingeschränkter Wettbewerbsfähigkeit führen müssen.

Von weltweiter Konvergenz und Angleichung zu sprechen, bedeutet nicht, daß man essentielle Unterschiede zwischen den einzelnen Ländern, Regionen und Kulturen verleugnen will. Aber diese Unterschiede sind durchaus mit einer fundamentalen, ursprünglichen, im wesentlichen vorhandenen Gleichheit vereinbar. Nachhaltige Unterschiede sind nämlich für eine wachsende globale Anpassung eher eine Bereicherung als ein Hindernis, für die Gesellschaft, die Wirtschaft, aber auch für solche Bereiche wie Physik und Weltraumforschung. Es gibt Materie und Antimaterie. Die Erde ist rund, aber normalerweise fällt es uns leichter, so zu tun, als sei sie flach. Der Weltraum ist gekrümmt, aber in bestimmten Situationen spielt das keine Rolle.

Die Chinesen unterscheiden sich deutlich sichtbar von den Deutschen oder Afrikanern, aber wir alle sind uns verblüffend ähnlich, wenn es um Liebe, Haß, Furcht, Habgier, Neid, Freude, Patriotismus, Pornografie, materiellen Komfort, Mystizismus und die Bedeutung der Nahrung in unserem Leben geht. Diese Gemeinsamkeiten sind das Band, das die Welt mit ihren Unterschieden zusammentreibt und zusammenhält.

Unser modernes Zeitalter schafft auch Gemeinsamkeiten, die viele Probleme und Fragen aufwerfen. Aber wie problematisch sind diese Probleme, wie fraglich die Fragestellung? Betrachten wir z. B. einmal so gegensätzliche Staaten wie Kalifornien und Maine, einen typischen Neuenglandstaat. Man braucht keine besonderen Kenntnisse, um die Unterschiede zu sehen: zwischen der gesellschaftlichen Avantgarde und den »Stockkonservativen«, zwischen Nouvelle Cuisine und Tiefkühlkost, zwischen Silicon Valley und Penobscot Valley, zwischen Santa Monica Bai oder Malibu Beach und Massachusetts Bai.

Trotz all dieser Unterschiede gibt es sichtbare Beweise für das, was Amerika verbindet. Wenn eine so große Nation sich in entscheidenden Punkten durch die einigende Kraft von Technologie, Tradition, Erwartungen und Kommunikation gleicht und dennoch innerhalb ihrer Grenzen signifikante Unterschiede erhalten bleiben, kann man wohl ruhigen Gewissens behaupten, daß auch die Gemeinsamkeiten, die die verschiedenen Nationen und Regionen verbinden, einen guten Nährboden finden, auf dem sie wachsen und gedeihen können.

Je größer der Wirkungskreis eines globalen Unternehmens ist, desto größer ist auch die Zahl unterschiedlicher nationaler und regionaler Präferenzen hinsichtlich bestimmter Produktmerkmale, Vertriebssysteme, werbewirksamer Medien usw., mit denen es sich auseinandersetzen muß.

Man kann auch nicht behaupten, daß unterschiedliche Verbraucherpräferenzen in Bezug auf bestimmte Produktmerkmale, Geschmacksrichtungen und Marktgruppierungen sich nur auf Luxusgüter beschränken. Die Entwicklung verläuft nicht überall auf der Welt linear und parallel, nicht einmal im Zeitalter der hypermodernen Mikroprozessoren. In den USA prüfen fast alle Hersteller ihre Mikroprozessoren mit dem sogenannten Paralleltestverfahren auf ihre Zuverlässigkeit und Zweckdienlichkeit. In Japan wendet man ein völlig anderes Verfahren, den Sequenztest, an. Das hat dazu geführt, daß die Firma Teradyne, der größte Hersteller von Testgeräten für Mikroprozessoren, eine Produktreihe für den amerikanischen und eine für den japanischen Markt anbietet. Das ist kein Problem. Viel problematischer ist, wie andere Firmen in einer ähnlichen Situation ihre Marketing-Strategie planen sollen. Soll man sich an Produkten, Regionen, Funktionen oder irgendeiner Matrix-Kombination orientieren?

Soll sich z. B. eine Firmengruppe auf den japanischen, eine andere auf den amerikanischen Markt konzentrieren? Soll sich die eine Gruppe dabei auf die Paralleltest-, die andere auf die Sequenztestausrüstung spezialisieren? Soll man nach Produkten planen, wobei die eine Gruppe ihre Produktreihe besser in Japan, die andere besser in den USA verkauft? Oder soll man beide Systeme herstellen und für beide das gleiche Marketing-Programm aufstellen – oder für jedes ein anderes? Und wenn man den Absatz nach Produkten organisiert, soll dann die Gruppe, die das Parallelsystem anbietet und deren Hauptmarkt die USA sind, versuchen, auch in Japan ins Geschäft und somit den Herstellern der eigens für Japan gemachten Sequenztestgeräte »ins Gehege« zu kommen? Oder vice versa? Und wenn man das Marketing-Programm regional konzipiert, was sollen dann die verschiedenen regionalen Anbieter stärker propagieren – das Parallel- oder das Sequenztestgerät? Und wenn man nach Funktionen unterscheidet, wie lassen sich dann z. B. im Marketing-Bereich die unterschiedlichen Verfahren gleichzeitig vertreten?

Der springende Punkt bei all diesen Fragen ist: Wie kann man in einer Welt ständig wachsender Angleichung und des trotz aller bestehenden Unterschiede allgemeinen Wunsches nach und der Vorliebe für Standardisierungsmaßnahmen, ein Unternehmen erfolgreich organisieren und leiten?

Es gibt keine Patentlösung für dieses Problem, nicht einmal eine wirklich befriedigende. Was für das eine Unternehmen in einer ganz bestimmten Situation richtig ist, ist vielleicht für ein anderes in der gleichen Situation falsch. Die Gründe dafür muß man wohl in den Möglichkeiten, der Entwicklung, dem Ansehen, den Ressourcen, ja sogar in der Tradition und dem Geist des jeweiligen Unternehmens suchen. In dieser Hinsicht unterscheiden sich die Determinanten für den Erfolg im Geschäftsleben keineswegs von den Faktoren, die über Erfolg oder Mißerfolg in der Liebe oder bei der Partnersuche entscheiden.

Selbst bei nur begrenzter Erfahrung verhalten sich verschiedene Personen unter identischen Bedingungen völlig unterschiedlich, und was dem einen gelingt, mißlingt dem anderen. Das, was man allerorts für wichtig hält, muß nicht in jeder Situation angemessen sein. Selbst wenn man die Akteure ganz genau kennt, kann man nicht mit Sicherheit voraussagen, ob der Rat, den man gegeben hat, in diesem Augenblick passend ist. Man würde ja z. B. auch nicht Marcello Mastroianni und Woody Allen, wenn es um die Liebe geht, in einer bestimmten Situation das gleiche raten, ebensowenig, wie man wohl Olivetti und IBM oder der Banco di Roma und dem Credit Lyonnais, wenn es ums Geschäftliche geht, das gleiche Vorgehen empfehlen würde.

Die Unterschiede bleiben bestehen. Vergangenheit und Zukunft unterscheiden sich im wesentlichen dadurch, daß Technologie und wirtschaftliche Erwägungen eine weltweite Anpassung begünstigen, die das moderne Unternehmen ungeachtet seiner Größe zwingt, sich ständig auf Neuerungen einzustellen und gleichzeitig das Unveränderliche, das Bleibende, nutzbringend miteinzubeziehen.

Eine der bedeutendsten, wenn auch weniger spektakulären Triebfedern für die weltweite Standardisierung der Wirtschaft ist das monetäre System und die Entwicklung auf dem Gebiet des Internationalen Investments.

In unserer heutigen Zeit ist Geld nur noch ein elektronischer Impuls. Mit Lichtgeschwindigkeit wird Kapital völlig mühelos von der einen zur anderen Finanzmetropole (oder einfach von A nach B) transferiert. Wenn der Preis für festverzinsliche Wertpapiere um einen Punkt steigt, hat das eine sofortige, spürbare Kapitalverschiebung von, sagen wir, London nach Tokio zur Folge. Das wirkt sich natürlich weltweit auf die Investitionstätigkeit aus. Selbst in Japan, wo die Bilanzen der meisten Firmen größere Passiva als Aktiva ausweisen, wo den Banken durch verschiedene Regierungsmaßnahmen oder einfach dadurch, daß Geduld in diesem Land als höchste Tugend gilt, die Liquidität eines Unternehmens »garantiert« wird – selbst dort löst eine Anhebung des Zinssatzes in irgendeinem anderen Teil der Welt eine deutlich spürbare Kapitalverschiebung aus. Deshalb gingen japanische Firmen zur Kapitalbeschaffung immer häufiger in den letzten Jahren auf den Internationalen Effektenmarkt. Es ist viel einträglicher, sich im Ausland zu verschulden, als den ständigen Kapitalbedarf im eigenen Land zu decken. Und bei den steigenden Zinssätzen ist die Emission von Aktien einfach vorteilhafter.

Je mehr Firmen zur Kapitalbeschaffung auf den Internationalen Effektenmarkt gehen, desto größer wird auch die Notwendigkeit, kurzfristig eine hohe Rendite abzuwerfen. Deshalb wird man sich in Japan wohl nicht mehr lange damit brüsten, daß man sich, aufgrund der Kapitalstruktur, eine langfristige Perspektive leisten kann und nicht zu frühen Resultaten gezwungen ist. In unserer Zeit sind aber nicht nur alle Unternehmen gezwungen, kurzfristige Erfolge vorzuweisen, oder sich auf die Gegebenheiten der Effekten- und anderen Märkte einzustellen, sondern sie müssen sich auch den Kräften beugen, die bestimmen, wie ein Unternehmen geführt werden muß.

Überall führt die Globalisierung zu einer homogenen Einheit. Die Unterschiede, die bestehen bleiben, bestätigen nur eine alte, unwiderlegbare Erkenntnis; daß im Wirtschaftsbereich die Ereignisse am Rande und nicht die im Brennpunkt zählen; daß nicht den normalen, typischen oder durchschnittlichen, sondern den extremen Bedingungen Bedeutung zukommt. Auf die Wettbewerbssituation bezogen bedeutet das, daß nicht der Durchschnittspreis, sondern der Grenzpreis wichtig ist; der Preis, der sich auf den schwankenden Boden ständig neuer Gegebenheiten stützt. Im Wirtschaftsgeschehen zählen nicht die Dinge, die normalerweise passieren, sondern die, die am Rande geschehen, nicht die bestehenden, dominierenden Unterschiede zwischen den einzelnen Ländern bezüglich ihres Geschmacks, ihrer Vorstellungen und ihrer Geschäftspraktiken, sondern die alle gleichermaßen betreffenden Ereignisse am Rande, – zusammengeballte Kräfte, die uns überrollen und zur Konvergenz zwingen.

Es ist auch wenig sinnvoll, als Gegenargument auf die immer noch existierenden Handels- und Zollschranken, die einer Globalisierung der Märkte im Wege stehen, zu verweisen. Wirtschaftlicher Nationalismus und die verschiedensten Varianten von Engstirnigkeit und Spießertum lassen sich wohl niemals ganz ausrotten. Aber wie auch im Falle der Globalisierung im Bereich des Internationalen Investments wird die Welt nicht nur von der Vergangenheit geprägt; Sie ist kein starres Paradigma, regiert von überlieferten Gewohnheiten und abgeleiteten Verhaltensmustern. Unerbittlich und ohne Rücksicht auf den Einbruch von Technologie und wirtschaftlichem Realismus. Eine kosmopolitische Haltung ist heute nicht mehr länger ein Privileg der Intellektuellen und der Müßiggänger. Sie ist integrierter Bestandteil und bestimmendes Merkmal unserer von der Wirtschaft geprägten Gesellschaft geworden.

Nach und nach gelingt es so, die Mauern der wirtschaftlichen Isolation, des Nationalismus und des Chauvinismus niederzureißen. Das, was sich uns heute als wachsender wirtschaftlicher Nationalismus präsentiert, ist nichts weiter als das letzte Aufbäumen einer zum Tode verurteilten, unzeitgemäßen Einstellung.

Das erfolgreiche globale Unternehmen lehnt keineswegs eine Anpassung oder Differenzierung in bezug auf die jeweiligen Gegebenheiten der einzelnen Länder ab, die sich aufgrund ihrer Produktpräferenzen, ihrer Ausgabegewohnheiten, ihres Kaufverhaltens und ihrer institutionellen und rechtlichen Einrichtungen voneinander unterscheiden. Aber es akzeptiert sie und stellt sich auf diese Unterschiede erst dann ein, wenn sie unumstößlich sind und es alle Möglichkeiten, sie aufzuheben, zu umgehen oder umzuformen, ausgeschöpft hat.

Unterschiedliche Marktsegmente und institutionelle Einrichtungen werden weltweit genauso bestehen bleiben, wie auf Länderebene. Das ist auch gar nicht »der springende Punkt«. Entscheidend allein ist die Tatsache, daß sich in allen wesentlichen Dingen, die entscheidenden Einfluß auf Industrie und Handel haben, immer stärker und mit zunehmendem Tempo eine weltweite Konvergenz bemerkbar macht. Die tradierten, eindeutigen Unterschiede zwischen den nationalen Wirtschaftsinstitutionen und -praktiken, den nationalen Präferenzen hinsichtlich bestimmter Produktmerkmale oder -eigenschaften, den kulturgebundenen nationalen Verhaltensmustern, die die Unternehmen in aller Welt bisher gezwungen haben, ihre Aktivitäten den Konditionen des jeweiligen nationalen Marktes soweit wie möglich anzupassen, gründen heute auf schwankendem Grund. Man kann sich heute überall problemlos über die befreienden und zur Verbesserung der Lebensqualität beitragenden Möglichkeiten unseres modernen Zeitalters informieren. Wer sich an die Vergangenheit klammert, muß feststellen, wie unbrauchbar, kostspielig und beengend sie ist. Die historische Entwicklung wurde gebremst und die nationalen Unterschiede in Industrie und Handel begünstigt – aber die Vergangenheit ist heute kein unüberwindliches Hindernis mehr. Diejenigen, die die Realität akzeptieren und sich darauf mit standardisierten Produkten, Verfahren und wettbewerbsfähigen Preisen einstellen, um weltweit Absatzmärkte zu schaffen, brauchen lediglich Kreativität, Willenskraft und Geduld. In diesem Zusammenhang hat Henry Kissinger in seinem Buch *Years of Upheaval* einmal über den anhaltenden wirtschaftlichen Erfolg Japans gesagt: »Was könnte wohl effektiver sein als eine Gesellschaft, die ein unersättliches Bedürfnis nach Informationen hat, die keinem Druck nachgibt und keine Fehler bei der Durchfürung macht.«

Es gibt gegensätzliche Ansichten darüber, wie der Einfluß der Technologie unsere Welt verändert. Meine Meinung, daß daraus eine wachsende Globalisierung der Märkte entsteht, basiert auf zwei Prämissen hinsichtlich des Verbraucherverhaltens: 1. der weltweiten Homogenisierung der Wünsche und 2. der Bereitschaft, auf spezifische Produktpräferenzen in bezug auf bestimmte Merkmale, Funktionsweisen, des Designs usw. zu verzichten, wenn der Preis niedrig und die Qualität gut ist. Die niedrigere Preisbildung wird, wie schon erwähnt, durch die Kosteneinsparungen bei Produktion, Transport und Kommunikation aufgrund der größeren Nachfrage auf den geballteren, globalen Märkten ermöglicht. Gegenargumente sollte man nicht einfach ignorieren. Es wird behauptet, daß die zunehmende Tendenz zu flexiblen, automatisierten Produktionsanlagen den Bau riesiger Fabriken ermöglicht, die – ohne daß der Produktionsablauf unterbrochen wird – Produkte und Produktmerkmale schnell und problemlos ändern und eine breite Palette nahezu maßgeschneiderter Waren herstellen können, ohne dabei auf die Vorteile, die ein größeres Volumen von standardisierten Erzeugnissen wegen des längeren Produktionsablaufes bietet, verzichten zu müssen. Computer und Industrieroboter in der Produktgestaltung und -fertigung werden ganz sicher zur Entwicklung neuer Fabrikationsanlagen und Verfahrenstechnologien führen, die bewirken, daß auch kleinere Produktionsstätten »vor Ort« genauso effektiv arbeiten wie große Fabriken an weiter entfernten Standorten – und daß Professor C. Wickham Skinners »Fabrik im Brennpunkt« für ein wettbewerbsorientiertes Unternehmen noch mehr an Aktualität gewinnt. Nicht das Produktionsvolumen, sondern der Aktionsradius wird für ein Unternehmen entscheidend sein – die Fähigkeit, in kleineren oder größeren Fabrikationsanlagen ein breites Band relativ marktangepaßter Produkte zu extrem niedrigen Preisen herzustellen. Und wenn der Fall eintritt, glauben viele, müssen die Verbraucher gar nicht auf ihre spezifischen Präferenzen verzichten. Man kann die ihren Vorstellungen entsprechenden Erzeugnisse genauso billig anbieten wie die genormten Produkte – vielleicht sogar noch preisgünstiger, weil die neuen flexiblen Fabrikationsanlagen leistungsfähiger sind – leistungsfähiger deshalb, weil sie neu und nicht weil sie anders sind.

Ich will gar nicht leugnen, daß diese Möglichkeit besteht, oder daß auf die Industrielle Revolution eine neue, digitale Revolution folgen könnte. Aber zwischen dem Möglichen und dem Wahrscheinlichen liegen Welten. Man hat bisher noch keinen Weg gefunden, in automatisierten, flexiblen Fabrikationsanlagen eine breite maßgeschneiderte Palette von einem spezifischen Produkt so kostengünstig herzustellen, wie in den inzwischen modernisierten Fabriken, die sich auf die umfangreiche Produktion eines begrenzten, standardisierten Produktangebotes spezialisiert haben. Die neuen präzisen Fertigungsanlagen und Hersteller mit einem kleineren Sortiment und minimaler Marktanpassung können – wie früher bei der Massenproduktion – viel kostensparender produzieren als diejenigen, die eine maximal angepaßte, breit gefächerte Produktskala anbieten.

Zieht man die Tatsache in Betracht, daß es in bezug auf die Bedürfnisse und Präferenzen der Verbraucher immer mehr zu einer weltweit erkennbaren Angleichung kommt und daß alle Menschen die Notwendigkeit verbindet, ihre unersättlichen Wünsche mit ihren begrenzten finanziellen Mitteln zu erfüllen, läßt sich daraus folgern, daß wohl die meisten Menschen billige, mehr oder weniger standardisierte Qualitätserzeugnisse gegenüber den teureren, individuell angepaßten Produkten vorziehen. Das hat sich nicht geändert, seit die Geschichte der Menschheit aufgezeichnet wurde. Deshalb ist es auch unsinnig anzunehmen, unsere Mikroprozessoren wären in der Lage – welche Funktionen sie auch sonst ersetzen mögen – das zu verändern, was seit Menschengedenken fest in uns verankert ist.

Manche werden jetzt vielleicht sagen, daß sich möglicherweise die Produkte immer mehr gleichen, aber nicht die »Hände«, durch die sie »gehen«. Sie glauben, daß die Vertriebskanäle und die dazugehörigen Einrichtungen, die sich in ihrer Art, Struktur und in ihrem Entwicklungsstadium voneinander stark unterscheiden, nicht zu verändern sind. Man ist sich zwar darüber im klaren, daß sich im Laufe der Zeit gewisse Dinge verändern können und werden, aber der Glaube an die Unabänderlichkeit bestehender Systeme ist unerschütterlich; höchstens macht man noch die Einschränkung, daß sie sich langsam entwickeln oder schrittweise modifizieren lassen.

Nur wenige können sich vorstellen, daß es mit einem entschlossenen, nachhaltigen Eingriff gelingen könnte, etablierte Methoden und Verfahren zu modifizieren, umzugestalten oder zu umgehen. Es gibt aber ausreichende Beweise dafür, daß das nicht nur möglich, sondern auch erfolgreich ist. Natürlich gibt es auch schmerzliche Rückschläge und Niederlagen. In Japan löste der Revlon-Konzern völlig unnötig Befremden bei seinen Einzelhändlern und Kunden aus, als er seine weltweit standardisierten Produkte zuerst nur durch eine ausgesuchte kleine Vertriebsgruppe anbot und gleich darauf, um sich von dem schlechten Geschäftsgang zu erholen, die gleichen normierten Produkte billig durch ein größeres Verteilernetz auf den Markt brachte; kurze Zeit später entließ man den japanischen Firmenchef und reduzierte erneut die Anzahl der Verkaufsdepots, weil die Kosten schneller stiegen als der Umsatz. Das Problem war nicht, wie mancherorts behauptet wurde, Revlons mangelnde Kenntnisse des japanischen Marktes, sondern die Unschlüssigkeit und die Ungeduld des Unternehmens. Ganz anders erging es der Outboard Marine Corporation in Europa. Ihr gelang es mit Kreativität, Entschlossenheit und Durchhaltevermögen, die seit langem fest etablierten, in drei Stufen gegliederten Vertriebskanäle (primäre, sekundäre und Einzelhändler) trotz starker Bedenken und düsterer Prognosen der lokalen Vertriebsgruppen zugunsten eines leichter kontrollierbaren, konzentrierteren Zwei-Stufen-Systems zu verdrängen und außerdem die Anzahl und die Kategorien der Einzelhandelsgruppen zu verringern. Das Ergebnis waren bemerkenswerte Verbesserungen im Servicebereich und in der Kreditpolitik gegenüber den Einzelhandelskunden, ein spürbarer Kostenrückgang und sichtbare Umsatzsteigerungen.

Die Firma Smith Kline Corporation brachte z. B. mit großem Erfolg die japanische Contac 600 (ein Broncho-Therapeutikum mit Langzeitwirkung) durch nur 35 Großhändler anstelle der üblichen tausend oder mehr – die man angeblich brauchte – und 47 Einzelhändler auf den Markt. Das erforderte natürlich – auch entgegen allen Regeln – den täglichen Kontakt mit den Vertriebsstellen, aber es funktionierte hervorragend.

Ähnlich erging es der japanischen Firma Komatsu, die weltweit genormte, leichte landwirtschaftliche Maschinen herstellt. Da ihr der Zugang zu den etablierten Vertriebsgesellschaften in den USA verwehrt wurde, verkaufte sie kurzentschlossen ihre Produkte in den ländlichen Gebieten im Süden an die Baumaschinenhändler »gleich nebenan«. Weil die Farmen kleiner waren und die Maschinen nicht mit soviel Muskelkraft bedient werden mußten, kauften die Kunden die für ihre Zwecke idealen und preisgünstigen Geräte auch in Geschäften, die solche Produkte sonst nicht führten. Und genauso gelang es den Japanern von Anfang an, mit einem breiten Sortiment elektronischer Büro- und Registriergeräte Fuß zu fassen, die, anstatt durch konventionelle Vertriebskanäle mit ihren eingefahrenen Methoden, von Elektro-Reparaturwerkstätten, die keinerlei Erfahrung mit derartigen Artikeln oder dem Verkauf überhaupt hatten, auf den Markt gebracht wurden.

All diese Beispiele zeigen, wie angeblich unveränderliche Einrichtungen durch die technische Überlegenheit und Qualität der Produkte, durch ein dichtes und zuverlässiges Servicenetz, extrem niedrige Preise, großzügige Schadensersatzangebote – und das alles mit einer gehörigen Portion Wagemut und Beharrlichkeit kombiniert – umgangen, abgeschafft oder umgeformt werden können. Anstatt Vorurteile oder Unmut auszulösen, haben uns die Japaner Bewunderung und Staunen abgenötigt.

Abweichungen von fest etablierten Methoden und Verfahren kann man überall und jederzeit beobachten, und sie erscheinen uns nur natürlich, wenn einheimische Firmen sie im eigenen Land praktizieren. Die multinational operierenden Unternehmen, die aufgrund jahrelang kursierender Horrorgeschichten über die diesbezüglichen Schwierigkeiten in anderen Ländern zu Mißtrauen und übertriebener Vorsicht neigen, ziehen es kaum noch in Betracht, im Ausland den vorgezeichneten Pfad zu verlassen. Oft empfinden sie allein schon den Gedanken, neue Wege zu gehen, als dumm, respektlos oder unerträglich. Das ist die typische Haltung der »ewig Gestrigen«.

Die Aktivitäten eines Unternehmens sind nur in einer Hinsicht weltweit interessant: es kommt allein darauf an, was es produziert und wie es seine Produkte verkauft. Alles andere läßt sich daraus ableiten oder ist von sekundärer Bedeutung. Produkt- und Marketing-Strategie repräsentieren die einzig wichtigen Unternehmensziele.

Es liegt im Interesse jedes Unternehmens, Kunden zu gewinnen und zu halten, oder, wie Peter Drucker es so treffend formuliert hat, Kunden zu »schaffen« und zu behalten. Das gelingt dadurch, daß es Innovationen positiv gegenübersteht, daß es ständig darauf bedacht ist, einer ausreichend großen Anzahl prospektiver Kunden besser oder von ihnen bevorzugte Produkte preisgünstig und auf solche Weise, mit solchen Mitteln oder an solchen Orten anzubieten, daß man diesem Unternehmen den Vorzug gibt. Präferenzen ändern sich ständig. Charakteristisch für unser modernes Zeitalter ist, daß die Technologie die weltweit existierenden Wunschvorstellungen homogenisiert und somit zu einer globalen Standardisierung beiträgt. Innerhalb der dominierenden Gemeinsamkeiten können sich, wie man an dem größten Teilmarkt der Welt, den USA, sieht, vielfältige Unterschiede behaupten und entfalten. Während die Welt zu der von mir beschriebenen, immer homogener werdenden Einheit zusammenschmilzt, expandieren die einzelnen Marktsegmente zu ökonomischeren Absatzmärkten von universalem Ausmaß.

Es gibt zwei Triebfedern, die diese Entwicklung steuern: die moderne Technologie und Globalisierung. Die Technologie weckt die menschlichen Wunschvorstellungen. Die Globalisierung trägt zur Gestaltung der wirtschaftlichen Realität bei. Da sich die Präferenzen immer mehr angleichen – auch wenn sie sich ständig entwickeln und verändern – entstehen Weltmärkte, die aufgrund ihrer großen Nachfrage Kosten- und Preissenkungen ermöglichen.

Das moderne, globale Unternehmen versucht ständig, im Gegensatz zum veralteten multinationalen die Entwicklung voranzutreiben, ohne sich »dem Druck zu beugen und Fehler bei der Durchführung zu machen«.

Dann kann es überall angemessen standardisierte Produkte und Verfahren durchsetzen, denn das ist genau das, was die Verbraucher wollen, besonders dann, wenn Qualität und Zuverlässigkeit mit einem attraktiven Preis gekoppelt sind.

Wenn ein global orientiertes Unternehmen seine Zielsetzung – ganz im Sinne des Igels – so definiert, wird es die treibenden Kräfte von Technologie und Globalisierung in seinem eigenen Interesse so steuern, daß ein Punkt erreicht wird, wo eine Normung qualitativ hochwertiger Produkte optimal niedrige Kosten, optimal niedrige Preise und somit eine optimale Ausnutzung der eigenen Kapazitäten bei optimalem Gewinn erlaubt. Umgekehrt bedeutet das aber auch, daß die Firmen, die sich nicht auf die neuen globalen Gegebenheiten einstellen, das Opfer derjenigen werden, die sich umstellen und Erfolg haben.

Kapitel 3:

Die Industrialisierung des Dienstlei-
stungssektors

Der Dienstleistungssektor in den Industrienationen hat sich etwa seit einem dreiviertel Jahrhundert stetig vergrößert. Allein in den USA gingen in den letzten zwanzig Jahren 40% mehr Arbeitnehmer in den Dienstleistungsbereich als in die Industrie oder Landwirtschaft. Es ist wohl überflüssig, nochmals auf den wachsenden Anteil der sogenannten Dienstleistungsbranchen am Bruttosozialprodukt hinzuweisen. Das permanente Wachstum gilt auch nicht nur für die verschiedenen staatlichen Dienststellen, Schulbehörden und Ämter allein, obwohl in den letzten zwanzig Jahren viermal soviel Arbeitsplätze im Staatsdienst wie in der freien Wirtschaft angeboten wurden.

Es gibt noch einen versteckten Dienstleistungssektor: die sogenannten »Industriezweige«, deren Ausgaben und Einnahmen hauptsächlich auf Neben- und Kundendienstleistungen, dem sog. Pre-sales-Service und dem After-sales-Service, basieren. Sie bieten z. B. Systemplanung, Beratung, »Software«, Reparaturleistungen, Wartung, die Zustellung von Waren, Buchhaltung und Inkassogeschäfte.

Es wird behauptet, daß die technologisch fortschrittlichen Länder ihren relativen Vorsprung einbüßen, je mehr der Industrialisierungsprozeß in weniger weit entwickelten Teilen der Welt fortschreitet. Die Verlagerung vom Handwerk auf industrielle Produktion, von Handarbeit auf Automation, läßt die Produktivität sprunghaft ansteigen, während in den Industriestaaten durch den allgemeinen Wohlstand und uneingeschränkten Konsum der Bedarf an wenig produktiven, personalintesiven Dienstleistungsaktivitäten steigt. Autoreparaturwerkstätten, Verkehrs- und Reisebüros, Beherbergung, Unterhaltung und Gastronomie, Einkaufszentren, Versicherungsgesellschaften, das Gesundheits-, Fürsorge- und Unterrichtswesen u.ä. sind gefragte Dienstleistungsbranchen. Das Resultat ist, so argumentiert man, daß die Industrienationen noch schneller ihren Vorsprung einbüßen als die Entwicklungsländer ihre Industrie ausbauen.

Das hat in den technologisch führenden Nationen seit neuestem eine paradoxe Zwangsvorstellung ausgelöst: daß nämlich der steigende Bedarf an Dienstleistungen bewirkt hat, daß eine effizientere Massenproduktion weder den Vorstellungen der Verbraucher noch denen der Industrie entspricht; das führt mit der Zeit zwangsläufig zu einem generell höheren Preisniveau und einer nur zögernden Verbesserung des Lebensstandards, wenn nicht gar zu einer Verschlechterung. Weil man mehr für die unwirtschaftlich erstellten Dienstleistungen zahlen muß, reicht das Geld nicht mehr so lange. Man muß sogar, um irgendwie noch wettbewerbsfähig zu bleiben, den »Gürtel enger schnallen«, wodurch sich natürlich der Lebensstandard des einzelnen noch mehr verschlechtert.

Zu den mutmaßlichen Steuermechanismen der Wirtschaft gehört, daß technischer Fortschritt letztlich zu einem erhöhten Bedarf an kostenintensiven Dienstleistungen führt, während er gleichzeitig in den technologisch weniger weit entwickelten Ländern ein ungeheures Aufholbedürfnis auslöst; in diesem Wettlauf können letztere die einst führenden Nationen nicht nur ein-, sondern sogar überholen, und zwar einfach deshalb, weil die Technologie moderner ist.

Japan, Hongkong und das moderne Nachkriegsdeutschland haben den technologischen Rückstand aufgeholt. England gehört zu den Nationen, die überholt und inzwischen auf tragische Weise »abgehängt« worden sind.

Das Ende ist nicht in Sicht

Aber am Beispiel Englands läßt sich auch zeigen, daß die Furcht der Industrienationen und der Länder mit einem ausgedehnten Dienstleistungssektor vor einem technologischen Stillstand und einer Verschlechterung des Lebensstandards nicht zwangsläufig begründet ist. Wenn man England mit den USA vergleicht, kann man sehen, daß mit dem wachsenden Anteil des sogenannten Dienstleistungsbereiches am Bruttosozialprodukt nicht unbedingt ein absoluter oder relativer Produktivitätsrückgang eintreten muß.

Der Dienstleistungssektor in den USA hat bewiesen, daß er in der Lage ist, mehr zu leisten. In Großbritannien hingegen hielt er mit schon fast an Besessenheit grenzender Beharrlichkeit an übernommenen, eingefahrenen Methoden fest, die diesem Wirtschaftsbereich alle Möglichkeiten, wettbewerbsfähig zu bleiben, entzogen. In England assoziiert man mit dem Begriff »Dienstleistung« auch heute noch die alte Herr-Diener-Beziehung, die wenig Raum für die Phantasie läßt und neue Wege zu einer Verbesserung des Serviceangebotes blockiert. Z. B. hat man in England – trotz drastisch steigender Einzelhandelspreise – Gesetze erlassen, um den Bau von und den Zuwachs an sog. Hypermärkten (den Super-Supermärkten), einer neuen Variante im Einzelhandel, zu verhindern. Die kleinen Einzelhandelsgeschäfte, in denen noch der »persönliche« Verkauf praktiziert wird, und die Politiker auf lokaler Ebene wie auch in Regierungskreisen machten gemeinsam Front gegen diese neue Handelsform, die noch effizienter ist als der amerikanische Supermarkt und die Discount-Ketten.

Der Widerstand der Engländer gegen Verbesserungen im Dienstleistungssektor spiegelt nur das traditionelle Standesbewußtsein der Bourgeoisie wider. Das ist eine kulturelle Manifestation, die ihre Wurzeln in einem längst vergangenen Jahrhundert hat. Historisch gesehen hat es immer, und nicht nur in England, Klassenunterschiede gegeben. Die unteren Klassen mußten stets buckeln und sich schinden, damit die Oberschicht ein sorgloses Leben führen konnte. Mit dem Wort »Dienstleistung« bezeichnete man einen persönlichen Dienst, den ein Mensch einem anderen erwies – z. B. der Butler, der Lakai, das Stubenmädchen, das Zimmermädchen, der Rechtsberater, der Metzger, der Gemüsehändler, der Schneider, der Koch – sie alle leisteten ganz persönliche Dienste, ob sie nun die Kleidung für ihre Herrschaft herauslegten oder genau das Stück Fleisch abschnitten, das der Kunde wünschte. Bis zum heutigen Tage findet man in England, das sich gefährlich nahe an einem wirtschaftlichen Abgrund entlangtastet, selbst in den weniger exklusiven Restaurants Relikte der Vergangenheit, dienstbare Geister, die Türen öffnen, Mäntel in die Garderobe tragen (wo schon eine Garderobiere wartet), schmutzige Aschenbecher leeren, aber nicht das schmutzige Geschirr wegräumen, und ähnliche überflüssige »Arbeiten« verrichten, die außerdem noch ziemlich kostenintensiv sind. Und in den Büros leistet man sich auch noch den veralteten, alternden Bürodiener, der jederzeit bereitsteht, um irgendwelche Botengänge oder die »niederen« Arbeiten zu erledigen – Arbeiten, die fragwürdig, fraglos kostspielig und wenig sinnvoll sind. Sie dienen nur einem rein zeremoniellen Zweck: der Beibehaltung unzeitgemäßer Erscheinungsformen, an die man sich blindlings klammert, obwohl ihnen kein anderer Verdienst zukommt, als Zeugnis von vergangenem Glanz und manierierter Lebensart zu geben. Das alles ist nicht nur teuer, sondern wirkt sich auch darauf aus, wie die Menschen über Arbeit und Leistung allgemein denken.

Meiner Meinung nach (vgl. hierzu auch die Ausführungen in Kap. 9) kann sich keine rationalistische Denkweise durchsetzen, solange wir uns an überholte Vorstellungen darüber klammern, was man unter einer Dienstleistung versteht und was sie bewirken soll, und an dem Gedanken festhalten, »dienen« sei nichts anderes, als sich vor anderen zu erniedrigen, zu buckeln und blind zu gehorchen; solange wir uns Regeln und Gewohnheiten unterwerfen, anstatt darüber nachzudenken, wie man mit Hilfe der verfügbaren Mittel und Methoden die Leistungen verbessert; solange Dienstleistung für uns mit Dienstbeflissenheit gleichzusetzen und »dienen« ein Synonym für blinden Gehorsam ist; solange wir zwischen den niedrigen Diensten (wenn es um die Arbeit geht) und den gehobenen Diensten (wenn es sich um so elitäre Berufsstände wie Klerus und Militär, um Glauben und Gehorsam, nicht aber um Denken und Unabhängigkeit handelt) differenzieren; solange diese sterilen veralteten Vorstellungen unsere eigenen Gedanken und unser Verhalten bestimmen.

Eine solche rationalistische Denkweise würde auf dem Dienstleistungssektor die gleichen Verbesserungen wie in der Industrie ermöglichen und diesen Wirtschaftsbereich aus dem Labyrinth von Unzulänglichkeit und Unfähigkeit herausführen.

Die vorangegangenen Beispiele für die Verschwendungssucht im Dienstleistungsbereich, die in England auch heute noch herrscht, bestätigen eine allgemein gültige Regel über die Dauerhaftigkeit: manche Dinge gelten zwar als alt, aber nicht als veraltet. Vielleicht ist das in anderen Ländern nicht ganz so deutlich ausgeprägt wie in England. Aber unsere Meinung, daß der direkte und persönliche Dienst, den ein Mensch einem anderen leistet, fast wie in der Herr-Diener-Beziehung, zu einer Dienstleistung – zumindest zu einer guten – gehört, zeigt, daß auch wir uns nicht ganz aus den Fesseln tradierter Denkmuster lösen können. Diese Denkmuster bestimmen unsere Einstellung zum Dienstleistungsgewerbe und die Qualität der Dienstleistungen selbst. Solange diese Ansicht dominiert, wird die Effizienz, die Zuverlässigkeit und die Qualität der Dienstleistungen begrenzt sein.

Verbesserungsmöglichkeiten finden sich überall, und dennoch hat man selbst in den USA, wo in dieser Hinsicht schon manches geschehen ist, kaum Notiz davon genommen. Wir würdigen die spektakuläre Arbeit unserer Astronauten im Weltraum, die mit Hilfe von Wissenschaft und Technologie Heldentaten vollbringen. Aber wir schenken den praktischen, unmittelbaren Erfolgen der Menschen in unserer Umgebung, die Tag für Tag mit einem weniger ausgefeilten Instrumentarium, einfacheren Methoden und einer weniger ausgeklügelten Organisation produktive Arbeit leisten, wenig Beachtung. Wir werden auf den folgenden Seiten noch erkennen, wie sehr uns das, was wir täglich sehen, aber nicht beachten, nützt und warum diese Vorteile das Resultat eines Prozesses sind, den ich »die Industrialisierung des Dienstleistungssektors« genannt habe.

Es gibt kaum einen berechtigten Grund für die Annahme, daß eine industrialisierte, zunehmend dienstleistungsintensive Gesellschaft geringere Fortschritte machen sollte als die Länder, in denen der Industrialisierungsprozeß noch andauert. Obwohl man einschränkend sagen könnte, daß technologisch fortschrittlichere Nationen in bezug auf künftige Produktivitätssteigerungsraten möglicherweise benachteiligt sind. Aber ich möchte anhand konkreter Beispiele zeigen, daß das vorhandene Potential zur Leistungs- und Produktivitätssteigerung so wenig genutzt wird, daß man sogar behaupten könnte, die Industriestaaten wären in der Lage, ihre Gesamtproduktivität schneller zu erhöhen als die Entwicklungsländer, die sich so intensiv um die Einführung der Instrumente und Systeme unserer modernen Industrielandschaft bemühen.

Verbesserungen im Dienstleistungsbereich

Kommen wir noch einmal auf den Hypermarkt zurück. Seine Vorläufer sind der amerikanische Supermarkt und die Discount-Läden; reine Selbstbedienungsläden, womit sich ihre Effizienz erklären läßt. Anstelle des Verkäufers hinter der Theke, der auf jeden Kunden eingehen und die gewünschte Ware jedesmal holen, ausweigen und einpacken mußte, leistet der Kunde die Hauptarbeit, und zwar wesentlich schneller. Der Laden alten Stils, in dem jeder Verkäufer wie Benvenuto Cellini ein »As« war, der die Waren nach der Einkaufsliste zusammensuchte und auch sonst alle dabei anfallenden Arbeiten erledigte, ist heute größtenteils durch das »Fließbandsystem« in den Supermärkten ersetzt worden. Die Kunden stellen ihre Einkäufe selbst zusammen; sie gehen durch die Gänge und füllen ihre Einkaufswagen mit den Waren im Regal; genauso ist es am Fließband in einer Autofabrik, wo aus vielen Einzelteilen nach und nach die Karosserie zusammengesetzt wird.

Der Supermarkt und die Discount-Läden symbolisieren die Industrialisierung traditoneller Gewerbezweige. Sie sind wirtschaftlicher, leistungsfähiger und, das möchte ich betonen, auch besser – genauso, wie unsere modernen Autos besser sind – zuverlässiger, billiger, haltbarer und außerdem noch auf die unterschiedlichen Bedürfnisse und den individuellen Geschmack von Millionen von Kunden abgestimmt. Ein freischaffender Konstrukteur hätte vielleicht ein mehr auf den persönlichen Geschmack abgestimmtes, interessanteres Auto gebaut, das aber möglicherweise nur ihm selbst gefallen hätte, weil er es zur Verschönerung und um seinen eigenen, ganz persönlichen Stil zu verdeutlichen, mit vielen überflüssigen »Extras« oder mit allzu altmodischen oder futuristischen Verzierungen ausgestattet hätte. Und genauso ist es mit dem Metzger »nebenan«. Er hat das Fleisch vielleicht mit mehr Liebe (oder Geschäftssinn?) abgeschnitten oder das Gewicht mit dem eigenen Daumen ein wenig erhöht – sicher, diese Form der Bedienung war persönlicher, aber auch unzuverlässiger und wesentlich teurer.

Es gibt noch viele Beispiele für Verbesserungen im Dienstleistungsgewerbe. Die meisten Menschen sehen sie täglich vor sich, aber nur wenige achten bewußt darauf; und die wenigsten würdigen ihre revolutionierende Bedeutung für unser Wirtschafts- und Privatleben. Nur die Menschen, die schlechte Luft einatmen oder Hunger leiden müssen, wissen frische Luft und Nahrung zu schätzen; das ist eine altbekannte Tatsache. Wir sollten uns deshalb genau anschauen, welche Verbesserungen bereits durchgeführt worden sind, und dann unsere ganze Kraft und Energie darauf konzentrieren, diese fortschrittlichen Mittel und Methoden auch in anderen Dienstleistungsbranchen anzuwenden.

Der Dienstleistungssektor läßt sich auf drei Arten industrialisieren: mit Hilfe der harten, der sanften oder der gemischten Technologie.

Die harten Technologien fallen am ehesten ins Auge. Hierbei ersetzen Maschinen, Instrumente und andere Gebrauchsgegenstände die menschliche Arbeit im Dienstleistungsbereich, z. B.:

1. Beim Elektrokardiogramm leistet ein »billigerer« Techniker die Arbeit des hochbezahlten Arztes, der mit dem Stethoskop keine so sichere Diagnose stellen kann.
2. Das Kreditkartensystem und die computergesteuerte Konten- und Kreditprüfung haben eine zeitraubende, manchem peinliche und stets neue persönliche Überprüfung überflüssig gemacht.
3. Seit auf den meisten Flughäfen Anlagen zur Gepäckdurchleuchtung installiert worden sind, entfällt die langwierige, unangenehme Durchsuchung per Hand.
4. Automatische Autowaschanlagen übernehmen die oft langweilige und nicht immer zufriedenstellende »Hand«-arbeit des Tankwarts.
5. Bei der Polaroid Sofortbildkamera erspart man sich das lästige Einschicken, Entwickeln und Rücksenden der Filme – und viel Personal.
6. Automaten an Brücken, Parkhausausfahrten usw. ersetzen den Kassierer.
7. Im Haushalt findet man viele Beweise dafür, wie man mit Hilfe harter Technologie menschliche Arbeit ersetzen kann: Waschmaschine, Fertiggerichte, bügelfreie Wäsche, chemisch behandelte schmutzabweisende Kleidung, Teppichböden, Polstermöbel. usw.

Die sanften Technologien haben hauptsächlich organisierte, vorgeplante Systeme ersetzt. Oft sind dabei auch die verwendeten Geräte (oder Technologien) modifiziert worden; aber es ging in erster Linie um Veränderungen im System, wobei man mit branchenspezifischer Hard- oder Software nachgeholfen hat, um das gewünschte Resultat zu erzielen:

1. Supermärkte und andere Selbstbedienungseinrichtungen wie Cafeterias, Vorspeisenbuffets in Restaurants, offene Magazine in Fabriken, für jeden zugängliche Regale in den Büchereien usw.
2. Schnellimbißrestaurants: z. B. McDonald's, Pizzerias und in Amerika Burger Chef, Dunkin' Donuts, Kentucky Fried Chicken usw.
   Ich habe schon an anderer Stelle darauf hingewiesen, daß diese »Systeme« intensive Planung und Arbeitsteilung erfordern – bei McDonald's ist z. B. ein Mitarbeiter nur für die Fleischzubereitung zuständig, ein anderer schneidet die Brötchen, ein dritter richtet den Salat her usw. Auch beim Verkauf wird das rationellere Spezialisierungsprinzip angewendet, um Schnelligkeit, Qualitätskontrolle, Sauberkeit, »fröhliche Gesichter« und niedrige Preise zu garantieren.

3. Pauschalreisen, die eine aufwendige, zeitraubende persönliche Beratung, also die Wahl der Reiseroute und die jeweils notwendige Preiskalkulation, überflüssig machen. American Express hat wohl das umfangreichste Angebot an Pauschalreisen, übersichtlich, gut beschrieben und werbewirksam in einem Katalog von Zeitschriftenformat zusammengestellt. Auch hier findet man wieder das »Fließbandsystem«. American Express ist nur selten der Veranstalter, das sind meistens andere Firmen. American Express sucht und stellt lediglich die Informationen zusammen und verkauft dieses Produkt an die Firmen, die es »liefern«.

4. Pauschalversicherungen, bereits zusammengestellt und nicht mehr zu verändern, wobei man jedoch zwischen mehreren Pauschalangeboten wählen kann. Auf diesem Gebiet hat die Allstate Versicherungsgesellschaft Pionierarbeit geleistet; früher gab es den Versicherungsvertreter, der von Haus zu Haus ging, Kunden warb und wöchentlich die Prämien kassiere. Heute werden Pauschalversicherungen oft schon per Post angeboten und die Prämien von den Versicherungsnehmern überwiesen.

5. Investmentfonds statt der schwierigen Auswahl einzelner Aktien, wobei jede Transaktion von Zweifeln, Unsicherheit, häufigem Verkauf und ständigem Umdenken begleitet war.

6. Christmas Clubs* und andere steuerbegünstigte Sparsysteme werden heute, im Gegensatz zu früher, überall angeboten und die Beiträge bzw. Prämien automatisch und gegen geringe Gebühren eingezogen.

7. Bankgeschäfte per Post.

8. Minuziöse Verkaufsroutenplanung, um die Fahrtzeiten der Vertreter zu verkürzen und Umsatz und Kundendienst zu maximieren.

9. Systematisierte öffentliche Einkommensteuerberatungsstellen, die trotz Fließbandsystem billig, genau und mit großem Erfolg arbeiten.

Und schließlich die gemischten Technologien. Hier werden harte Technologien mit sorgfältig geplanten Methoden aus dem Industriebereich kombiniert, um den Serviceablauf zu verbessern, zu ordnen und zu beschleunigen.

---

*Anm. d. Übers.: Sparkonten, auf die regelmäßig bestimmte Beträge für Weihnachtseinkäufe eingezahlt werden.

1. Computergesteuerte LKW-Einsatz- und Routenplanung; durch Programmierung der Kategorie und Beschaffenheit der zu befahrenden Straßen, der Verkehrshindernisse, der Höhe der Straßenbenutzungsgebühren und der Verkehrsschnittpunkte können die Lastwagen optimal und kostengünstig eingesetzt werden. In dieser Branche spielt die Firma Cummins Engine mit ihrem ausgefeilten und umfangreichen »Power Management«-Programm eine führende Rolle.

2. Texas Industries in Dallas gehört zu den ersten Unternehmen, die ihre LKWs mit Funk ausstatteten, um den Transport von Fertigbeton und die Lieferrouten besser koordinieren zu können.

3. Der Einsatz von speziellen Güterzügen, die sich auf den Ferntransport eines bestimmten Frachtgutes spezialisiert haben (z. B. befördert die Baltimore & Ohio Railroad nur Kohle und die Illinois Central nur Weizen), und die ihre Fahrt selten oder überhaupt nicht unterbrechen. Sie sind so schnell am Ziel, daß man sogar noch Geld spart, wenn sie leer zurückfahren. Das erfordert natürlich eine enorme logistische Synchronisation an der Be- und Entladestation wie auch auf der Strecke. Und der Vorteil? Die Baltimore & Ohio Railroad braucht z. B. nur noch 7 statt der üblichen 21 Tage, um die Distanz zwischen den Kohlerevieren in West-Virginia und Baltimore zurückzulegen.

4. Das Vorausfrachten von leicht verderblichen Waren; – hier leistete die Firma Sunkist Pionierarbeit – z. B. schickt man ganze Waggonladungen Zitronen von Kalifornien in den Osten der USA, ohne daß Bestellungen vorliegen, wobei man die Strecke mit Hilfe des Wetterdienstes so festlegt, daß immer dann eine Stadt angelaufen wird, wenn die prognostizierte Hitzewelle für einen erhöhten Umsatz von eisgekühlter Limonade und Säften sorgt. Jeder verlorene heiße Tag ist ein verlorener Tag für's Geschäft. Die Firma Weyerhauser griff zu einer ähnlichen Methode: sie organisierte den Transport von Bauholz an die Ostküste, damit die Großhändler auch ohne eigenes Warenlager ihre Kunden »prompt« beliefern konnten.

5. Werkstätten, die schnell und billig bestimmte Reparaturen, z. B. am Auspuff oder Getriebe, ausführen, wie – als eine der ersten – die Firma Midas. Aufgrund der hohen Auslastung, der Spezialisierung und der eigens konstruierten Werkzeuge kann man den Kunden kurze Wartezeiten und ordentliche Arbeit garantieren.

6. Eine bekannte Finanzierungsgesellschaft schickte regelmäßig ihre Wirtschaftsprüfer zu den potentiellen Klienten, um die Risiken einer Finanzierung abzuschätzen und die Konditionen festzulegen. Bei der Prüfung der Kontokorrentbücher wurden alle Eintragungen per Hand gemacht und nachgeprüft. Als alle Außendienstmitarbeiter tragbare Rechencomputer erhielten, sparte man durchschnittlich 80% der üblichen Arbeitsstunden ein, und konnte außerdem noch gleich »vor Ort« ein Angebot machen.

Das sind zwar allgemein bekannte, aber ohne große Resonanz gebliebene Beispiele für die Anwendung harter, sanfter und gemischter Technologien (d. h. von spezifischen Anlage- und Systemtechniken oder einem Hardware-Software-Bündel) in Dienstleistungsbereichen, die sich vorher veralteter, leistungsschwacher oder primitiver Arbeitsmethoden bedient hatten oder in denen eine Herr/Diener-Konzeption vorherrschend war. Hier lösten effizientere, zweckmäßigere Maschinen (z. B. die Lokomotive oder der Dampfbagger) weniger leistungsfähige, unwirksamere »Vorgänger« ab (wie z. B. Pferd oder Spaten). Glücklicherweise gibt es noch ein breites Spektrum zusätzlicher Verbesserungsmöglichkeiten; manche scheinen auf den ersten Blick vielleicht nicht ganz so vielversprechend – aber viele halten weit mehr, als sie versprechen. An der Tatsache, daß viele von uns nicht erkennen, daß diese Möglichkeiten existieren und zum Teil bereits mit Erfolg erprobt worden sind, oder eine Abänderung und Verbesserung präindustrieller Konzeptionen des Dienstleistungswesens repräsentieren, läßt sich ermessen, wie sehr wir noch im Bann tradierter Denk- und Verhaltensmuster stehen. Auch wenn wir manchmal zu großartigen Innovationen fähig sind, machen wir uns nicht bewußt, was wir schon erreicht haben. Wir erkennen auch nicht, daß sich die gleichen Methoden ebenso auf das, was noch der Verbesserung bedarf, anwenden lassen.

Besondere Gelegenheiten in besonderen Fällen nutzen

»Auf den Kundendienst kann man sich auch nicht mehr verlassen«, tönt es landaus, landein. Diese Klage hört man inzwischen so oft, daß einem automatisch Zweifel kommen, ob sie berechtigt ist. Wenn der saubere, weiße, mit Funk ausgestattete Servicewagen der General Electric Service Corporation in meiner Einfahrt auftaucht, weiß ich, daß mein Fernsehgerät besser aufgehoben ist als bei dem Mechaniker mit dem schmuddeligen Kittel, der meistens kein passendes Werkzeug, eine fragwürdige Ausbildung, schwankende Preise (normalerweise so hoch wie möglich) und ein klappriges altes Auto hatte. Ich habe mehr Vertrauen zur Reparaturzentrale von Exxon, wo es 12 mit den neuesten Maschinen bestückte, helle, vollklimatisierte Werkshallen und einheitlich gekleidete und ausgebildete Mechaniker gibt. Dort hängt die Preisliste aus, es wird ein Kostenvoranschlag gemacht und die Reparaturen sind pünktlich zum versprochenen Termin ausgeführt.

Und doch läßt sich gerade diese Art der Dienstleistungen am eindrucksvollsten verbessern. Eine der Voraussetzungen für Leistungssteigerungen und niedrige Kosten ist die Anwendung der gleichen Methoden und Strategien, die in der Industrie so erfolgreich praktiziert werden. Dazu gehört erstens, daß ein Serviceunternehmen in den gleichen Kategorien denkt wie ein Industriebetrieb, und zweitens Kapital.

Die Reparaturzentrale von Exxon hat sich in erster Linie deshalb profilieren können, weil in diesem Unternehmen strikte Arbeitsteilung herrscht. Ein gelernter Mechaniker mit einem Stundenlohn von $ 10 ist nicht dazu da, das Getriebeöl auszuwechseln und die Arbeitskraft, die für das Getriebeöl zuständig ist, läßt man nicht das Getriebe reparieren. Um die Vorteile der Arbeitsteilung voll auskosten zu können, braucht man viel Kapazität – große Werksanlagen, ein ausreichend großes Gelände, die neuesten arbeitsparenden Werkzeuge, Reparatur- und Prüfgeräte, einen Werksleiter, der etwas von seiner Arbeit versteht und Werbe- und Verkaufsförderungsmaßnahmen, die in angemessenen Zeitabständen wiederholt und so wirksam präsentiert werden müssen, daß sie in weitem Umkreis eine große Kundenschar anlocken. Dadurch würde wahrscheinlich auch ein Abhol- und Zustelldienst eingerichtet werden müssen, um den Kunden längere Wege zu ersparen. All das ist natürlich nicht billig. Im Dienstleistungsbereich muß man aber, um effizient sein zu können, in die Betriebseinrichtung, Ausrüstung und Werbung genausoviel Kapital investieren, wie die Pioniere im Industriebereich. Es ist genausoviel Planung, Organisation, Ausbildung, Kontrolle und Kapital nötig, wie für die Produktion der allerersten Autos. Man braucht – kurz gesagt – eine andere Einstellung dazu, was man unter einer Dienstleistung versteht, was man aus ihr machen könnte und wie man das Projekt finanziert.

Der Schlüsselbegriff ist die Kapazität, die die Menge, die Leistungsfähigkeit und den Einsatz von Systemen und Technologien, verläßlichere, schnellere Resultate und niedrigere Kosten erst ermöglicht. Und dazu benötigt man außerdem eine rationale Unternehmensführung; sie findet man selten und wenn, dann meistens in kleineren Betrieben.

Das gleiche Prinzip läßt sich auch auf andere Dienstleistungsbranchen ausdehnen, wo zum Teil schon vielversprechende Ansätze vorhanden sind:

1. Weitgehend automatisierte medizinische Diagnosezentren. Die Damon Corporation unterhält 125 solcher Fachkliniken in den USA, in denen mit Hilfe modernster Apparaturen 125 festangestellte Ärzte, 22 Wissenschaftler und 1400 medizinisch technische Assistenten eine Reihe diagnostischer Untersuchungen durchführen, für die der Patient früher verschiedene Ärzte und Kliniken aufsuchen mußte. Dies war mit einem wesentlich größeren Kosten- und Zeitaufwand verbunden.

2. Gesundheitsorganisationen, die sich eine Reihe von Spezialisten leisten, die nur auf ihrem Fachgebiet arbeiten. Eine der ersten Einrichtungen war eine Stiftung: die Kaiser Foundation in Oakland, Kalifornien; heute gibt es in den USA bereits einige hundert. Die Mitglieder zahlen einen Jahresbeitrag im voraus und haben dafür freien Zugang zu medizinischen und technischen Spezialisten, die in verschiedenen Großkliniken – vollbeschäftigt und frei von bürokratischem Ballast – sich allein auf ihr Fachgebiet konzentrieren können. Die billige, schnelle und unbürokratische medizinische Versorgung ist auch nicht nur auf Diagnose und Behandlung beschränkt. Es gab 1970 in den USA bereits mehr als hundert ambulante chirurgische Kliniken, die zuerst in Phoenix, Arizona, entstanden waren. Sie können ca. 125 leichtere chirurgische Eingriffe bei gesunden, nicht gefährdeten Patienten durchführen. Diese Krankenhäuser verfügen meistens über einen oder zwei Operationssäle, einen Aufwachraum und eine Diagnoseabteilung. Der Patient kommt z. B. zu einer Mandeloperation, wird untersucht, operiert, ruht sich aus und geht wieder nach Hause – alles an einem Tag! Die Northwest Surgicare-Klinik bei Chicago, die mit Gewinn arbeitet, verschickte vor ein paar Jahren Rechnungen über $ 169 für eine Mandeloperation, während das Michael Reese Hospital, das keinen Gewinn erwirtschaftet, für die gleiche Opera-

tion $ 548 verlangt. Die Metropolitan Versicherungsgesellschaft revanchierte sich mit 21 besonders günstigen Gruppenversicherungspolicen bei den ambulanten chirurgischen Kliniken für die 1 Million Dollar, die sie der Versicherung einsparen halfen.

3. Textverarbeitungszentralen, in denen Schreibautomaten mit Selbstkorrektur für den Routineschriftverkehr in Büros eingesetzt werden. Anstatt ein Heer von Sekretärinnen in den verschiedenen Büros eines großen Unternehmens zu beschäftigen oder sie an eine Schreibmaschine zu setzen, während sie anderswo viel wichtigere Aufgaben übernehmen könnten, wird ein großer Teil der anfallenden Routinearbeiten von Textverarbeitungszentralen übernommen, wo nur Schnelligkeit, Terminplanung und Überwachung wichtig sind.

4. Großkantinen, die frische und schmackhafte Delikatessen und Fertigmenüs zubereiten und an kleine Läden, Privatclubs, Büros usw. liefern. Manche Firmen, wie z. B. Steward's Sandwiches, haben eine feste Route und liefern auch gleich Infrarot- und Mikrowellenherde mit.

Die zweite »besondere Gelegenheit«, den Dienstleistungssektor zu verbessern, bietet sich bei Produkten, die Serviceleistungen nach dem Kauf, den sog. After-sales-Service, erfordern. Vielleicht hat Motorola (heute Quasar) die beste Lösung gefunden – mit einem Produkt, das große Beachtung in den Medien fand, dem »Fernsehgerät mit der Do-it-yourself-Reparaturbox.« Anstatt wie üblich anfallende Reparaturen gut geschulten Mechanikern zu überlassen, (weil man immer noch glaubt, daß man den Service verbessert, wenn man bessere Serviceleute einstellt und die Schulungsprogramme intensiviert), verzichtete man in diesem Fall beinahe ganz auf das Fachpersonal. Das Fernsehgerät besteht aus einer Anordnung von Modulen, und läßt sich fast »von selbst« reparieren, indem man einfach ein größeres Modul, das ein defektes Teil hat, auswechselt. Hier hat man vom Militär gelernt und in Anlehnung an den Begriff »Reserve« mehr Wert auf die schnellstmögliche Wiederverwendbarkeit als auf einen zuverlässigen Kundendienst gelegt. Das Militär weiß genau, worauf es ankommt: daß die Soldaten möglichst schnell wieder an die Front zurückkehren. Und Motorola hatte erkannt: wichtig ist, daß das Fernsehgerät so schnell wie möglich wieder läuft. Diese Motivation spielte beim Entwurf des Gerätes und später bei der Entscheidung der Käufer eine ausschlaggebende Rolle; man war nicht nur mit dem Umsatz zufrieden, sondern hatte auch in der Entwicklungsphase festgestellt, daß aufgrund dieser Einstellung ein leistungsfähiges, kostengünstiges Produkt entstand. Wirft man dagegen auch nur einen flüchtigen Blick auf andere Firmen, dann sieht man, wie wenig Bedeutung sie im Grunde dem ganzen Instandsetzungs- und Wartungsprozeß beimessen. Man hat manchmal den Eindruck, als ob es diese Probleme für sie gar nicht gäbe! Kein Wunder, daß »der Kundendienst so teuer ist.« Kein Wunder, daß man »so lange warten muß.« Kein Wunder, daß er »nichts taugt.«

Die Firma Honeywell, die ich an anderer Stelle schon einmal zitiert habe, hat auf ähnliche Weise reagiert; sie hat ihren Raumthermostat neu entworfen; er enthält jetzt wesentlich weniger und problemlos austauschbare Teile. Dadurch konnte man die werkseigenen Ersatzteillager abschaffen und die Vertriebsgesellschaften davon überzeugen, daß die Instandsetzung dann weniger Zeit in Anspruch nimmt, wenn sie selbst die komplette Ersatzteilpalette lagern – dann profitieren sowohl Kunde als auch Serviceleute, weil die Honeywell Ersatzteile auch in andere Thermostate eingebaut werden können.

Beispiele für »brandneue« Verbesserungen

Vorstellungen und Konzeptionen sind oft leichter in der Theorie zu verstehen als nach ihrer Umsetzung in die Praxis. Bei einigen ist klar zu erkennen, besonders in der Retrospektive, daß sie wesentlich zur Industrialisierung des Dienstleistungssektors beigetragen haben. Die weniger augenfälligen sollten wir uns einmal genauer anschauen.

Das Papierkrieg-Problem

Die Rechtstitelversicherungsgesellschaft Transamerika erhält jede Woche über tausend Anträge auf Rechtstitelfeststellung von zahlreichen kleinen Außenstellen an der Westküste und im Südwesten der USA, aus Colorado und Michigan. Innen- und Außendienstmitarbeiter bearbeiten die Anträge; dafür müssen die Rechtsansprüche anhand der Eintragungen in z. T. uralten Grundbüchern sorgfältig geprüft werden. Dann stellen die Inspektoren einstweilige Versicherungspolicen aus, die den

Käufer (und den Kreditgeber) vor nachträglichen Ansprüchen an den Verkäufer schützen, z. b. vor fehlerhaften Untersuchungsergebnissen bei der Rechtstitelprüfung, vor unabgelösten Hypotheken, Steuerschulden, Auffindung eines späteren Testamentes, das den Rechtsanspruch des Käufers ungültig werden läßt, usw. Um die Policen ausstellen zu können, muß man endlose Telefongespräche führen, laufend urkundliche Nachweise anfordern, bei jeder einzelnen Transaktion um schnelle Erledigung, Klärung und Hilfe von verschiedenen Parteien bitten, wozu z. B. Käufer, Verkäufer, Makler des Käufers, Makler des Verkäufers, Banken, Steuerbehörden, Inspektoren und Ämter gehören, und zahlreiche Beschwerden entgegennehmen. Und in diesem »Tohuwabohu« aus Lärm, Geschäftigkeit und Streß müssen exakte Angaben über die anteilsmäßige Verteilung restlicher Steuerschulden oder -guthaben, Zinsen usw. gemacht, oder genau festgelegt werden, welche Pflichten den beiden Parteien noch bleiben, und wie sie diesen nachkommen sollen. Und das alles muß ein Inspektor jeden Tag mehrmals machen und soll trotzdem gerne, effizient, schnell und fehlerlos arbeiten. Das heißt, bis jetzt war das so.

Denn jetzt hat die Firma Transamerika diesen komplexen, mit großem Streß verbundenen Prozeß systematisch »industrialisiert«. Mit Hilfe einer sorgfältigen Analyse der verschiedenen Aufgabenbereiche und ihrer Klassifizierung nach dem Grad der Bedeutung, der ihnen zukommt (z. B. daß extreme Sorgfalt beim Recherchieren und der fehlerlose »Abschluß« der Transaktion, worauf die Ausstellung der Versicherungspolice basiert, absolute Priorität haben), wurde die anfallende Arbeit in Teilbereiche gegliedert. Anstatt einem Mitarbeiter alle oder fast alle Aufgaben zu übertragen, spezialisieren sich die Angestellten z. B. auf die Feststellung der Rechtsansprüche, die finanziellen Aspekte der Transaktion, auf die Ausfertigung oder die Ausgabe der Policen usw. Das Ergebnis war, daß die Leistungsfähigkeit stieg und die Fehlerquote beträchtlich sank. Der Einsatz von Computern bei der Kalkulation und im Schriftverkehr war außerdem eine enorme Hilfe. In der Zwischenzeit hat man, um den Nachteilen der Standardisierung und Routinearbeit weitgehend entgegenzuwirken, den turnusmäßigen Arbeitsplatzwechsel und, für karrierebewußte Mitarbeiter, zahlreiche Aufstiegs- und Weiterbildungsmöglichkeiten eingeführt.

Das Schuhreparatur-Problem

Dr. Hilston Ryan, Produktmanager einer Amerikanischen Firma in Europa, die abgepackte Lebensmittel anbietet, wurde ungeduldig, als er zwei Wochen auf die Reparatur seiner Schuhe warten mußte. Mit einem Partner entwarf er einen Schuhschnelldienst, den Mr. Minit-Service. Da es keine für ihre Zwecke geeigneten Maschinen gab, fanden sie einen Hersteller, der ihnen die komplette Ausrüstung nach ihren Plänen konstruierte. Mit diesen Maschinen ließen sich in weniger als zwei Minuten an zwei Schuhen neue Absätze und Sohlen anbringen. Dr. Ryan und sein Partner erreichten, daß das größte Kaufhaus in Brüssel ihren ca. 4 qm großen Arbeitsraum am Eröffnungstag ins Schaufenster stellte. Die Schlange der Kunden war kilometerlang. Innerhalb von zwei Jahren waren sie in 1400 Kaufhäusern, Bahnhöfen und Supermärkten in ganz Europa vertreten. Worin lag das Geheimnis? Zuerst entwickelten sie ein System, das Schnelligkeit garantierte; sie lieferten nicht nur den Entwurf für die Maschinen, sondern auch den Aufstellungsplan; sie bestimmten Qualitäts- und Arbeitsrichtlinien, die Auswahl und die Ausbildung der Angestellten und wählten die Standorte der Lager so aus, daß sie möglichst in der Nähe der Fabriken lagen, die die Maschinen herstellten; sie suchten das Material, das für die Reparaturen verwendet wurde, die Nähmaschinen und die Sitzgelegenheiten für die Kunden aus, die – während sie warteten – zusehen wollten, wie ihre Schuhe repariert wurden; und, was sehr wichtig ist, sie planten leise Maschinen und automatische Absaugvorrichtungen mit ein, um die Verschmutzung des Arbeitsplatzes und des angrenzenden Verkaufsareals zu verhindern. Und was mußte der Kunde dafür zahlen? Natürlich weniger.

Das Verkaufs-Problem

Es gibt nicht viel, was die Geschäftswelt mehr belastet als die ständig und rapide steigenden »Verkaufskosten«. Es gibt natürlich Möglichkeiten, dieses Problem zu lösen, und ich habe auch schon einige genannt: Selbstbedienungsläden, wo der persönliche Verkauf weitgehend entfällt; Investmentfonds, die etliche Verkaufsgespräche ersparen; Pauschalreisen anstelle von individuell festgelegten Reiserouten; und, im Produktionsbereich, eine Fülle von Prospekten und Broschüren für diverse

Artikel und Ersatzteile, die dem Kunden eine Bestellung erleichtern sollen. In letzter Zeit blüht auch der Direktversand per Post und der Verkauf per Katalog, die Bestellung anhand vorgedruckter Coupons in Tageszeitungen und Zeitschriften und die telefonische Bestellung nach Werbesendungen im Fernsehen. Interessant ist dabei, daß manche Produkte und Produktlinien erst durch die Medien in unser Bewußtsein gerückt worden sind, so, als hätten sie vorher überhaupt nicht existiert. Tatsächlich wurden auch bestimmte Formen der Lebens-, Unfall- und Krankenhaustagegeldversicherung nur deshalb gewählt, weil sie sich besonders gut durch Postwurfsendungen, Inserate oder Fernsehwerbung verkaufen ließen. Das gleiche gilt für eine Reihe von Schallplatten und sogar für Firmen, wie z. B. K-Tel (mit einem Jahresumsatz von $ 164 Mio.), die den größten Kundenzulauf nach massiven Werbekampagnen im Fernsehen hat.

Verkauf und Akquisition per Telefon gehören inzwischen zu den vielversprechendsten modernen Verkaufsformen. 1975 haben in den USA durchschnittlich 7 Mio. Verbraucher den Hörer abgenommen und jemandem zugehört, der etwas fragen, anbieten oder verkaufen wollte. Fast 3 Mio. Privat- und Geschäftsleute ließen sich auf ein Gespräch ein, und 460 000 gaben dabei eine Bestellung für durchschnittlich $ 60 auf, wodurch sich ein Umsatz von $ 28 Mio. pro Tag und fast $ 6 Milliarden pro Jahr errechnen läßt.

Die erste telefonische Massen-Verkaufskampagne hat die Firma Ford vor ca. zehn Jahren vom Campaign Communications Institute (CCI) durchführen lassen, das sich wohl als erstes Unternehmen auf die Organisation von telefonischen Akquisitionskampagnen spezialisierte. 15 000 Hausfrauen wurden engagiert und geschult; sie führten direkt von ihrem Wohnzimmer aus über 20 Mio. Telefongespräche. Nach einem exakt festgelegten Schema versuchten sie festzustellen, ob der Teilnehmer an einem Autokauf interessiert war. Der Anruf dauerte im Schnitt weniger als eine Minute. Es gab 340 000 positive Reaktionen, (das wären auf die Gesamtzeit der Kampagne umgerechnet zwei prospektive Kunden für die 23 000 Ford-Händler gewesen), wovon 187 000 die ernstzunehmende Absicht äußerten, innerhalb des nächsten halben Jahres ein neues Auto zu kaufen. Die Kosten für diese Art von Promotion beliefen sich auf $ 65 pro Einheit und lagen somit weit unter den Beträgen, die Ford für seine zahlreichen anderen Verkaufsförderungsprogramme ausgab.

Später organisierte und führte CCI eine telefonische Abonnentenwerbung für das Magazin »World« durch, ein neues Projekt von Norman Cousins, dem ehemaligen Herausgeber von *The Saturcay Review.* Mit Hilfe einer ausgeklügelten Zielgruppenliste und eines sorgfältig vorbereiteten Textes wollte man testen, welche Vor- bzw. Nachteile diese Akquisitionsform gegenüber umfassenden Werbekampagnen per Postwurfsendung hat. Es stellte sich heraus, daß die telefonische Werbung dreimal soviel Abonnenten wie die Postwerbung brachte.[1]

Eine New Yorker Telefongesellschaft stellt ihren Kunden dutzende von Spezialisten und Ausbildern kostenlos zur Verfügung, die Einzelpersonen und kleine Gruppen mit den neuesten Techniken und Methoden der telefonischen Akquisition vertraut machen. Auch dabei braucht man, wie in anderen Berufsgruppen, das spezifische erlernbare Knowhow.

Bemerkenswert ist daran, daß in jüngster Zeit auch dieses Metier so gründlich überprüft und so straff strukturiert worden ist wie die Fließbandproduktion. Jeder Schritt – angefangen bei der Auswahl der Akquisiteure, der Schulung und der Zusammenstellung der Zielgruppen, bis hin zu den Arbeitsbedingungen und Schlüsselformulierungen, um das Kaufinteresse zu wecken – wird genauso sorgfältig geplant und ausgeführt wie die Arbeit am Fließband. Immer mehr Firmen aus den verschiedensten Branchen greifen zu diesem Medium; sie bedienen sich dabei meistens der Organisationen, die sich darauf spezialisiert haben, bestimmte Artikel zu verkaufen oder Abonnenten zu werben, Verkaufsgespräche auszuwerten, säumige Schuldner anzumahnen, aus unbedeutenden Kunden wichtige zu machen, bei Postwurfsendungen »nachzuhaken«, Kundenanfragen in Bestellungen »umzuwandeln«, frühere Kunden zu reaktivieren, das Geschäft anzukurbeln, neue Aktivitäten zu finden und zu testen, den Kreditinstituten erstklassige Kreditnehmer zu beschaffen, Absatzwege für neue Produkte zu finden, bestimmten Zuhörern auf Band gesprochene Botschaften zu übermitteln, Geld für spezifische Institutionen und Zwecke aufzutreiben, und Wahlergebnisse bekanntzugeben.

---

[1] Einzelheiten über den Telefonverkauf – wie er ist und wie er sein könnte – sind in Murray Roman's Buch *Telephone Marketing* (Mc Graw-Hill Book Co., 1976) nachzulesen. Ein zweites Buch zum Thema »Telefonmarketing« (von René Weber) erscheint im Verlag moderne industrie im Oktober 1984.

Seit es ein ausgedehntes Telekommunikationsnetz (WATS) mit insgesamt 800 gespeicherten Telefonnummern, problemlose Auslandsgespräche und eine Gebührensenkung für Ferngespräche gibt (während die Post ihre Preise angehoben hat und die Kosten beim persönlichen Verkauf weiter steigen), gehört der gut durchorganisierte, rationalisierte Telefonverkauf zu den prägnantesten Mitteln, um die verschiedenen Verkaufs- und verkaufsbezogenen Kommunikationsmethoden zu industrialisieren.

Die Endverbraucher-Spezialisierung

Die Computerindustrie hat sich weiter als viele andere Produktionszweige vorgewagt und ihre Aktivitäten an die Anforderungen spezifischer Verbrauchergruppen und Anwendungsbereiche angepaßt. Die einzelnen Anbieter konzentrieren sich entweder auf den Verkauf, die Programme oder die technische Wartung; Verkäufer und Programmierer spezialisierten sich weniger auf eine bestimmte Ausrüstung, als vielmehr auf bestimmte Verbrauchersegmente und Anwendungsbereiche. Obwohl man diese Art der Arbeitsteilung oft nicht als solche erkennt, repräsentiert sie eine Rationalisierungsmaßnahme, die auch schon in anderen Industriezweigen zu einer merklichen Produktivitätssteigerung geführt hat. Die Computerindustrie verdient deshalb soviel Beachtung, weil der »Service« für sie zum Produkt gehört, und zwar z. T. deshalb, weil zu Beginn der Computerära Benutzer und Interessenten gar nicht oder nur unzureichend darüber informiert waren, was ein Computer leisten kann und wie er funktioniert. So wurde der »Service« zu einem wesentlichen Bestandteil des Produktes selbst. Die Spezialisierung der Verkaufsteams und der Software- und Hardwareprogramme nach den jeweiligen Endverbrauchern und Anwendungsgebieten führte zu weit befriedigenderen Resultaten bei Käufern und Herstellern als bei den Unternehmen, die sich nicht spezialisiert hatten. Die Spezialisierung ist für den Dienstleistungsbereich das, was die Arbeitsteilung für die Industrie ist: der erste Schritt zu einer kostensparenden, nachhaltigen Produktivitätssteigerung.

Cyrus McCormick war einer der ersten, die diese Konzeption verwirklichten. Er schickte seine Außendienst- und Service-Mitarbeiter auf die Weizenfarmen und die Felder. DuPont gehörte zu den Pionieren;

hier demonstrierten die Vertreter ihre Produkte in Textilfabriken und textilverarbeitenden Betrieben. In all diesen Fällen war das von den Außendienstmitarbeitern angebotene »Produkt« weniger wichtig als ihre praktische Hilfe und Beratung »vor Ort«. Der »Service« war das eigentliche Produkt, und selbst heute ist das noch öfter der Fall, als man annimmt. Leute, die genau wissen, wo die Probleme der Kunden liegen, finden erfahrungsgemäß eher eine befriedigende Lösung als solche, die sich lediglich gut mit einem Gerät auskennen.

Das Spezialisierungsprinzip ist weiter verbreitet, als uns bewußt ist. Wir haben uns z. B. so sehr daran gewöhnt, Spar- und Darlehenskassen mit den Handelsbanken »in einen Topf zu werfen«, daß wir übersehen, daß jede eine eigenständige Institution und im Hinblick auf separate Märkte konzipiert ist: Spar- und Darlehenskassen sind größtenteils für die Hypothekenvergabe beim privaten Haus- und Wohnungsbau zuständig und Handelsbanken sind dazu da, ein breites Spektrum kurzfristiger finanzieller Transaktionen anzubieten,

Es gibt viele Beispiele in unserem Umkreis: spezielle Einzelhandelsgeschäfte (Schuh- und Sportgeschäfte, Reformhäuser, Kosmetiksalons und Buchläden); spezielle Dienstleistungsbetriebe (einige habe ich schon erwähnt, wie z. B. Schuh- und Autoreparaturwerkstätten oder Reinigungen, Versicherungen, Maklerfirmen); Zulieferbetriebe für die Erdölindustrie, die z. B. Bohrgeräte, seismographische Instrumente oder Bohranalysen liefern; eine stattliche Anzahl von Firmen, die sich auf Computer-Software, Computer-Erhebungen oder Elektronische Datenverarbeitung – und dabei noch weiter auf bestimmte Anwendungsbereiche – spezialisiert haben; Institute für chemische und medizinische Versuche; Anlageberater und Investmentgesellschaften, wobei man wieder die unterscheidet, die private Anleger betreuen und die, die breitgefächerte Investmentprogramme zur Durchführung an kleinere Firmen weitergeben. Die Liste ließe sich noch beliebig erweitern. All diese Beispiele enthalten eine Botschaft: sie wollen uns sagen, daß eine weitgehende, funktionale Spezialisierung eine hoch zu bewertende Tugend ist. Sie bietet mehr als die einfache Tatsache, daß sie die Leistungskraft und den Leistungswillen konzentriert. So können diese nicht unkontrolliert und unkontrollierbar auf Ebenen versickern, wo die Kraft und die Fähigkeit, sie zu lenken, wegen der allzu breiten Streuung gemindert werden.

Vor genau zweihundert Jahren hat Adam Smith dieser Art von Spezialisierung und Konzentration, von der ich hier spreche, einen Namen gegeben, der seither in der Industrie Eingang gefunden hat: die Arbeitsteilung. Obige Beispiele unterscheiden sich dadurch, daß hier die Arbeitsteilung in der Entwicklung separater Institutionen und Produktlinien besteht – also Firmen, die sich auf bestimmte Arbeitsbereiche und auf Produkte, die in diesen Arbeitsbereichen entstehen, beschränkt haben. Was wir da sehen, ist keineswegs neu. Neu daran ist allein, daß sich das Wechselspiel der geschichtlichen Entwicklung, welches die Spezialisierungstendenz von Institutionen und Produkten im Dienstleistungsbereich begünstigt hat, im theoretischen Kontext als das, was ich »Industrialisierung« genannt habe, definieren läßt.

Rationale Führungsmethoden und kreative Führungspraxis können im Dienstleistungssektor genauso effektiv eingesetzt werden und genauso hervorragende Resultate erzielen wie im Produktionsbereich, wenn man sich entsprechende Mühe gibt. Erst jetzt sehen wir, welche praktischen Möglichkeiten für eine Verbesserung des Servicebereiches bestehen. De facto existieren sie zuvor schon seit Tausenden von Jahren in irgendeiner Form, aber sie sind erst in jüngster Zeit in unser Bewußtsein gerückt. Es ist wie bei der Entdeckung von Lavoisier. Jeder hatte schon einmal beobachtet, daß die Verbrennung durch die Zufuhr von Sauerstoff beschleunigt wird. Aber dieses Phänomen war unerklärlich bis Lavoisier entdeckte, welche Rolle der Sauerstoff beim Verbrennungsprozeß spielt. Als das Geheimnis, das es schon seit Prometheus' Zeiten gab, gelüftet war, wurde es zur Grundlage der modernen Chemie. Jetzt, wo wir verstehen, welche Gründe für den Erfolg und das Wachstum von Institutionen und Produktreihen verantwortlich sind – da wir sehen, daß sie eine gemeinsame rationale Basis haben – kann unser neu erworbenes Wissen für die Welt der Wirtschaft die gleiche revolutionierende Bedeutung haben wie Lavoisiers Einsichten in die Chemie und das Leben.

Genauso könnte es mit der Konzeption der »Industrialisierung« sein. Sie ist eine Erklärung dafür, worum es bei der historischen und heutzutage zunehmenden Spezialisierung, um es einmal ganz simpel zu sagen, überhaupt geht. »Der Mensch lebt nicht vom Brot allein ...« Was er denkt und fühlt ist wichtiger als das, was er besitzt. Liebe, Haß, Zorn, Freude, Furcht, Eifersucht, Entfremdung, Loyalität oder Ideologie, Religion, Ursache und Wirkung determinieren letztlich unser Leben. Sie formen und bestimmen unser Verhalten. Zu verstehen und einzusehen, daß oben beschriebene erfolgreiche Spezialisierungsversuche im Dienstleistungsbereich spezifische Arbeitsprozesse darstellen, daß die Serviceleistungen in der Tat industrialisiert sind, obwohl man immer davon ausgegangen ist, daß dieser Sektor unzugänglich ist für die kostensparenden, leistungssteigernden, funktionalen Rationalisierungsmaßnahmen, die die technisch fortschrittlichen Länder längst eingeführt haben – könnte bedeuten, daß eine vorurteilslose Betrachtungsweise und neue Verhaltensrichtlinien in das moderne Unternehmen einzuführen sind. Die »Industrialisierung des Dienstleistungssektors« kann, wie der »Sauerstoff im Verbrennungsprozeß« – wenn wir erst einmal entdeckt haben, was seit Anbeginn der Zeit latent vorhanden ist – unser Denken, Handeln und unsere Zukunft verändern. Sie könnte den zukunftsorientierten Ländern mit umfangreichen Dienstleistungsaktivitäten die gleiche beachtliche Steigerung der Produktivität und des Lebensstandards ermöglichen wie zu der Zeit, als sie durch ihre Einführung in die Industrie die Welt revolutionierte.

Kapitel 4:

Differenzierung ist Trumpf!

»Das Produkt« – diesen Begriff gibt es nicht. Alle Güter und Dienstleistungen unterscheiden sich normalerweise voneinander. Man könnte annehmen, daß das mehr auf die Konsumgüter zutrifft als auf Produktivgüter und Dienstleistungen, aber in Wirklichkeit ist es genau umgekehrt.

Das können die Leute bestätigen, die in den entsprechenden Wirtschaftszweigen arbeiten. Differenzierung ist Trumpf – und zwar überall. Ob Hersteller, Anbieter, Verkäufer, Makler, Vertreter oder Kaufmann – alle geben sich die größte Mühe, ihre Ware von anderen abzuheben. Das gilt sogar für diejenigen, die Rohmetalle, Getreide, Chemikalien, Plastik oder Geld herstellen, verkaufen oder damit handeln. Bei den Konsum- und Produktivgütern versucht man bewußt, anhand von eindeutigen Produktmerkmalen zu differenzieren: manche sind sicht- oder meßbar, einige dienen der Verschönerung und andere werden uns wiederum suggeriert, weil sie angeblich oder tatsächlich bewirken, daß ein Produkt besser oder wertvoller als das der Konkurrenz ist.

Das gleiche gilt für die verschiedenen Kundendienstleistungen und Diensleistungsbranchen, kurz, die »immateriellen Güter«.

Es ist zwar richtig, daß die Händler an den Warenbörsen mit Metallen, Getreide, Schweinemägen und ähnlichem, also mit generisch nicht unterscheidbaren Produkten, zu tun haben; aber was sie verkaufen ist die Art, wie sie etwas verkaufen – wie gut die Transaktionen sind, die sie im Auftrag ihrer Klienten durchführen, wie sie z. B. auf Nachfragen reagieren, wie schnell und klar sie sie bestätigen usw. Das »angebotene« Produkt wird differenziert, das »generische« Produkt (z. B. Schatzbriefe, Goldbarren oder winterharter Weizen Nr. 2) bleibt identisch.

Gerade dann, wenn das generische Produkt nicht differenziert werden kann, sorgt das »angebotene« Produkt für das Interesse der Verbraucher und »ausgelieferte« für die Kundentreue. Als der sonst ziemlich beschlagene Seniorpartner einer renommierten Maklerfirma in Chikago bei New Yorker Banken in einem eng anliegenden, limettengrünen Polyesteranzug und farblich dazu passenden Gucci-Schuhen Kapital für seine Klienten aufzutreiben versuchte, war das Ergebnis niederschmetternd. Der negative Eindruck, der aufgrund seines geckenhaften Aussehens entstand, machte den guten Eindruck, den sein gekonnt vorgetragenes Anliegen erweckte, zunichte. Kein Wunder, daß Thomas Watson Senior kompromißlos darauf bestand, daß sich seine Außendienstmitarbeiter »anständig« kleideten und deshalb ihre berühmten IBM-»Uniformen« trugen. Kleider machen zwar keine Leute, sind aber vorteilhaft, wenn man »ins Geschäft kommen will«. Und das beweist, daß der Kunde mehr kauft als das ihm angebotene generische Produkt. Das ist mit Differenzierung gemeint.

Die Annahme, daß bei den sogenannten undifferenzierten Waren allein der Preis die Kundenentscheidung beeinflußt, ist weit verbreitet. Sie findet nur in den theoretischen Abhandlungen der Wirtschaftsexperten ihre Bestätigung. In Wirklichkeit, auf den realen Märkten, spielen bei allen Produkten auch andere Überlegungen eine Rolle, selbst dann, wenn der Preiswettbewerb »knallhart« ist. Nur weil Preisunterschiede auf den ersten Blick meßbar sind, glaubt man, sie seien vorrangig.

Natürlich ist der Preis ein wichtiges Kriterium, aber wichtig bedeutet noch lange nicht, das einzig wichtige – gleichgültig, wie knapp man kalkuliert oder wie weit man den Preis endgültig heruntergedrückt hat.

In Zeiten anhaltenden Überflusses, extremer Kapazität oder ununterbrochenen Preiswettkampfes scheint sich die ganze Aufmerksamkeit auf das Preisgefüge zu konzentrieren. Es liegt wohl daran, daß der Preis so »greifbar« (d. h. meßbar) ist und so verheerende Auswirkungen haben kann, daß unser Blick dafür getrübt ist, wie man sich diesem Zwang, »mitzuhalten«, entziehen kann. Der Preisdruck ist so groß, daß andere Möglichkeiten des Wettbewerbs daneben verblassen. Selbst wenn sie nur eine kurzfristige Lösung darstellen, sind diese »anderen Möglichkeiten« keineswegs auf eine nicht-preisorientierte Wettbewerbspolitik beschränkt, zu der z. B. ein verstärkter Personaleinsatz im Verkauf, intensivere oder bessere Werbung oder das, was man unter mehr oder verbesserte »Serviceleistungen« versteht. Um zu sehen, welche Alternativen sich anbieten, sollten wir uns zunächst noch einmal überlegen, was ein Produkt eigentlich ist.

Was ist ein Produkt?

Manche Dinge sind eindeutig zu erkennen und zu erklären. Es gibt materielle und immaterielle Güter oder eine Kombination der beiden. Ein Auto ist nicht nur das materielle Fortbewegungsmittel, das sich sicht- oder meßbar durch Design, Größe, Farbe, Typ, PS-Zahl oder Benzinverbrauch von anderen unterscheidet. Es ist auch ein komplexes Symbol für Status, Geschmack und Ansehen des Käufers, ein Ausdruck dafür, daß man es »geschafft« hat, zu »großen Hoffnungen berechtigt« oder »mit der Zeit geht« und mehr Wert auf Wirtschaftlichkeit als auf das Dekor legt. Aber der Kunde kauft sogar noch mehr. Die enorme Mühe, die sich die Autoindustrie gibt, um die Zeit zwischen Bestellung und Auslieferung zu verkürzen, um ihre Händler auszusuchen, zu schulen, zu überwachen, zu motivieren und zu fördern, zeigt schon, daß auch all diese Aspekte Bestandteile »des Produktes« sind, das der Verbraucher erwirbt. Es gibt deshalb auch Mittel und Wege, sie zu differenzieren.

Auch der Computer ist nicht nur ein Gerät zur Datenspeicherung, -verarbeitung, -berechnung und -abfrage, sondern darüber hinaus ein System mit spezifischen Software-Programmen und dem zusätzlichen Wartungs- und Instandsetzungsangebot und -versprechen der Lieferfirma.

Kohlestoffasern sind chemische Zusatzelemente, die zu einer flexiblen Verfestigung beitragen, Gewicht reduzieren, Ermüdungs- und Korrosionserscheinungen des Materials hinauszögern und die Herstellungskosten senken, wenn sie mit bestimmten anderen Stoffen kombiniert werden. Aber für einen Laien sind sie ohne die genaue Beschreibung und Anleitung des erfahrenen Herstellers völlig wertlos.

Ein Emissionssyndikat liefert den Emittenten Geld, macht aber dem Klienten gleichzeitig bestimmte Zusagen. Diese Versprechen, von denen der Gesetzgeber nur einen Bruchteil verlangt, werden sorgfältig in endlos langen und detaillierten Prospekten zusammengefaßt. Der Rest ist eine kompakte Werbung für das Angebot, und eine ganze Seite ist den Namen der Syndikatsmitglieder gewidmet, die ihrem Rang in der Hierarchie entsprechend aufgelistet sind. Dies ist Anlaß zu ständigen Querelen und zeigt bereits, welche Bedeutung die Mitglieder selbst ihrem Image zuschreiben. Ob es nun um eine tausendseitige Broschüre für einen wichtigen Kontrakt mit der NASA oder ein fünfseitiges Beratungsangebot für ein Industrieunternehmen geht – »das Produkt« ist ein Versprechen, zu dessen »Handelswert« die makellose Reputation (oder das Image) des Anbieters und die sorgfältig gewählte »Verpackung« ebenso gehören wie der substantielle Gehalt.

Wenn der substantielle Gehalt – also die generischen Produkte, die die verschiedenen Anbieter auf den Markt bringen – sich kaum unterscheidet, greift man zu verschiedenen anderen Mitteln, um den Kunden zu beeinflussen. In dieser Hinsicht besteht kein Unterschied zwischen Morgan Stanley & Co., Lockheed, McKinsey und Revlon. Jede Firma wird zwar behaupten, zwischen ihren und den Konkurrenzprodukten bestünden generische Unterschiede, aber in Wirklichkeit geht es nur darum, ihr Anderssein oder ihre Einzigartigkeit hervorzuheben. Und vielleicht ist sogar jedes Unternehmen anders. Aber seine Unterscheidbarkeit von der Konkurrenz besteht gerade in den Dingen, die über das generische Angebot hinausgehen. Alle vier Firmen bieten »Produkte« an, die mehr sind als ihr generischer Kern. Der Grund ist nicht schwer zu erraten: der generische Kern allein lenkt die Aufmerksamkeit der Kunden nicht auf sich. Das differenzierte Angebot muß sich positiv abheben, weil die Kunden verständlicherweise Wert auf Unterscheidbarkeit legen, und sie reagieren auch unterschiedlich auf verschiedene Arten der Differenzierung.

Niemand – weder der Vorstand eines der größten oder am besten geführten Unternehmen, noch Ärzte, die sich in ihren Forschungslaboratorien vergraben – sind davon ausgenommen. Eine renommierte amerikanische Investmentgesellschaft hat zwei Eingänge in zwei verschiedenen Straßen und zweierlei Briefpapier mit den entsprechenden Briefköpfen. Der eine Eingang gilt als besonders exklusiv und ein Besucher kann bereits am Briefkopf erkennen, wie man ihn einschätzt.* Offensichtlich sind diese Unterschiede verkaufsfördernd, denn der Kunde geht davon aus, daß er aufgrund der VIP-Behandlung auch ein »VIP-Produkt« erhält.

Welche Faktoren z. B. die Kaufentscheidungen von Wissenschaftlern in den Forschungslaboratorien großer Konzerne beeinflussen, zeigt eine

---

* Zitat (S. 147) aus einer Studie über die Bedeutung des Image und anderer Formen des Wettbewerbs bei Investmentgesellschaften, von Samuel L. Hayes III., »Investment Banking: Power Structure in Flux«, *Harvard Business Review*, März/April 1971, S. 136–152

sorgfältige Studie des Kaufverhaltens bei komplexen neuen Geräten für den Betrieb:

> ....technisches Personal mit hoher technischer Qualifikation scheint sich mehr von der Reputation des Anbieters beeinflussen zu lassen als Personal, das technisch weniger versiert ist, wie z. B. Einkäufer....
> Wenn man solche Produkte technisch hochqualifizierten Angestellten anbietet, ist es nicht ratsam, sich primär auf die technischen Vorzüge oder auf eine perfekte technische Präsentation zu stützen. »Techniker« sind keine menschlichen Computer, die sich für ein bestimmtes Produkt nur aufgrund einer nüchternen Berechnung entscheiden und für weniger starre rationale Einflüsse unzugänglich sind.*

Wir kaufen ein Produkt (ob materiell, immateriell oder eine Mischung aus beidem), um Probleme zu lösen. Produkte sind Problemlösungsmöglichkeiten. Wenn etwas nicht verkauft wird, weil weder die Konstruktion noch die Anwendung irgendeinen Nutzen bringt, kann man nicht von einem Produkt sprechen, weil es nicht das Problemlösungsbedürfnis befriedigt. Ganz sicher ist es unvollständig. Wenn es nicht gekauft wird, weil es stilistisch nicht gefällt, der Liefertermin unsicher ist, die Verkaufsbedingungen unzumutbar sind, die Wartung schwierig und der Verkäufer unfreundlich ist, das schriftliche Angebot Druckfehler oder Unklarheiten aufweist, der Laden »stinkt« oder der Inhaber einen schlechten oder schlechteren Ruf hat als die Konkurrenz – wenn all diese Dinge einen Kunden vom Kauf abhalten, dann versteht er unter einem Produkt ganz sicher mehr als seinen generischen Kern, der in der Fabrik hergestellt, im Katalog oder Angebot beschrieben oder im Fenster ausgestellt ist.

Ein Produkt ist für den potentiellen Käufer ein komplexes Bündel von Befriedigungen bestimmter Wertvorstellungen. Die generische »Materie« oder »Grundsubstanz« ist nicht das eigentliche Produkt. Sie ist, wie beim Poker, der Einsatz, das notwendige Startkapital, das zur Teilnahme berechtigt. Man hat dadurch nur die »Chance« oder das Recht, überhaupt mitzuspielen. Sobald man »im Spiel« ist, sind ganz andere Dinge entscheidend. Hauptsächlich kommt es darauf an, wie man spielt, der Einsatz, (das generische Produkt) ist nur sekundär. Im Geschäftsleben gibt es, wie beim Poker, Gegner, nur geht es hier darum, einen solventen Kundenkreis zu schaffen. Der Käufer schätzt ein Produkt

---

* Theodore Levitt, *Industrial Purchasing Behavior:* A Study of Communications Effects (Boston: Division of Research, Graduate School of Business Administration, Harvard University, 1965) S. 26–27

nach dem Wert ein, den es für die Lösung seiner Probleme besitzt. Deshalb hat ein Produkt nur vom Standpunkt des Käufers oder Endverbrauchers aus Bedeutung. Alles andere leitet sich davon ab. Nur der Käufer oder Verbraucher bestimmt, welchen Wert ein Produkt hat, denn der Wert besteht einzig in dem Nutzen, den er sich davon verspricht oder den er daraus ableitet.

Es gibt kein besseres Beispiel dafür als die kompromißlos eindeutige Methode, mit der die Autoindustrie in Detroit ihre Stahlbleche einkauft. Man stellt dort nicht nur extrem hohe Anforderungen an die Qualität des Stahls, sondern auch an die verschiedenen Zulieferfirmen; hier entscheiden Lieferbedingungen und Flexibilität, Preise und Zahlungsmodalitäten, Nachbestellkonditionen u. ä. darüber, welche Firma »das Rennen macht«. Die Autoindustrie variiert die Abnahmemenge anhand einer komplizierten Skala mit den oben genannten Kriterien. Ganz eindeutig sieht man in Detroit in »dem Produkt« mehr als das qualitativ hochwertige Stahlblech. Man kauft dort ein ganzes Bündel von spezifischen Werten, wobei der Stahl selbst das generische Produkt, nur ein kleiner Teil ist. Wenn z. B. die Liefer- und sonstigen Bedingungen nicht auftragsgemäß, widerstrebend, nur teilweise oder gar nicht erfüllt werden, erhält der Kunde nicht »das Produkt«, das er erwartet. Wenn z. B. ein Zulieferer auf einer Zehn-Punkte-Bewertungsskala häufig nur sechs oder sieben Punkte erreicht, während ein anderer überwiegend neun oder zehn Punkte erhält, bekommt dieser im nächsten Jahr die größten Aufträge. Sein »Produkt« ist besser, er liefert mehr Wert. Obwohl der Stahl absolut identisch ist, weiß der Kunde, daß »die Produkte« verschieden sind, und der Unterschied ist wahrscheinlich größer als der, den eine Hausfrau zwischen zwei Kaffeesorten feststellen kann. In Detroit hat man ganz klar erkannt, daß z. B. der Artikel Nr. 302, ein 1,80 m langes, heißgerolltes Stahlband, mehr ist als die Ware. Es handelt sich um ein meßbar differenziertes Produkt, niemals nur um Stahl, Weizen, Montageteile, Investmentgesellschaften, technische Beratungsfirmen, Wartung von Industrieanlagen, Druckereien oder sogar 99% reines Isopropanol.

Es ist möglich, die Attribute, die das »Gesamtprodukt« ausmachen, so zu gestalten, daß sie Kunden anziehen und befriedigen. Leider geschieht das nur allzu selten. Zu vieles bleibt dem Zufall überlassen. Um zu zeigen, wie man sich die Gestaltung des Gesamtproduktes vorstellen muß, bedienen wir uns einiger Grafiken.

Visuell wird die Zusammensetzung der Produktattribute in Grafik 1 dargestellt und in den folgenden Abschnitten ausführlicher beschrieben.

Das generische Produkt

Das »generische Produkt« ist die elementare Grundsubstanz, ohne die ein Zugang zum Markt nicht möglich ist. Es ist der Einsatz in diesem Spiel. Für den Stahlhersteller ist das der Stahl; für die Banken das verfügbare Kapital; für den Makler der zum »Verkauf« angebotene Besitz; für einen Maschinenbauer die Drehbank, Fräse, Gußform oder ähnliche Geräte, auf die er sich spezialisiert hat; für den Einzelhändler ein gut gemischtes Warensortiment, für den Rechtsanwalt das bestandene Staatsexamen, für den Hersteller von chemischen Produkten die Chemikalien usw.

Abbildung 1.:

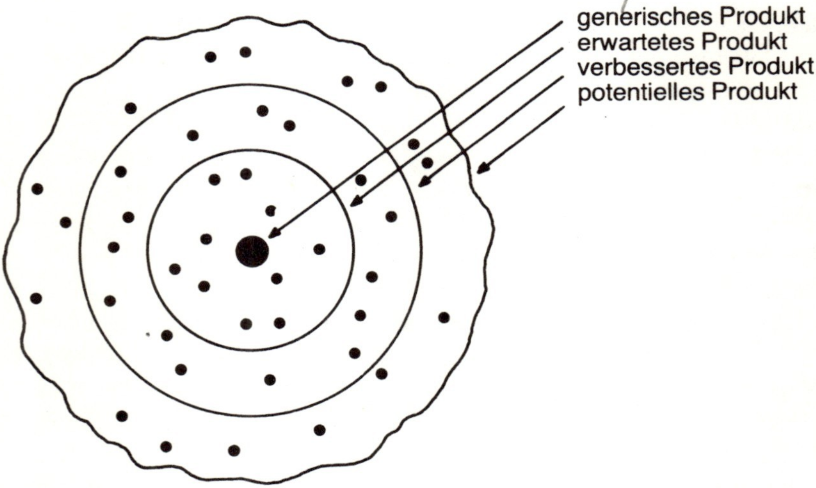

generisches Produkt
erwartetes Produkt
verbessertes Produkt
potentielles Produkt

v.S. Produktkern

Anmerkung: Die Punkte innerhalb der Ringe stellen spezifische Aktivitäten bzw. sicht- oder meßbare Attribute dar. Z. B. gehören zum »erwarteten Produkt« Lieferbedingungen, Montage, After-sales-Service wie Wartung und Ersatzteillieferung, Schulung, Präsentation usw.

100

Der Hersteller von chemischen Produkten, z. B. von Benzol (das »generische Produkt«, das durch den dicken schwarzen Punkt in der Mitte gekennzeichnet ist) verkauft nicht automatisch nur das Benzol; jedenfalls wäre das für ihn sicher kein gutes Geschäft. Der Kunde verlangt mehr für sein Geld – wie wir am Beispiel der Autoindustrie gesehen haben. Wenn seine übrigen Ansprüche nicht – oder nur minimal – erfüllt werden, wird das Produkt nicht gekauft. Und wenn es nicht gekauft wird, ist es auch, im wirtschaftlichen Sinne, kein Produkt. Der Kunde erwartet einfach mehr.

Das erwartete Produkt

In Abbildung 1 ist das »erwartete Produkt« als all das gekennzeichnet, was sich im kleinsten Kreis befindet, der auch das »generische Produkt« umschließt. Dieser Kreis stellt das Minimum dar, mit dem der Kunde rechnet. Obwohl es Unterschiede hinsichtlich der Verbraucher, Konditionen und Branchen gibt, hat jeder Kunde bestimmte mit dem Kauf verbundene Mindesterwartungen, die über das generische Produkt hinausgehen. Beim Kauf von Benzol muß z. B. nicht nur der Preis, sondern auch die Liefermenge und der Liefertermin »stimmen«; d. h., einem bestimmten Abnehmer wird eine bestimmte Menge zu einem vorgegebenen Zeitpunkt zugesichert; weiterhin sind die Zahlungsbedingungen relevant und, je nachdem um welchen Kunden es sich handelt, auch die technischen oder sonstigen Hilfeleistungen.

Das gleiche Prinzip läßt sich auf alle möglichen anderen Branchen anwenden. Ein schäbiges Büro ist vielleicht die Ursache dafür, daß ein Makler seine Grundstücke nicht verkaufen kann. Obwohl ein Rechtsanwalt sein Staatsexamen summa cum laude abgelegt und seine Kanzlei sehr elegant eingerichtet hat, schreckt er durch sein schroffes Auftreten potentielle Mandanten ab. Die Maschinen durchlaufen vielleicht etliche Kontrollen und bestechen durch ihr Design, aber manche Interessenten entscheiden sich dann doch nicht für dieses Fabrikat, obwohl alles andere »stimmt« – weil es mehr produziert als gebraucht wird oder absetzbar ist. Der Kunde erwartet und verlangt weniger. In diesem Fall bedeutet »mehr« für ihn nicht »besser«, selbst wenn der Preis besonders attraktiv ist.

Nicht einmal bei einer auf den ersten Blick so homogenen Ware wie Weizen kauft der Kunde nur das generische Produkt. Allein in den USA gibt es drei verschiedene Weizensorten: den winterharten Weizen, auf den 30% des Gesamtanbaus in Amerika entfallen; den Frühjahrsweizen und die sogenannten Spezialsorten, wie z. B. Hartweizen. Beim Hartweizen gibt es wiederum verschiedene Mahlstufen; am meisten verbreitet ist wohl der Weizengrieß, der fast ausschließlich zur Herstellung von Teigwaren gebraucht wird. Fast 90% des Hartweizens werden in drei Bezirken im Osten von North Dakota angebaut. Dennoch sind die Preise sehr unterschiedlich, selbst wenn die Qualität des Weizens identisch ist. Die Aufkäufer in den zentralen Getreidespeichern, an die die meisten Farmer ihre Ernte verkaufen, zahlen Zuschläge auf die vereinbarten oder gängigen Preise oder ziehen einen Betrag ab, je nachdem wie hoch der Protein- und Feuchtigkeitsgehalt ist, der bei jeder Getreidelieferung gesondert festgestellt wird. Die Käufer, wie z. B. die Prince Spaghetti Company, machen zusätzliche Tests, um den Gehalt an Stärkemehl und Gluten zu prüfen. Das Ergebnis wirkt sich wieder auf den Preis, den die Aufkäufer bekommen, aus. Die durch die Qualitätsunterschiede bedingten Preisschwankungen an den Warenbörsen waren oft beträchtlich größer als die für diese Jahre erwarteten generellen Preisfluktuationen.

Auch beim erwarteten Produkt sind Variationen möglich. Die Aufkäufer der zentralen Getreidesilos verlangen z. B., daß nur große Getreidemengen auf LKWs angeliefert werden. Bevor man dort eigens für die LKWs konstruierte Hebebühnen installierte, mußten die Farmer, um leichter entladen zu können, ihre Ernte in gemieteten Lastwagen transportieren, die über hydraulische Hebevorrichtungen verfügten. Seit kurzem haben sich viele größere Farmer eigene Hebevorrichtungen zugelegt. Dadurch können sie die Lagerung in den zentralen Speichern umgehen und ihre Erträge direkt an die großen Verbraucherfirmen liefern. Sie sparen dadurch nicht nur die Lagerkosten, sondern »kassieren« auch noch die vom Käufer ausgesetzte Qualitätszulage.

Auch die Firmen, denen die Zentralsilos gehören, versuchen, sich zusammenzuschließen und den Schnelltransport per Bahn von den Weizenanbaugebieten zur Golfstromküste zu organisieren. Bei Belegung von zehn Waggons bekommt man nämlich schon einen beträchtlichen Rabatt auf die Frachtkosten. Das wirkt sich natürlich darauf aus, zu welchem Zeitpunkt die Aufkäufer bestimmte Getreidemengen abnehmen. Lieferkapazität und Liefertermine der Farmer werden ihrerseits hiervon beeinflußt.

Wie wir gesehen haben, lassen sich nicht einmal spezifische Getreidesorten oder -qualitäten als »Ware« bezeichnen. Sie sind, und das erwartet der Kunde in der Regel, differenzierbar. Es ist einleuchtend, daß »ein Produkt«, wenn wir erst mehr darüber wissen, auch mehr ist als die Grundsubstanz, die der Konsument erwartet und der Verkäufer anbietet.

Wenn der Käufer mehr erwartet, läßt sich das generische Produkt nur dann verkaufen, wenn es die Erwartungen auch wirklich erfüllt. Die unterschiedlichen Mittel und Möglichkeiten, mit denen die verschiedenen Anbieter diese Erwartungen zu erfüllen versuchen, tragen zur Differenzierung ihrer Angebote bei. Unterscheidbarkeit ist also in dieser Hinsicht eine Folge der Erwartungen.

Das verbesserte Produkt

Differenzierung erschöpft sich nicht darin, dem Kunden zu geben, was er erwartet. Man kann seine Vorstellungen übertreffen, indem man ihm mehr oder etwas Besseres bietet als das, was er zu benötigen glaubt oder zu erwarten gewohnt ist. Wenn ein Hersteller in seine Computer ein Software-Element, z. B. ein diagnostisches Modul einbaut, das automatisch Fehler- oder Störungsquellen lokalisiert (wie das heute schon bei einigen Modellen der Fall ist), bietet das Produkt mehr, als der Käufer verlangt oder erwartet. Wenn eine Effektenmaklerfirma zusammen mit den monatlichen Berichten jedem Klienten eine aktuelle Vermögensbilanz und eine Analyse der Kapitalquellen und -disposition schicken würde, überträfe sie mit ihrem Angebot die Forderungen und Erwartungen ihrer Klienten bei weitem. Wenn ein Kosmetikhersteller dem Personal eines Kaufhauses, das seine Produkte vertreibt, Schulungs- und Beratungsprogramme anbietet, dann ist auch das mehr, als verlangt oder erwartet wird.

Diese freiwilligen, aus eigenem Antrieb erfolgten »Verbesserungen« am erwarteten Produkt werden in Abbildung 1 als Punkte innerhalb des Ringes, der das erwartete Produkt umschließt, dargestellt. Zum »verbesserten Produkt« gehört alles, was in dem Ring ist und alles, was dieser Ring umfaßt. Im Verlauf dieses Verbesserungsprozesses lernt der Verbraucher realistisch einzuschätzen, was er vom Anbieter erwarten kann. Genauso wie die attraktiven Liefer- und Zahlungsbedingungen des einen Verkäufers bewirken, daß der Kunde auch an alle anderen Angebote größere Erwartungen knüpft, so steigen auch die Ansprüche an die übrigen für ihn vorteilhaften Attribute, mit denen die Anbieter das generische und das erwartete Produkt ausstatten, um Kunden zu schaffen und zu halten. Und mit den ermöglichten Verbesserungen steigen auch wieder die Erwartungen des Verbrauchers.

Umfang und Inhalt der Produkte setzen sich also zunächst zusammen aus der generischen Substanz und den vom Kunden ausgehenden Erwartungen hinsichtlich bestimmter Bedingungen, die erfüllt sein müssen, damit er überhaupt kauft, und aus den vom Hersteller initiierten Verbesserungen, mit denen er das eigene Angebot von dem der Konkurrenz positiv abheben will. Verbesserungen sind also ein Mittel zur Unterscheidbarkeit, das fast jeder einsetzt, aber selten bewußt oder systematisch in sein Produktdifferenzierungsprogramm aufnimmt.

Nicht jeder Verbraucher profitiert immer und bei jedem Produkt von den Verbesserungen, die zur Befriedigung der Wertvorstellungen und zur Schaffung eines eigenen Kundenstamms hinzugefügt werden.

Manche Kunden ziehen z. B. niedrigere Preise vor; andere wiederum können die angebotenen Verbesserungen gar nicht nutzen:

– Ein Einzelhändler, dessen Umsatz so groß ist, daß er ohne Zwischenhandel auskommt oder ein eigenes Lager hat, kann die Vorteile, die ihm eine Vertriebsgesellschaft bietet, oder die erwähnten Schulungsprogramme gar nicht brauchen.

– Je länger ein Produkt auf dem Markt ist, desto geschickter wird der Kunde im Umgang mit dem »generischen Produkt«, so daß er schließlich ganz auf die Beratung und technische Hilfeleistung des Anbieters verzichten kann. Z. B. wuchs die Zahl der unabhängigen Stahlfirmen in den USA in dem gleichen Maße, wie das Bedürfnis der Verbraucher nach Anwendungshilfen vom Hersteller abnahm. In der Zwischenzeit haben die »Unabhängigen«, die sich schon immer durch frühere Liefertermine bei Standard-Härtegraden und -mengen, ein umfangreicheres Sortiment und die Bereitwilligkeit, auch kleinere Aufträge zu bearbeiten, von den großen Stahlkonzernen unterschieden haben, ihr Produkt verbessert. Sie verarbeiten es teilweise jetzt auch selber und bieten bestimmte Serviceleistungen bei der Spezialstahl-Anwendung an.

Im allgemeinen gilt die Regel: Je mehr Marktanteile ein Anbieter durch Beratung und technische Kundendienstleistungen gewinnt, desto größer wird auch die Gefahr, eben diese Kunden zu verlieren. Wenn ein Verbraucher die ursprüngliche Hilfe, die seine Kaufentscheidung beeinflußt hat, nicht länger braucht, kann er sich ungehindert an den Kriterien orientieren, die er höher einschätzt als den Service. Das ist oftmals der Preis. Aber der wachsende Erfolg der unabhängigen Stahl- und stahlverarbeitenden Firmen in den USA deutet schon an, daß der Preis nicht der einzige Aspekt ist, der Kunden anzieht und hält.

Zu dem Zeitpunkt, wenn der Verbraucher nicht mehr so sehr auf die technische Hilfeleistung oder Beratung des ursprünglichen Anbieters angewiesen ist, kann man sich darauf konzentrieren, ein Produkt systematisch zum Nutzen des Kunden – und demzufolge auch zur Erhaltung des Kundenstammes – zu verbessern. Jetzt sollten auch Überlegungen hinsichtlich möglicher Kosten- und Preissenkungen in den Mittelpunkt gestellt werden. Und hier – in der Reifephase der Produktentwicklung – liegt die Ironie: daß nämlich gerade dann, wenn der Preiswettbewerb härter wird und eine Kostensenkung besonders wichtig wäre, ein Unternehmen, um wettbewerbsfähig zu bleiben, aufgrund spezifischer neuer Produktverbesserungen einen Kostenanstieg herbeiführt.

Produktverbesserungen sind charakteristisch für verhältnismäßig reife Märkte oder relativ erfahrene, anspruchsvolle Verbraucher. Nicht daß ich behaupten möchte, daß erfahrenere oder anspruchsvollere Kunden nicht von den verbesserten Angeboten profitieren oder Gebrauch machen würden; aber wenn ein Konsument alles weiß und kann – oder alles zu wissen und zu können glaubt – dann bleibt es dem Anbieter überlassen, zu »prüfen«, ob diese Annahme berechtigt ist. Er muß »feststellen«, ob der Kunde das gesamte verbesserte Produkt oder Teile davon wirklich nicht mehr braucht oder will, indem er überlegt, was er noch anbieten könnte.

Das potentielle Produkt

Das »potentielle Produkt« besteht aus allen realisierbaren Möglichkeiten, Kunden anzuziehen und zu halten. Während das »verbesserte Produkt« all das umfaßt, was getan wurde oder im Augenblick getan wird, versteht man unter dem »potentiellen Produkt« das, was noch zu tun bleibt – also das, was ermöglicht werden kann.

Möglich ist aber nicht nur das, was man sich aufgrund des aktuellen und des möglichen Wissens über den Verbraucher und die Konkurrenz vorstellen kann. Was möglich ist, hängt normalerweise viel mehr von den ständig wechselnden Bedingungen und Gegebenheiten ab. Deshalb lautet der rituelle Gruß unter Geschäftsleuten heute auch nicht mehr: »Wie läuft das Geschäft?« sondern »Was gibt es Neues?« Diese Frage, die das Informationsbedürfnis widerspiegelt, ist charakteristisch für die Veränderungen, die stattgefunden haben; dadurch läßt sich auch leichter definieren, was man unter dem potentiellen Produkt, mit dem man auch unter stets wechselnden Konditionen wettbewerbsfähig bleiben kann, versteht. Als die unabhängigen Stahlfirmen in den USA erkannten, daß immer mehr Verbraucher auf die technischen Hilfeleistungen der ursprünglichen Anbieter verzichten konnten, kauften sie ihren Stahl zunehmend im Ausland, vergrößerten ihre Lagerbestände, um noch schneller liefern zu können, und steigerten ihre Produktionskapazität bei der Stahlverarbeitung. Die amerikanischen Stahlhersteller reagierten darauf, indem sie ihr eigenes Vertriebsnetz ausbauten, zum Teil sogar mit Maschinen und Inventar, das sie von ihren ausländischen Konkurrenten kauften.

All das hat Professor E. Raymond Corey von der Harvard Business School 1976 klar umrissen:

1. »... die Form eines Produktes ist eine variable und keine konstante Größe in der Entwicklung einer Marktstrategie. Produkte werden für bestimmte Märkte geplant und entwickelt.

2. »... das »Produkt« ist, was das Produkt kann; es stellt die Gesamtheit der Vorteile dar, die dem Kunden mit dem Kauf zugute kommen .... Selbst wenn ein Produkt im engsten Sinne undifferenzierbar ist, kann jeder Anbieter seine Ware durch seine individuellen Serviceleistungen, die Produktverfügbarkeit und sein Markenzeichen von konkurrierenden Angeboten abheben. Die Produktdifferenzierung ist in jedem Fall die Basis für eine Sonderstellung am Markt.

3. »... das Produkt hat, im weitesten Sinne, für verschiedene Verbraucher unterschiedliche Bedeutung. Diese Überlegung spielt im Hinblick auf die Marktwahl und die Preisbildung eine wichtige Rolle.«*

Dieser letzte Punkt, die »Marktselektion und Preisbildung«, führt uns zu einer weiteren Form der Differenzierung, für die alles bisher Gesagte lediglich als Prolog diente.

Differenzierung mit Hilfe des Marketing-Management

Die Gestaltung des Marketing kann zur wichtigsten Form der Unterscheidbarkeit werden. Wenn Professor Corey von den Möglichkeiten hinsichtlich »Marktselektion und Preisbildung« spricht, meint er im Grunde die Beschaffenheit des Marketingbereiches. Vielleicht sind gerade auf diesem Gebiet die signifikantesten Unterschiede zwischen den verschiedenen Wirtschaftsunternehmen zu verzeichnen, die deshalb auch versuchen, diese Unterscheidungsmerkmale zu konstituieren.

Die Marken- und Produktbetreuung gehört zu den Marketingmethoden, die gegenüber den funktionalen, umfassenderen Techniken sichtbare Vorteile aufweisen. Das gleiche gilt für das marktorientierte Management, ein System, das sehr oft in den verschiedensten Branchen – in der Industrie wie auch im Dienstleistungsbereich – angewendet wird. Wenn man sich in einem Unternehmen intensiv um ein Produkt kümmert, das von einem großen Teil der Verbraucher in der gleichen Weise gekauft und benutzt wird (wie z. B. Waschmittel, die durch den Einzelhandel verkauft werden), oder um einen spezifischen Markt für ein Produkt, das die verschiedenen Branchen völlig unterschiedlich kaufen oder benutzen (z. B. Isopropanol, das direkt an andere Industriezweige oder über ein Vertriebsnetz verkauft wird), wird die Aufmerksamkeit, Verantwortung und Leistung so kanalisiert, daß derart organisierte Firmen klare Wettbewerbsvorteile haben.

Viele generisch undifferenzierte Konsumgüter unterscheiden sich erheblich durch ihr Markenzeichen, die Verpackung, Werbung, durch ihren z. T. stilisierten Produktcharakter und sogar durch die Preisstruktur. Die Differenzierung durch die Preisgestaltung ist jedoch sekundär und normalerweise sowieso erfolglos, wenn kein anderes Unterscheidungsmerkmal (nicht einmal bei der Verpackung) vorhanden ist.

---

* E. Raymond Corey, Industrial Marketing: Cases and Concepts (Englewood Cliffs, N. J., Prentice-Hall 1976) S. 40–41

Die Liste der differenzierten Konsumgüter, die vor noch gar nicht allzu langer Zeit als nicht oder kaum differenzierbar galten, ist lang: Kaffee, Seife, Mehl, Bier, Zucker, Salz, Hafergrütze, Gurken, Frankfurter Würstchen, Reis, Bananen, Hühner, Ananas, Kartoffeln und vieles mehr. Und auch im Dienstleistungsbereich: bei Banken, Versicherungen aller Art, Autovermietungen, Kreditkarten, Aktiengeschäften, Fluggesellschaften, Reisebüros, Maklerfirmen, Kosmetiksalons, Freizeitparks, Kreditanstalten, Investmentgesellschaften, Obligationen, usw. ist ein verstärkter Trend zur Differenzierung spürbar, ebenso wie in den Bereichen, wo Güter und Dienstleistungen gemischt sind, z. B. bei Schnellimbiß- oder Spezialitätenrestaurants, Optikern, Lebensmittelläden, den verschiedensten Einzelhandelsgeschäften, Juwelieren, Sportgeschäften, Buchläden, Reformhäusern, Drogerien, Hosen- und Jeansläden, Schallplatten- und Kassettengeschäften, Autozubehör- und Ersatzteilshops, Eisdielen, Einrichtungszentren usw.

Viele weniger gut Informierte glauben, daß eine starke Wettbewerbsposition, insbesondere bei Firmen, die Konsumgüter anzubieten haben, hauptsächlich auf ihre spezifische Art der Verpackung und massive Werbung zurückzuführen ist. Selbst ganz substantielle Unterschiede beim generischen Produkt halten sie für minimal; für sie zählen einzig die Verpackung und die Werbung.

Diese Annahme gilt – wie soviele andere – selbst bei Insidern der betroffenen Branchen als »Gipfel der Weisheit«, ist aber in Wirklichkeit ein Trugschluß. Es liegt nicht einfach an der Verpackung oder Werbung, daß soviele General Foods- oder Proctor & Gamble-Produkte marktführend sind. Und der große Erfolg von IBM, ITT oder Texas Instruments läßt sich auch nicht damit erklären, daß ihre generischen Produkte einfach besser sind. Das ist sicher nicht der Grund dafür, daß sich so viele darum reißen, bei diesen weltbekannten Firmen zu arbeiten.

Der wirkliche Unterschied beruht in erster Linie auf der Unternehmensführung, und im Fall P & G, General Foods, IBM und Xerox auf ihrer Merketinggestaltung. Aber die umfangreichen, sorgfältigen, jedoch weniger augenfälligen Analysen, Kontrollen und Studien, die für ihre Marketingtechnik charakteristisch sind, werden meistens durch die unübersehbare massive Werbung oder die angeblich generische Einzigartigkeit ihrer Produkte verdeckt.

Natürlich betreiben die Lebensmittelhersteller, ebenso wie die Autoindustrie, eine intensive Werbung. Aber sie haben keine Lizenznehmer, sondern Groß- und Einzelhandels-»Verteiler«, mit denen sie, wie die Autoindustrie, mehr oder weniger eng zusammenarbeiten. Meistens ist das Verhältnis besonders intensiv, weil ihre »Verteiler« auch die Produkte der Konkurrenz anbieten und die Vertriebswege länger und komplexer sind.

Die meisten Lebensmittelgroßhändler führen mehrere Marken des gleichen generischen (oder funktional undifferenzierten) Produktes. Es gibt z. B. mehr als zwei Dutzend verschiedene, in den USA hergestellte Waschpulversorten. Sie werden in Supermärkten oder kleinen Bedarfsartikelgeschäften verkauft, die ihrerseits bei Großhandelsketten, Konsumgenossenschaften, gebundenen oder unabhängigen Grossisten kaufen. An all diesen Verkaufspunkten werden normalerweise mehrere konkurrierende Marken gleichzeitig angeboten. Durch Werbung und Promotion soll nicht nur der Bedarf der Konsumenten nach einer bestimmten Marke geweckt werden, sondern der Groß- und Einzelhandel muß auch motiviert werden, eben dieser Marke besondere Aufmerksamkeit zukommen zu lassen. Deshalb bemüht man sich ständig darum, daß der Einzelhändler die eigene Marke an einen besonders günstigen Platz stellt und selbst verstärkt dafür wirbt. Um den Großhandel zu beeinflussen, bedient man sich anderer Mittel. Vor einigen Jahren hat General Foods eine umfassende Studie über den Materialtransport in Großhandelszentren durchgeführt, die Resultate und Empfehlungen den Betroffenen zugänglich gemacht und ein sorgfältig geschultes Spezialistenteam zur Verfügung gestellt, um diese Empfehlungen in die Praxis umzusetzen. Damit wollte man natürlich erreichen, daß den Produkten von General Foods beim Großhandel eine Vorrangstellung eingeräumt wird. Im Einzelhandel bedient man sich einer ähnlichen Strategie: es wurde eine umfangreiche Untersuchung über die wirtschaftliche Nutzung der Verkaufsflächen durchgeführt und dann wurden neue Methoden zur optimalen Raumnutzung angeboten. Dabei stand natürlich die Überlegung im Vordergrund, daß die eigenen Produkte bevorzugt behandelt würden, wenn man den Einzelhändlern half, mehr zu verdienen. Dieses Programm war speziell auf Supermärkte zugeschnitten.

Zur gleichen Zeit entwickelte Pillsbury das kreative Marketing System, ein Programm zur Steigerung der Leistungs- und Wettbewerbsfähigkeit kleiner Bedarfsartikelgeschäfte – natürlich mit dem Hintergedanken, den Pillsbury-Produkten in diesen Läden eine bevorzugte Position zu verschaffen.

Darüber hinaus bemüht man sich ständig, Warenlogistik und -disposition, die Kooperation zwischen Hersteller, Groß- und Einzelhandel zu verbessern. Wie auch in der Automobilindustrie werden Lieferdatum und Lieferart – ob als palettiertes Stückgut, per Tank- oder Lieferwagen usw. – weitgehend nach den Wünschen des Käufers festgelegt. Das alles dient dazu, sich gegenüber der Konkurrenz zu profilieren. Das »Produkt«, das man im Einzelhandel für den privaten Bedarf erwirbt, ist anders als das, was der Einzelhändler kauft; und das, was der Großhändler bekommt, unterscheidet sich von beiden. In jedem Fall versucht der jeweilige originäre Verkäufer, sich selbst möglichst positiv von den Konkurrenten abzuheben.

Das ist aber noch nicht alles. Wenn die Firma Heinz ihr Ketchup abfüllt und es an Handelsunternehmen verkauft und ausliefert, die Krankenhäuser, Restaurants, Hotels, Gefängnisse, Schulen und Kindergärten versorgen, operiert sie nicht nur anders, als wenn es sich dabei um Konsumgenossenschaften handeln würde; sie versucht auch, sich gegenüber der Firma Hunt Foods, die vielleicht das gleiche Vertriebsnetz hat, Wettbewerbsvorteile zu verschaffen. Wie weit das gehen kann, sieht man z. B. an der Firma General Foods: ihre Service-Abteilung dachte sich vor ein paar Jahren raffinierte, unter einem bestimmten Motto stehende Rezepte und Menüs für Restaurants aus; z. B. gehörten zu den »Safari-Gerichten« solche Delikatessen wie »Erdnußsuppe Uganda« oder »Fisch Mozambique«. Sie sorgte auch für die »Dekoration, die Sie nach Afrika versetzt«, indem sie empfahl, die Restaurants mit Urlaubspostern, Masken aus dem Kongo, Tropenhelmen, Tigerfellen, Lotusblütengirlanden und Affen aus Pappmaché auszuschmücken; diese Artikel wurden von den Vertriebsgesellschaften angeboten, um die Nachfrage nach den Menüs, die General Foods-Produkte enthielten, zu steigern.

Es gibt im Konsumgüter-Marketing eine Fülle ähnlicher Beispiele, obwohl die augenfällige Superstruktur massiver Werbekampagnen und die besondere Art der Verpackung Branchenfremde oft zu der irrigen Annahme verleiten, das sei das A und O des Marketing und nur dadurch würden sich die Firmen voneinander unterscheiden.

Das stimmt nicht. Das ist nur das, was man auf den allerersten Blick sieht. Nicht so offenkundig, aber viel wichtiger ist die Marketingstruktur eines Unternehmens. Zu allen vier vorhin genannten Firmen (General Foods, P & G, IBM, Xerox) gehören als primäre Strukturierungskriterien das Produkt- und Produktlinienmanagement für die wichtigsten generischen Artikel, wobei im Fall IBM und Xerox noch das marktorientierte Management hinzukommt. Was sie von anderen Unternehmen unterscheidet, ist ihre Marketingorganisation und nicht das, was sie auf den Markt bringen. Der Marketingprozeß wird differenziert, nicht nur das Produkt.

Nehmen wir z. B. einen großen Konzern, der Isopropyl-Alkohol, allgemein als Isopropanol bekannt, herstellt. Es ist ein einfaches, völlig undifferenziertes generisches Produkt, das man synthetisch mit Hilfe von Gas, das in Ölraffinerien gewonnen wird, herstellt. Man unterscheidet zwei Sorten: das rohe, das zu neun Prozent aus Wasser besteht, und das verfeinerte mit einem Wassergehalt von einem Prozent. 1970 wurden in den USA 862 Tonnen hergestellt, davon 43% als Grundsubstanz für die Herstellung von Aceton, das den verschiedensten Zwecken dient: z. B. als Lösungsmittel für Lacke, als Entwicklerflüssigkeit, der Herstellung von Plastik, synthetischen Fasern, pharmazeutischen und chemischen Produkten. Isopropanol braucht man auch zur Gewinnung von Isopropyl Acetat und Isopropyl Amine, chemische Zwischenprodukte, die wiederum für die Hersteller von Plastik, synthetischen Fasern, Farben und Schutzlacken benötigt werden. Einen Teil brauchen die Hersteller für die Produktion der oben genannten Waren selbst, den Rest verkaufen sie an andere Industriebetriebe oder an Vertriebsgesellschaften.

Als 1970 eine neue Methode zur Acetongewinnung eingeführt wurde, war plötzlich ein riesiger Isopropanol-Überschuß vorhanden. Die Preise »gingen in den Keller«, und man erwartete auch für die kommenden fünf Jahre, bis die Nachfrage das Angebot eingeholt haben würde, keine Änderung. Ein großer Isopropanol-Hersteller verkaufte 1970 310 Mio Pfund Aceton und Isopropanol an den sogenannten Handelsmarkt, d. h., an eine Reihe der verschiedensten Produktionsbetriebe. Die Verkaufsabteilung stellte zusammen, wie sich das Absatzvolumen verteilte:

Tabelle 2

Branche oder Verwendungsart	Mio lb	(1 lb = 453,6 g)
Aceton	124	
Andere Zwischenprodukte	20	
Agrar- u. biochemische Produkte	31	
Lacke	86	
Diverses	49	
Gesamt	310	

Obwohl die sogenannten handelsüblichen Preise für Aceton und Isopropanol außerordentlich niedrig lagen (4 Cents für Aceton und 6,7 Cents für Isopropanol) zeigte eine sorgfältige Analyse der Rechnungen dieses Herstellers, daß den verschiedenen Kunden für die gleiche Ware, die an den gleichen Tagen gekauft worden war, unterschiedliche Preise berechnet wurden. Daraus lassen sich zwei Schlußfolgerungen ziehen: 1. Nicht alle Kunden waren über den am Kauftag »handelsüblichen« Preis informiert und 2. nicht alle Kunden kauften preisbewußt.

Eine weitere Analyse machte Preisvariationen nach Branchen und Abnahmemenge, aber nicht nach geografischer Lage deutlich. Als man die verschiedenen Branchen unter die Lupe nahm, ergab sich, daß noch andere «Preissegmente» vorhanden waren. So wurden z. B. den verschiedenen Herstellern von Lacken, landwirtschaftlichen Chemikalien und anderen biochemischen Produkten zum Teil völlig unterschiedliche Preise berechnet. Auch die Rechnungen aus der Sparte »Diverse« ließen eine starke Preisdifferenzierung erkennen.

In einer guten Marketingorganisation hätte ein cleverer Produktmanager unweigerlich die Analysen durchführen lassen, die zu den eben erwähnten Ergebnissen führen. Die unterschiedlichen Fakturapreise und Preisgruppen hätten ihn zwangsläufig veranlaßt, folgende Fragen zu stellen:

1. Welche Verbrauchergruppen sind am wenigsten preisbewußt oder preissensitiv? Wie groß ist ihr Abnahmevolumen? Um welche Firmen handelt es sich?
2. Wer zeigt die größte bzw. geringste »Firmentreue«, d. h., wer kauft regelmäßig bei uns, ungeachtet möglicher Preisfluktuationen? Warum? Wer kauft nur gelegentlich bei uns und dann hauptsächlich wegen des Preises?

3. Wer braucht unsere Serviceleistungen am dringendsten oder nimmt sie überhaupt in Anspruch? Wer braucht sie am wenigsten?
4. Wer »honoriert« unsere Serviceleistungen am meisten?
5. Wo und bei wem können wir selektiv die Preise erhöhen? Oder die Preise wahlweise halten?
6. Wie kann man die Verkaufsabteilung über all das informieren und die Erkenntnisse in die Praxis umsetzen?

Betrachten wir einmal die ökonomischen Aspekte dieser Situation. Angenommen, daß aufgrund einer sorgfältigen Anleitung der Verkaufsabteilung diese generisch undifferenzierten Produkte (Aceton und Isopropanol) hauptsächlich an weniger gut informierte oder weniger preisbewußte Branchen oder Verbrauchergruppen abgegeben worden wären; angenommen, alle vorher erwähnten Verbrauchersegmente hätten auch nur 0,1, 0,2 oder 0,3 Cents pro Pfund mehr gezahlt? Wie hoch wäre der zusätzlich Verdienst dieser Firma gewesen? Tabelle 3 gibt uns darüber Aufschluß:

Tabelle 3: Branche oder Verwendungsart

Branche oder Verwendungsart	Millionen lb	Zusätzliche Kapitalzuwendung durch Preiszuschläge		
		.1¢	.2¢	.3¢
Aceton	124	$ 124,000	$ 248,000	$ 620,000
Andere Zwischenprodukte	20	20,000	40,000	100,000
Argrar- u. biochemische Produkte	31	31,000	62,000	155,000
Lacke	86	86,000	172,000	430,000
Diverses	49	49,000	98,000	245,000
Gesamt	310	$ 310,000	$ 620,000	$ 1,550,000
Wenn 50% der Ware mit Preis-zuschlag verkauft worden wäre		$ 155,000	$ 310,000	$ 775,000
Wenn 10% der Ware mit Preis-zuschlag verkauft worden wäre		$ 31,000	$ 62,000	$ 155,000

Wenn nur 10% des Gesamtverkaufs für nur einen Penny mehr abgegeben worden wären, hätte das Unternehmen $ 31 000 mehr eingenommen. Wenn man 50% mit diesem minimalen Aufschlag verkauft hätte, wären die Einnahmen um $ 155 000 gestiegen; und wenn man den Preis bei 50% des Gesamtverkaufs um 0,2 Pennies angehoben hätte, wäre ein Mehrverdienst von $ 310 000 zu verzeichnen gewesen.

Wenn man die oben genannten Märkte und Verbrauchergruppen analysiert hat, sind einige dieser Mehreinnahmen durchaus wahrscheinlich. Was hätte es gebracht, die Marktanalyse so zielstrebig auf einen bestimmten Punkt hin auszudehnen, daß der Verkauf solche Resultate erbrachte hätte? Offensichtlich eine ganze Menge. Der Hersteller würde sich dadurch ganz eindeutig von seinen Konkurrenten differenziert haben, und zwar auf eine Art und Weise, die sehr positive Ergebnisse verspricht.

Diese Einstellung und die Konzentration auf die Details im Marketingbereich charakterisieren die Arbeit von Produkt- und Marktmanagern. Bei den Herstellern generisch undifferenzierter Produkte – insbesondere solcher, die als Ingredienzen an andere Industriebetriebe verkauft werden – kann die Marketingorganisation selbst ein wesentliches Unterscheidbarkeitsmerkmal sein. Dieses Instrument wird ständig und gewissenhaft von den erfolgreich geführten Unternehmen, die abgepackte Marken-Konsumgüter herstellen – und von denen man oft fälschlicherweise annimmt, daß sie sich nur im Hinblick auf ihre Produkte und nicht aufgrund ihrer Marketingstruktur unterscheiden – eingesetzt.

Differenzierung ist überall möglich; und eine der zwar weniger augenfälligen, dafür aber um so wirksameren Formen ist die Gestaltung des Marketing-Prozesses. Auf diesem Gebiet liegt für viele Firmen, insbesondere aber für diejenigen, die glauben, eine »Ware« zu verkaufen, eine echte Chance, aus der »Warenfalle« herauszukommen.

Kapitel 5:

Marketing immaterieller Produkte und Produkteigenschaften

Unterscheidet sich das »Dienstleistungsmarketing« vom Marketing im güterproduzierenden Bereich? Die Antwort ist, wie so oft, zweideutig: die Prinzipien sind vielleicht die gleichen, aber sie werden unter Umständen völlig verschieden in die Praxis umgesetzt.

Um besser differenzieren zu können, möchte ich anstatt von »Dienstleistungen« und »Gütern« von »materiellen« und »immateriellen« Produkten sprechen. Wer den Unterschied erst einmal begriffen hat, weiß ihn in der Praxis zu schätzen.

Materielle Produkte lassen sich im allgemeinen direkt, und zwar meistens, noch vor dem Kauf, »erfahren«, d. h., sehen, berühren, riechen, tasten und prüfen. Man kann z. B. eine Testfahrt mit einem Auto machen, an einem Parfüm riechen, eine Fräse ausprobieren, die Heizanlage eines bestimmten Herstellers irgendwo besichtigen, eine Preßmatrize vorher testen. Immaterielle Güter (wie Transport, Frachtbeförderung, Versicherungen, Reparaturen, Beratung, Computer-Software, Investment- und Immobilien, Erziehung, Gesundheitswesen, Buchhaltung) kann man nur selten im voraus »erfahren« oder prüfen.

Charakteristisch für unsere Zeit ist jedoch, daß selbst die Produkte, die greif- oder »erfahrbar« sind, nicht bereits vor dem Erwerb verläßlich geprüft werden können. Es reicht nicht, ein Dampfheizungswerk zu besichtigen und das Angebot und Design eines Herstellers sorgfältig zu studieren. Um einen Computer in Betrieb nehmen zu können, braucht man mehr als Kenntnisse der Produktmerkmale und der rein technischen Aufstellung. Obwohl ein Kunde vielleicht ein »Produkt« kauft, das generisch genauso greifbar ist wie ein Felsen (z. B. einen Computer oder eine Heizanlage), und nach reiflichem Überlegen und hartem Verhandeln entschlossen ist, auch die immensen Kosten in Kauf zu nehmen, umfaßt der Prozeß der termingerechten Fertigstellung der Anlage, ihre Installation und Ingebrauchnahme wesentlich mehr als das generische

Produkt. Erheblich wichtiger sind dabei nämlich die komplexen, schwer greifbaren und diffizilen immateriellen Faktoren, die über den Erfolg oder Mißerfolg eines «Produktes» entscheiden. Das gilt sogar für so ausgereifte Konsumgüter wie Geschirrspülmaschinen, Shampoos und Tiefkühl-Pizzas. Wenn ein Shampoo nicht vorschriftsmäßig benutzt oder eine Pizza nicht nach Anweisung aufgetaut wird, ist das Resultat verheerend.

Deshalb kann man sagen, daß alle Produkte eine wichtige immaterielle Komponente aufweisen. Gleichgültig, wie sorgfältig sie vorher geplant und produziert worden sind – wenn sie »vorschriftswidrig« installiert oder benutzt werden, sind sie unbrauchbar oder enttäuschen. Diese Aspekte sind für die Vermarktung dieser Produkte von primärer Bedeutung.

Die Unterscheidungsmerkmale zwischen materiellen und immateriellen Produkten gelten nicht überall. Ölsardinen in Büchsen oder Seife in fester Verpackung können Sie z. B. nicht sehen oder probieren. Das ist oft so bei gängigen Konsumgütern der mittleren bis unteren Preiskategorie. Um den Käufern Vertrauen in die Produkte, die nicht vorher probiert werden können, einzuflößen und ihnen ein Gefühl der Sicherheit zu vermitteln, gehen viele Firmen über die rein verbalen Versprechungen der Produktspezifizierung, Werbung und Etikettierung hinaus und legen besonderen Wert auf die entsprechende Verpackung. Gurken werden z. B. in Gläser abgefüllt, Kekse in Zellophan verpackt, Dosen erhalten appetitanregende Aufkleber, Architekten gestalten ihre Entwürfe besonders plastisch, Angebote an die NASA werden in ledernen Umschlägen verschickt, die so kunstvoll sind, daß sie von einem Tiroler Buchbinder stammen könnten.

Auch bei den immateriellen Produkten gibt es Ausnahmen. Sie können ein Hotelzimmer anschauen, bevor Sie es nehmen. Sie können ein Computer-Programm und die Ausgangswerte prüfen, bevor Sie sich entscheiden. Aber mehr noch als bei materiellen Gütern ist der Kunde bei immateriellen Produkten auf andere Anhaltspunkte angewiesen, um sich ein Bild von dem machen zu können, was er später bekommt. Er kann sich farbenprächtige Bilder von eleganten Apartements im Urlaubsparadies am blauen Meer ansehen. Er kann sich dort, wo ein bestimmtes Computerprogramm bereits im Einsatz ist, über seine Arbeitsweise informieren, oder, auf ähnliche Art, darüber, was eine Investmentgesellschaft oder das Ölbohrgerät einer bestimmten Firma leistet; er kann andere Konsumenten über ihre Erfahrungen mit Maschinenbaufirmen, Treuhandgesellschaften, Lobbyisten, Professoren, Chirurgen, Kindergärten, Friseuren, Beratern, Werkstätten, Kundendiensteinrichtungen, Spediteuren, Lizenzgebern, Lieferanten, Beerdigungsinstituten, Menülieferanten, Umweltschutzgesellschaften, Baufirmen usw. befragen.

Wenn ein prospektiver Kunde eine Ware vor dem Kauf nicht schmekken, prüfen, befühlen, riechen oder in Betrieb sehen kann, muß er sich mit dem Versprechen, daß seine Erwartungen befriedigt werden, begnügen. Selbst greif-, prüf-, fühl- und riechbare Produkte stellen, bevor sie gekauft werden, zunächst einmal ein Versprechen dar.

Diese Art der Befriedigung während der Phase des Versuchs oder der Erwartung gleicht nur selten der, die sich später beim Ge- oder Verbrauch einstellt. Einige Versprechen stellen mehr in Aussicht als andere. Das hängt von den Produktmerkmalen, vom Design, dem Grad der »Faßbarkeit«, der Gestaltung der verkaufsfördernden Maßnahmen, vom Preis und den Erwartungen, die der Kunde in das Produkt setzt, ab. Von manchen Produkten erwartet man weniger als das, was sie ausdrücklich oder symbolisch versprechen. Die richtige Lidschattenfarbe soll angeblich – wenn sie richtig aufgetragen ist – aus Ihnen am Abend bei Kerzenlicht eine Sphinx machen, aber nicht einmal die kaufwilligste Kundin würde diese Metapher allzu wörtlich nehmen. Trotzdem findet der Lidschatten reißenden Absatz. Genausowenig erwartet man in dem neuen Büro, dessen Entwurf ein cleverer Architekt geschmackvoll gestaltet hat, all die fröhlichen und fleißigen Mitarbeiter anzutreffen, die mit lässiger Eleganz in dem mit tropischer Vegetation überwucherten Innenhof flanieren. Und doch erhält dieser Architekt den Auftrag. Wenn ein prospektiver Kunde das versprochene Produkt vor dem Kauf nicht schmecken, prüfen, anfassen, riechen, sehen oder ausprobieren kann, ist die Notwendigkeit, den Absatz mit Hilfe von Metaphern zu steigern, um so größer. Versprechen müssen, da sie immateriell sind, materiell präsentiert werden – daher die Sphinx und die lässige Eleganz. Metaphern und Gleichnisse werden zum Surrogat für die mangelnde Faß- oder Erfahrbarkeit eines Produktes vor dem Kauf.

So erklärt sich die solide Gediegenheit der Einrichtung in den Rechtsanwaltskanzleien; die unaufdringliche Eleganz und Überschaubarkeit in den Büros der Investmentgesellschaften; die vertrauenerweckenden, eloquenten Berater in den dunklen, erstklassig geschnittenen Anzügen; die

exklusiven, oft in Leder gebundenen technischen Entwürfe und Angebote; die reichbebilderten Prospekte, die die einzigartige Leistung eines
neuen Gerätes anpreisen. Deshalb heißt es in den Werbeslogans der
Versicherungen: »Auf uns kann man bauen«, »Bei uns sind Sie in guten
Händen« oder »Wir bieten Ihnen Schutz in allen Lebenslagen.«

Nicht einmal materielle Produkte sind der Notwendigkeit enthoben,
mit Symbolen und Metaphern vorgestellt zu werden. Ein Computer-
Terminal muß durch sein Äußeres »bestechen«. Die Verpackung muß
den Eindruck von Zuverlässigkeit und Fortschritt erwecken – denn man
geht davon aus, daß ein ansprechendes Äußeres dem prospektiven
Kunden das Gefühl vermittelt, die Leistung sei genauso gut wie die
»Verpackung«. In dieser Hinsicht unterscheidet sich die Marketing-
Idee, die hinter der »Verpackung« eines $ 1 Mio-Computers, eines
$ 2 Mio-Düsenflugzeugs oder einer $ 500 000 teuren Fräse steht, kaum
von der, die der »Verpackung« eines $ 50 teuren Elektrorasierapparates
oder eines Lippenstiftes für nur $ 1,50 zugrunde liegt.

Unser gesunder Menschenverstand sagt uns (und die Forschung bestätigt das), daß wir Menschen uns, wenn wir etwas beurteilen, stark von
Äußerlichkeiten beeinflussen lassen. Dabei kommt es kaum darauf an,
ob ein Produkt teuer oder billig, technisch komplex oder einfach ist, ob
die Verbraucher mit der Technologie vertraut sind oder überhaupt keine
Ahnung davon haben, ob sie es für sich selbst oder für ihre Firma
kaufen. Jeder verläßt sich bis zu einem gewissen Grad auf das Erschei-
nungsbild, auf rein äußere Eindrücke.

Der äußere Eindruck ist auch nicht nur beim »generischen« Produkt
entscheidend – z. B. die Drehgeschwindigkeit, vielseitige Verwendbar-
keit und Präzision einer Töpferscheibe, die Farbintensität oder Weich-
heit eines Lippenstiftes oder die Größe und der Geschmack von »Hum-
mer Thermidor«. Nehmen wir beispielsweise eine Investmentgesellschaft, die ihre Empfehlungen gründlich ausarbeitet und wirksam anbietet, die hervorragende Referenzen und einen erstklassigen Leumund hat:
irgendwie hätte der Vizepräsident des Riesenkonzerns, der für die
finanzielle Transaktion zuständig ist, ein wesentlich besseres Gefühl,
wenn der Repräsentant der Bank nicht so ein »Milchgesicht« wäre. Ein
Produkt wird auch nach dem beurteilt, der es anbietet – nicht nur nach
der Firma, sondern auch nach dem, der sie vertritt. Beide sind nun
einmal ein untrennbarer Bestandteil »des Produktes«, über das sich der
prospektive Kunde vor dem Kauf ein Urteil bildet. Je weniger faßbar das

generische Produkt, desto stärker läßt er sich durch die »Verpackung« beeinflussen – dadurch, wie und von wem es angeboten und was durch Metaphern, Gleichnisse, Symbole und andere Surrogate für die Realität ausgesagt wird.

Das gleiche gilt für materielle Güter. Sie bestehen nicht nur aus ihrer generischen Essenz. Der Verkaufsberater, der eine Elektrizitätsgesellschaft besucht, die sich für eine neue Heizanlage im Wert von $ 100 Mio interessiert, gehört genauso zum angebotenen Produkt (dem »Versprechen«) wie die Verhandlungspartner einer Investmentgesellschaft.

Der Grund ist klar. In all diesen Fällen existiert ein Produkt erst dann, wenn es ausgeliefert ist. Man weiß erst, wie gut es funktioniert, wenn man es in Betrieb genommen hat.

Sowohl im Investment- als auch im Heizanlagengeschäft muß der Anbieter, bevor er seine Ware verkaufen kann, eine Reihe von Hürden nehmen, d. h., die diversen Phasen des Verkaufsprozesses mit Erfolg durchlaufen. Diese Periode läßt sich mit der Verlobungszeit vergleichen. Brautleute wissen, daß eine stürmische Verlobungszeit nicht immer Gutes verheißt. Wenn einer der Partner sich vorher nicht genug um den anderen kümmert, nicht auf seine Stimmungen und Bedürfnisse eingeht, auf Streß und Animosität falsch oder unsicher reagiert, treten später wahrscheinlich Probleme auf. Aber anders als in der Ehe gibt es im Geschäftsleben keine Scheidung. Ist der Vertrag erst einmal unterschrieben, haben »Ehe und Schwangerschaft« gleichzeitig begonnen. Danach lassen sich Fehlentscheidungen nicht mehr rückgängig machen. Im Investmentgeschäft bedarf es langer, intensiver Zusammenarbiet mit dem Klienten, bevor ein Geschäft »perfekt«, das Baby geboren ist. Eine Heizanlage steht oft erst nach Jahren. Und wie auch bei einem neuen Erdenbürger wirft diese Geburt neue Probleme auf. Alle Neugeborenen brauchen in den ersten Lebensjahren ganz besondere Pflege und Zuwendung. Fehler sollten vermieden oder schnellstens korrigiert werden. Die Kurse von Aktien und Wertpapieren dürfen nicht gleich fallen. Die Heizanlage sollte nicht schon nach ein paar Wochen oder Monaten ausfallen, und wenn doch eine Panne eintritt, muß sie so schnell wie möglich wieder behoben werden. Verständlicherweise wird der eine Partner während der »Verlobungszeit« den anderen genau beobachten und daraus ableiten, was für einen Ehemann und Vater der eifrige Bräutigam später einmal abgeben wird.

In diesem Sinne ist die Art, wie ein Produkt verpackt ist (wie das Versprechen in Bild, Wort und Design angeboten) und wie und von wem es präsentiert wird, Bestandteil der Ware selbst. Diese Faktoren beeinflussen die Kaufentscheidung wesentlich.

Ein Produkt ist mehr als ein Gegenstand, selbst wenn es sich um eine riesige $ 100-Mio-Heizanlage handelt. Aus der Perspektive des Käufers ist es ein Versprechen, ein Bündel von Werterwartungen, bei denen die immateriellen Faktoren eine genauso wichtige Rolle spielen wie die materiellen. Bevor sich der Kunde für »ein Produkt« entscheidet, müssen bestimmte Voraussetzungen erfüllt sein; ist er nicht zufrieden, kauft er nicht. Die Investmentgesellschaft oder der Heizanlagenhersteller hätten kein Geschäft abschließen können, wenn ihre Repräsentanten falsch reagiert oder sich während der Vor-Verkauf-Phase nicht intensiv genug über die besondere Situation des Interessenten informiert hätten. Der Verkauf wäre nicht zustande gekommen, weil in beiden Fällen das versprochene Produkt – und zwar das ganze Produkt – nicht befriedigt hätte – nicht, weil es unvollständig, sondern weil es einfach nicht »das Richtige« war. Während des Verkaufsprozesses den Verkäufer auszuwechseln, wäre auch keine Lösung gewesen. Der Anbieter hätte dann schon das Falsche über sich selbst und sein Produkt »gesagt«. Wenn der prospektive Kunde während der Anfangsphase das Gefühl hat, daß es später hinsichtlich der Funktionstüchtigkeit, der termingerechten Lieferung oder der Betreuung nach dem Kauf, die für eine reibungslose und fruchbare Geschäftsbeziehung notwendig ist, Probleme geben könnte – dann hat er bereits sein Urteil über das Produkt gefällt. Und das ist ganz sicher negativ.

Ein ganz besonderes Merkmal immaterieller Produkte ist, daß sie vor dem Kauf überhaupt nicht existieren, nicht geprüft oder revidiert werden können. Deshalb ist der Kunde weit mehr als bei materiellen Gütern gezwungen, die Ware aufgrund der Angaben oder Versprechungen der Hersteller zu beurteilen. So müssen diese Aussagen und Andeutungen noch sorgfältiger durchdacht sein als bei materiellen Gütern. In manchen Fällen ist jedoch der Unterschied zwischen den für beide Produktkategorien notwendigen Marketing-Techniken kaum spürbar. Materielle Produkte, die eine intensive, kontinuierliche Anbieter-Käufer-Beziehung erfordern oder dazu beitragen, daß die Firma des Käufers weiterhin effizient arbeiten kann (z. B. eine EDV-Anlage), werden primär aufgrund der Aussagen und Versprechungen des Herstellers verkauft.

Das gilt besonders für die Produkte, bei denen Montagehilfen, Ersatzteilversorgung, Inspektion und Beratung notwendig sind.

Deshalb sind die Unterscheidungsmerkmale der diversen Wettbewerber entscheidend für den Verkaufserfolg. Diejenigen, die materielle Produkte anbieten, unterscheiden sich durch das Design, ihre Arbeitsmethoden und die angebotenen Surrogate. Es gibt viele, die sich ähneln, aber nur wenige, die sich grundlegend unterscheiden. Die Digital Equipment Corporation (DEC), die Minicomputer für die Auslandsabteilungen von Handelsbanken verkauft, wirbt für ein Software-Paket, das sich – laut Hersteller – an den spezifischen Bedürfnissen dieser Abteilungen orientiert. Die größten Konkurrenten von DEC bieten Computer-Programme an, die auf das Informationsbedürfnis und die Regelung des Zahlungsverkehrs der Bank insgesamt ausgerichtet sind. Digital glaubt jedoch, daß für die Arbeit dieser speziellen Abteilungen, die autonome Profit-Center darstellen, ein Produkt (wozu auch die Software zählt), das sie »kontrollieren« können, sinnvoller ist als eines, das von der Datenzentrale der Bank (deren Hauptaufgabe in der Registrierung der Bankbelege liegt) oder von den leitenden Angestellten (die in erster Linie mit dem Geldverkehr befaßt sind) bevorzugt wird. DEC hat deshalb im Kampf um Wettbewerbsvorteile den Schwerpunkt der »Schlacht«, nämlich die Einsatzmöglichkeiten des Computers, nicht nur verlegt, sondern – und das ist das Charakteristische – auf die spezifischen Bedürfnisse einer bestimmten Verbrauchergruppe innerhalb einer besonderen Organisationsform verlagert. Dadurch hat sie sich eine deutlich abgrenzbare Wettbewerbsposition verschafft – denn sie glaubt und behauptet, es sei effektiver, die spezifischen Bedürfnisse bestimmter Anwender zu befriedigen als die der Gesamtorganisation, also der Bank. DEC untermauert dieses Unterscheidungsmerkmal mit Software-Paketen, Broschüren und anderen sichtbaren Beweisen für ihre Auffassung von und Orientierung an den Bedürfnissen und der Arbeitsweise der Bankabteilungen, auf die sie sich spezialisiert hat.

Soviel in Kürze darüber, wie man verkauft und Kunden gewinnt. Kunden zu halten ist etwas ganz anderes und gerade auf diesem Gebiet haben die Anbieter von immateriellen Produkten die größten Probleme.

Produktion und Lieferung immaterieller Produkte sind naturgemäß äußerst personalintensiv. Die Dienstleistungen einer Bank unterscheiden sich in dieser Hinsicht kaum von der Arbeit eines Friseurs oder eines Unternehmensberaters. Je personalintensiver ein Produkt, desto größer wird auch der Spielraum für Kompetenzanmaßung, persönliche Schwächen, Fehler und Bummelei. Auch wenn man einen Kunden für ein immaterielles Produkt gewonnen hat, kann man ihn ganz schnell wieder verlieren, wenn seine Erwartungen nicht restlos erfüllt werden. Ein materielles Produkt, das unter strenger Kontrolle in einer Fabrik hergestellt und normalerweise durch ein sorgfältig geplantes Absatzwegenetz wie vorgesehen distribuiert wird, entspricht den Erwartungen vielleicht eher als ein nicht-greifbares Produkt. Betrachten wir doch einmal diesen Gegensatz:

»Güter werden produziert, Dienste geleistet«, schrieb John M. Rathwell.[*] Ein materielles Produkt wird meistens unter der Anleitung von Marktexperten, Wissenschaftlern usw. von professionellen Designern unter optimalen Arbeitsbedingungen entworfen. Es wird dann von einer anderen Gruppe von Fachleuten in einem Betrieb mit einer eigens dafür vorgesehenen Spezialausrüstung hergestellt; der Fertigungsprozeß wird normalerweise als zusätzliche Absicherung, und um die Qualitätskontrolle zu erleichtern, stark überwacht. Die vom Hersteller empfohlenen Montage- und Einsatzmöglichkeiten sind relativ begrenzt und durch die Art des Produktes festgelegt.

Immaterielle Produkte bieten ein völlig anderes Bild. Um Computerprogramme zu entwickeln, muß der Designer auf dem »Terrain« des Kunden seine eigenen Untersuchungen durchführen und versuchen, die komplexen Netzwerke der verschiedenen Interaktionsfelder zu verstehen. Danach konzipiert er das System und die Software. Mit diesem Vorgang hat er das Produkt bereits »hergestellt«. Anders als bei materiellen Produkten gehören die Entwicklung und Herstellung immaterieller Güter zusammen, wobei für diesen Prozeß fast immer dieselben Personen zuständig sind, oft sogar ein einzelner, wie früher in den kleinen Handwerksbetrieben. Dazu kommt noch, daß Herstellung und Auslieferung des Produktes oft nicht zu unterscheiden sind. Z. B. ist bei einer Unternehmensberatung, vom Standpunkt des Klienten aus, Lieferung und Herstellung dasselbe. Besteht die Lieferung z. B. in einer verbalen Präsentation, die eine Veränderung bewirken soll (wie meistens bei der Beratungs- und Informationsarbeit von Experten), und der Inhalt ist vielleicht ausgezeichnet, die Darbietung jedoch wenig ansprechend, so sagt man, »das war schlecht gemacht«. Das Produkt ist

---

[*] John M. Rathwell, *Marketing in the Service Sector* (Cambridge, Mass.: Winthrop Publishers, 1974) S. 48

fehlerhaft. Genauso ist es bei Immobiliengeschäften, in gewissem Umfang auch bei Restaurants, Erziehern und Ausbildern, Kieferorthopäden, Verkehrsbetrieben, Krankenhäusern und Sanatorien, Regierungsstellen, Banken, Treuhand- und Investmentgesellschaften, Autovermietungen, Versicherungsgesellschaften, Reparatur- und Wartungsdiensten, usw., denn in all diesen Branchen sind Auslieferung und Herstellung praktisch ein und dasselbe.

Da es sich um sehr personalintensive Bereiche handelt, entsteht ein enormes Problem hinsichtlich der Qualitätskontrolle. Diese ist bei der Fließbandarbeit in einer Automobilfabrik größtenteils automatisiert, in das System integriert. Wenn plötzlich ein rotes Auto mit einer gelben Tür auf dem Band auftaucht, wird sicher irgend jemand den Fehler bemerken und fragen, ob das so sein soll. Und wenn irgendwo das linke Vorderrad fehlt, wird der nächste das Band anhalten, besonders dann, wenn er die Radmuttern festziehen muß. Aber wenn ein Bankangestellter bei einer finanziellen Transaktion einen wichtigen Punkt übersieht oder einen Fehler macht, wird das Versäumnis oder die Fehlleistung unter Umständen nie oder zu spät bemerkt. Wenn die Aschenbecher in einem Leihwagen überquellen, hat das eine provokative, aber keine präventive Wirkung: der Kunde, der bereits gezahlt hat, ist verärgert und wird kein zweites Mal bei der gleichen Firma ein Auto mieten.

Gleichgültig wie gut das Personal geschult oder motiviert ist – es macht nun einmal Fehler, vergißt etwas, ist gelegentlich indiskret oder schwer lenkbar. Deshalb sollte man nach Alternativen suchen, um sich von der menschlichen Arbeitskraft unabhängig zu machen. Die automatische Telefonvermittlung ist nicht nur billiger, sondern auch verläßlicher als die manuelle. In Kapitel 3 habe ich auf eine breite Palette von Möglichkeiten hingewiesen, im sogenannten Servicebereich die Abhängigkeit von der menschlichen Arbeitskraft durch die »Industrialisierung des Dienstleistungssektors« zu reduzieren. Das bedeutet, daß personalintensive Aktivitäten durch »harte«, »sanfte« oder »gemischte« Technologien ersetzt werden. Zu den harten Technologien gehören der automatische telefonische Selbstwähldienst, der das »Fräulein vom Amt« weitgehend entlastet, Kreditkarten anstelle wiederholter Prüfung der Kreditwürdigkeit und die kontinuierliche Überwachung von Fertigungsprozessen mit Hilfe von Monitoren, anstatt Stichproben. Eine »sanfte« Technologie ist die Arbeitsteilung; dabei muß nicht eine Arbeitskraft alle anfallenden Arbeiten übernehmen. Man kann beispielsweise die Arbeit einer Putzkolonne in einem Bürogebäude so organisieren, daß jeder eine oder wenige begrenzte Aufgaben hat (z. B. Staub wischen, Böden wachsen, Staubsaugen oder Fenster putzen) und nicht einer für alles zuständig ist. Die Versicherungsgesellschaften sind schon vor geraumer Zeit bei der Bearbeitung der Policen – z. B. beim Registrieren, Unterzeichnen, Statistiken erstellen, Policen ausgeben usw. – zu einer intensiven Arbeitsteilung übergegangen. »Gemischt« nennt man eine Kombination aus sanften und harten Technologien. Beispielsweise werden die Fußböden heute mit Maschinen anstatt von Hand gewachst; Pommes-Frites werden in der Fabrik vorgeschnitten, portionsweise verpackt und in Schnellimbißrestaurants in Spezialfrittiergeräten, die ein Signal geben, wenn der Frittiervorgang beendet ist, fertig gebacken. Und ein Computer kalkuliert und macht alle Einträge auf einem Umsatzsteuerformular, wenn ein Buchhalter, sogar schon nach verhältnismäßig kurzer Einarbeitungszeit, die richtigen Daten eingibt.

Eine weitgehende Industrialisierung der betriebseigenen Systeme verbessert die Qualitätskontrolle und führt zu erheblichen Kostensenkungen. Um zu diesen Resultaten zu kommen, muß man aber, anstatt sich auf verbesserte menschliche Arbeitsleistungen zu verlassen, die Arbeitsplätze durch Industrialisierung neu gestalten. Deshalb sind für den Dienstleistungsbereich (die Gestaltung, Beschaffung und Lieferung von primär immateriellen Produkten) die gleichen Methoden relevant, die im 19. Jahrhundert bei der Sachgüterproduktion zum erstenmal angewandt wurden. Wie ich in Kapitel 9 noch ausführlicher erläutern werde, ist das bedeutungsvollste Ereignis des 19. Jahrhunderts nicht die Industrielle Revolution – der Übergang von der tierischen und menschlichen Arbeitskraft zur Maschine –, sondern die unternehmerische Revolution, die Verlagerung vom unabhängigen, funktionalen Handwerksbetrieb zur rationalen, professionellen Unternehmensführung. Die wellenförmig verlaufende Entwicklung der Mähmaschine, Nähmaschine und des Automobils charakterisiert wohl am besten den Genius unseres Jahrhunderts. Jede dieser Maschinen wurde rational geplant, so daß sie eher zusammengesetzt als konstruiert erscheinen, und nicht von der geschickten Hand eines einzelnen Handwerkers, sondern von ungelernten Arbeitskräften zusammengefügt, die ihrer einfachen, standardisierten Routinearbeit nachgingen. Das erforderte detaillierte Planung und Unternehmergeist, damit die austauschbaren Teile richtig entworfen, hergestellt, geordnet und auf dem Fließband transportiert wurden, und die

Arbeiter zum richtigen Zeitpunkt am richtigen Ort die richtigen einfachen Handgriffe richtig ausführen konnten. Mit der gesteigerten Produktionskapazität mußten Absatzwege, Schulungsmöglichkeiten und Servicesysteme geschaffen und aufrechterhalten werden, die die massiven Produktionserträge rechtfertigten.

Was im Dienstleistungssektor weitgehend fehlt, ist die Art der rationalen Unternehmensführung, die zur Industriellen Revolution geführt hat. Deshalb sind die immateriellen Produkte häufig nicht so zuverlässig, wie sie sein könnten, die Kosten höher, als sie sein sollten, und die Kunden unzufriedener, als sie sein müßten.

Ich habe bereits auf die enormen Fortschritte hingewiesen, die in den letzten Jahren in dieser Hinsicht Abhilfe schaffen sollten. Es gibt jedoch ein für immaterielle Produkte charakteristisches Merkmal, das Aufmerksamkeit verdient. Der Kunde schätzt nämlich nur selten das, was er bekommt, solange es keine Probleme gibt. Das gilt ganz besonders für die immateriellen Güter, die während der Laufzeit eines Vertrages nahezu kontinuierlich gebraucht werden, wie z. B. bestimmte Dienstleistungen von Banken, Reinigungsfirmen, Speditionen, Energieversorgungsunternehmen, Wartungsfirmen, Post usw.

Nehmen wir z. B. die Dienstleistungen einer Bank, einer Versicherungsgesellschaft oder einer Büroreinigungsfirma. Solange alles reibungslos läuft, merkt der Kunde gar nicht, was man ihm bietet. Erst wenn etwas zu bemängeln ist oder ein Konkurrenzunternehmen behauptet, man könnte hier und da noch etwas verbessern, merkt der Verbraucher, daß ein Produkt vorhanden ist oder fehlt: wenn beispielsweise ein Wechsel nicht gezogen wird, wenn eine andere Bank ein günstigeres Finanzierungsangebot macht, wenn die jährliche Versicherungsprämie fällig ist oder es zu Versicherungsstreitigkeiten kommt; wenn die Aschenbecher im Mietauto nicht geleert sind oder ein teurer Füllhalter fehlt, nachdem die Putzkolonne das Büro verlassen hat.

Man sollte sich also vor Augen halten, daß der Kunde bei immateriellen Produkten in der Regel so lange nicht weiß, was er hat, bis er es nicht mehr hat. Erst wenn er nicht mehr das erhält, was er haben wollte, weiß er, was er haben wollte. Erst die Unzufriedenheit regt zum Nachdenken an. Die Zufriedenheit »lullt ein«. Erst ihr Fehlen beweist, daß sie vorher vorhanden war.

Und das ist gefährlich, weil der Kunde nur das Versagen, die Unzufriedenheit und nicht den Erfolg oder die Befriedigung bemerkt. Das macht ihn extrem anfällig für die Verführungskünste der Konkurrenz. Es gibt immer Firmen, die ein noch interessanteres Angebot machen, ein umfangreicheres Versicherungsprogramm anbieten, kurz, »ein Haar in der Suppe finden« und kleine, sichtbare Fehler aufdecken, die vermuten lassen, daß sich dahinter noch größere Fehler und Versäumnisse verbergen.

Deshalb ist es, wenn man Kunden im Dienstleistungsbereich gewinnen will, wichtig, materielle Surrogate oder Metaphern anzubieten – wozu z. B. Kleidung, Sprache, Briefstil, Planung und Präsentation eines Angebotes, Zusammenarbeit mit dem prospektiven Kunden, Reaktion auf Anfragen, Anregungen, ausreichende Informationen über die Situation des Klienten usw. gehören; um den Kunden zu halten, muß man ihn von Zeit zu Zeit daran erinnern, was er bekommt. Versäumt man das, darf man sich nicht wundern, wenn er es vergißt. Er bemerkt es erst dann, wenn man ihm nicht mehr das bietet, was er haben wollte, und das ist das Einzige, was in diesem Augenblick zählt, – es sei denn, man hat ihn bereits vorher so regelmäßig und geschickt auf das hingewiesen, was er die ganze Zeit über erhalten hat, daß eine »Panne« verzeihlich ist.

Um Kunden für regelmäßig gelieferte und in Anspruch genommene immaterielle Produkte zu halten, muß man sie regelmäßig daran erinnern, was ihnen geboten wird. Die Versprechen, die zu Beginn der Geschäftsbeziehung gemacht wurden, um den Kunden »an Land zu ziehen«, müssen ständig erneuert und erfüllt werden. Auch die Quelle, aus der das Produkt stammt, sollte man ins rechte Licht rücken, damit er nicht vergißt, wer der anonyme »Wohltäter« im Hintergrund ist.

Wenn ein prospektiver Versicherungsnehmer »verliebt« ist und schließlich in eine »Heirat« einwilligt, können ihn die darauffolgende Stille und Unaufmerksamkeit »taub machen«. Die meisten Klienten erinnern sich nicht mehr lange daran, was für eine Art der Lebensversicherung sie abgeschlossen haben, und nicht selten vergessen sie auch den Namen der Versicherung und des Vertreters. Wenn sie dann ein Jahr später das erste Mal wieder von ihnen hören, weil die nächste Prämie fällig ist, läßt sich das krasse Mißverhältnis zwischen der eifrigen Werbung während der »Verlobungszeit« und der Gleichgültigkeit während der »Ehe« nicht mehr übersehen. Kein Wunder, daß soviele Lebensversicherungen gekündigt werden.

Wenn die Geschäftsbeziehung zustande gekommen ist, hat der Anbieter einen Aktivposten, einen Kunden, und um ihn nicht an die Konkurrenz zu verlieren, muß er diese Beziehung pflegen.

Dafür gibt es unzählige Möglichkeiten, von denen einige industrialisiert werden können. Periodische Berichte oder Anrufe, die den Kunden an den reibungslosen Ablauf erinnern sollen, sind nicht teuer, aber äußerst wirkungsvoll. Informationsschriften oder regelmäßige Vertreterbesuche bei der Einführung neuer, besserer oder weiterer Produkte sind ebenfalls von Vorteil. Selbst private Kontakte können von Nutzen sein, wie manche Firmen erkannt und bestätigt haben, die in den letzten Jahren mit dem Finanzamt kämpfen mußten, um Jagdhütten, Jachten, Clubs, weibliche Begleitung bei Konferenzen und Kundengespräche an irgendwelchen exotischen Orten von der Steuer absetzen zu können.

Hier sind einige Beispiele dafür, auf welche Weise Unternehmen die Beziehungen zu ihren Kunden vertieft haben:

— Ein Energieversorgungsunternehmen verschickt regelmäßig seine »Aktuellen Informationsberichte« auf grellgelbem Papier; es gibt seinen Kunden Ratschläge, wie sie potentielle Ursachen für einen zu hohen Energieverbrauch entdecken und beseitigen, technisch verbesserte Monitoren aufstellen und Kosten einsparen können.

— Eine Computer-Service-Firma führt zwei Wochen lang eine Telefonkampagne durch, bei der die Account-Manager ihren Großkunden »ganz nebenbei« die Aufstellung einer neuen Datenverarbeitungsanlage erklären, die zukünftige Kostensteigerungen eindämmen und gleichzeitig den Aktionsradius des Kunden vergrößern soll.

— Eine Speditionsfirma für hochwertige elektronische Ausrüstung (Computer, Terminals, Briefsortierer, Textverarbeitungsanlagen und medizinische Diagnosegeräte) hat vierteljährliche Meetings zur Leistungsüberprüfung angeordnet, wobei auch Kunden gehört werden, die über ihre Erfahrungen und Erwartungen berichten sollen.

— Eine Versicherungsgesellschaft schickt laufend Kurzmitteilungen an Versicherungsnehmer und Versicherungsberechtigte, die normalerweise mit einem Glückwunsch beginnen, weil die Police und der Versicherunsschutz des Klienten in Ordnung sind; danach weisen sie auf die neuesten, für den Versicherungsnehmer interessanten Steuervorteile, neue Aspekte der privaten Finanzierungsplanung und spezielle, ergänzende Versicherungsangebote hin.

In all diesen Fällen haben die Firmen, die immaterielle Güter anbieten, ihre Klienten an ihre Existenz und Leistungen erinnert, daran, daß sie stets »zu Diensten« sind und Spitzensprodukte liefern.

Alle Produkte enthalten materielle und immaterielle Elemente. Firmen, die materielle Güter anbieten, versprechen oft mehr als ihre Produkte selbst.

Hinter dem Bemühen, immaterielle Produkte zu verkaufen, konzentriert sich ein intensiver, oft spektakulärer Einsatz und die Aussicht auf unermeßliche Vorteile, die stärker betont werden, als die eigentlichen Produktmerkmale. Z. B. verspricht Kodak seinen Kunden, die einen Film kaufen, daß sie damit eine Erinnerung bewahren, ein Andenken schaffen. Klugerweise stellt man die Farbintensität der Bilder nicht so sehr in den Vordergrund. Die Erinnerung ist das eigentliche Produkt, nicht der Film oder das Bild. Ein Auto wird, wie jeder weiß, auch nicht einfach als Transportmittel angepriesen. Autofirmen propagieren, worauf die prospektiven Käufer am meisten ansprechen, und nicht das, was die Hersteller geleistet haben. Die Autohändler gehen zu Recht davon aus, daß die Kunden bereits von der Werbung der Hersteller beeinflußt sind; sie stellen andere Aspekte in den Vordergrund:

Konditionen, Liefertermine und Wartung. Weder Händler noch Hersteller »verkaufen« das materielle Produkt »Auto«. Sie »verkaufen« die immateriellen Vorteile, die in das »Produktpaket« eingeflochten sind, das Gesamtprodukt – wobei heute die Wirtschaftlichkeit besondere »Zugkraft« besitzt.

Materielle Produkte müssen entmaterialisiert werden, um dem Kunden einen zusätzlichen Kaufanreiz zu bieten. Immaterielle Produkte dagegen bedürfen der Materialisierung – der »Beibringung von Belegen«*, wie Professor Leonard L. Berry es einmal genannt hat. Es wäre ideal, daraus eine Routine ohne persönliche Zusagen und Beteuerungen zu machen oder sie zu industrialisieren, wie das bereits im Hotelgewerbe geschehen ist. Die Zahnputzgläser in den Bädern sind z. B. immer in sterilen Tüten oder Zellophanhüllen verpackt, auf der Toilettenbrille klebt ein hygienischer Papierstreifen, und das Toilettenpapier ist griffbereit abgerollt. All diese Dinge sagen uns deutlich auch ohne Worte: »Das Zimmer wurde eigens für Sie sauber und gemütlich gemacht«. Worte wären weniger wirksam, und man könnte sich auch nicht darauf verlas-

---

* Leonard L. Berry, »Service Marketing Is Different«, *Business,* Mai-Juni 1980, S. 24-29

sen, daß das Personal sie jedesmal überzeugend vorbringen würde. Hotels haben also nicht nur ihr Versprechen materialisiert, sondern auch die Erfüllung dieses Versprechens industrialisiert, indem sie sie zu einer personalunabhängigen Routine gemacht haben.

Stellen Sie sich doch einmal vor, jemand will sein Haus isolieren lassen – eine Notwendigkeit, der viele Hausbesitzer mit verständlichem Unbehagen entgegensehen. Er ruft zwei verschiedene Firmen an. Der erste Isolierungsfachmann fährt in seinem Privatwagen vor. Nachdem er mit wichtiger Miene das Haus »abgeschritten« und ein paar schnelle Berechnungen auf der Rückseite eines alten Umschlags angestellt hat, errechnet er einen Preis von $ 2 400 für die 1,2 cm starke Glaswolle – mit der Zusicherung, der Kunde werde zufrieden sein. Der Konkurrent kommt im Firmenwagen und mit einem Clipboard in der Hand. Er vermißt exakt das ganze Haus, zählt die Fenster, schaut sich das Dachgeschoß an, sucht aus einem Quellenbuch die in dieser Gegend herrschenden, jahreszeitlich bedingten Temperaturen und Windgeschwindigkeiten heraus, stellt eine Fülle von Fragen und notiert alles gewissenhaft. Er verspricht dann, in drei Tagen wiederzukommen, erscheint auch pünktlich, und zwar mit einem maschinengeschriebenen Angebot für eine Glaswolle-Isolierung, Kosten« $ 2 600 und der Zusicherung, der Kunde werde zufrieden sein. Wer macht hier wohl das Geschäft?

Letzterer hat das immaterielle Produkt materialisiert, aus einer Hoffnung eine berechtigte Erwartung gemacht. Noch überzeugender wäre eine Isolierungsfirma, deren Mitarbeiter die relevanten Daten in einen tragbaren Minicomputer eingegeben hätte – nach Meinung eines Anwenders überhaupt eines der wichtigsten Werkzeuge in dieser Branche – der die Auswertung gleich ausdruckt. Wenn es sich bei diesem Hausbesitzer um den Leiter einer Projektgruppe in der Einkaufsabteilung eines Energieversorgungsunternehmens, der Finanzabteilung eines Großkonzerns, der Einkaufsabteilung eines Fertigbetonherstellers, der für den Transport zuständigen Abteilung einer Düngemittelfirma oder der Datenverarbeitungszentrale einer Versicherungsgesellschaft handelt, wird er der Kaufentscheidung, die er für seine Firma trifft, die gleichen Kriterien zugrundelegen wie seiner privaten. Er braucht die risikomindernde zusätzliche Versicherung, die eine Materialisierung des immateriellen Produktes bietet.

Zusatzgarantien durch die Materialisierung des Immateriellen, des Versprechens, sind auch dann erfolgversprechend, wenn das generische

Produkt selbst materieller Natur ist. Waschmittelhersteller, die die besonderen Fähigkeiten ihres Produktes, der Wäsche den »Grauschleier« zu nehmen, anpreisen, untermauern ihre Aussagen durch die sichtbaren »blauen Perlen mit der Weißkraft«. Procter & Gambles neuer entkoffeinierter, löslicher Kaffe bestätigt den echten Kaffeegenuß durch »die groben Körner, die für einen herzhaften, kräftigen Geschmack sorgen«. Sie können sehen, was diese Behauptung verspricht.

Um Kunden für ein immaterielles Produkt zu gewinnen, muß man es materialisieren. Um Kunden für ein immaterielles Produkt zu halten, muß man es, solange alles reibungslos läuft, ständig in Erinnerung bringen, stets aufs Neue »verkaufen«, damit man den Kunden nicht verliert, wenn Probleme auftauchen. Um diese beiden Aufgaben optimal bewältigen zu können, sollten sie industrialisiert werden. Wenn es um immaterielle Produkte geht, muß die Beziehung zum Kunden noch intensiver und kontinuierlicher gepflegt werden, als wenn es sich um materielle Produkte handelt. Wie man diese Beziehung gestaltet, ist ein Thema für sich. Sie gewinnt an Bedeutung, je komplexer die Produkte und je enger und länger die Anbieter-Käufer-Beziehungen, bedingt durch diese Komplexität, werden. Gelegentlich erstrecken sich diese Beziehungen sogar auf eine Periode, die über den Zeitraum, in dem die ursprünglichen Geschäftspartner ihren Beruf ausüben, hinausgehen kann. »Wie man den Kontakt zum Kunden pflegt« ist daher ein besonders wichtiges Thema, auf das ich in Kapitel 6 eingehe.

Die Essenz dessen, was ich hier zu sagen versucht habe, läßt sich in einem Satz zusammenfassen: *Der Kunde ist ein Aktivposten, der wertvoller ist als die Vermögenswerte, die man kaufen kann.*

Dafür gibt es eine Menge bereitwilliger Lieferanten. Der Kunde läßt sich nicht so leicht kaufen. Er zeigt weniger Bereitwilligkeit als die Anbieter. Er wird von vielen Geschäftsleuten umworben, die ihm die verschiedensten Angebote machen. Der Kunde stellt sogar einen zweifachen Aktivposten dar: erstens bringt er bei Geschäftsabschluß Kapital ein, und zweitens läßt sich bei Banken und Investoren aufgrund seines Vorhandenseins Kapital beschaffen, Kapital, das man in Aktiva umsetzen kann.

Das Motto »Der Kunde ist König« sollte wieder im Vordergrund stehen. Um Kunden zu gewinnen und zu halten muß man das Immaterielle materialisieren, ihm die Vorteile, die Produkt und Lieferant bieten, stets aufs Neue bewußt machen und die damit verbundenen Aktivitäten industrialisieren.

Kapitel 6:

Wie man den Kontakt zum Kunden pflegt

Die Beziehung zwischen Anbieter und Nachfrager endet selten mit dem Geschäftsabschluß. Bei einer großen und steigenden Anzahl von Transaktionen wird sie erst danach intensiviert. Hiervon hängt es ab, für welchen Anbieter der Kunde sich bei seinem nächsten Geschäftsabschluß entscheidet. Das gilt für alle Dienstleistungen von Banken, Beratern, Kontrakt- und Zulieferfirmen, für die Streitkräfte und die Raumfahrt, Kapitalgüterhersteller und alle möglichen Verkaufsorganisationen, die einen kontinuierlichen Strom von Transaktionen zwischen Verkäufer und Käufer notwendig machen.

Der Geschäftsabschluß ist lediglich das Ende der »Brautwerbung«. Jetzt beginnt das Eheleben. Wie gut die Ehe wird, hängt davon ab, wie der Verkäufer sie gestaltet. Das entscheidet darüber, ob die Geschäftsbeziehung bestehen bleibt oder vertieft wird, ob es Probleme gibt oder zu einer Trennung kommt und ob die Kosten oder die Gewinne steigen.

In manchen Fällen ist eine Trennung unmöglich, z. B. bei größeren Bau- oder Anlageprojekten. Was bleibt, ist eine belastete und kostspielige Ehe, die dem Ansehen des Verkäufers schadet. So manches Unternehmen könnte sich viel Ärger ersparen bzw. sein Image sogar verbessern, wenn es sich von Anfang an darüber im klaren wäre, daß es mit seinen Kunden zurechtkommen muß.

Das erfordert mehr als das, was bei einem guten Marketing üblich ist. Dazu gehört, daß die Aufmerksamkeit verstärkt auf das gelenkt wird, was für diese Art der Beziehung essentiell ist: Der Faktor Zeit. Der wirtschaftstheoretische Begriff »Angebot und Nachfrage« ist in diesem Zusammenhang völlig falsch, denn er geht davon aus, daß in unserem Wirtschaftssystem Zeit und menschliche Interaktionen keine Rolle spielen, daß ein unverzüglicher, »entmenschlichter« Geschäftsabschluß den Markt durch den Mechanismus von Angebot und Nachfrage reguliert. Das war nie der Fall und wird in Zukunft noch weniger zutreffen, je größer die Komplexität der Produkte und je intensiver die Interdependenz zwischen den Institutionen unseres Wirtschaftssystems werden. Wer einen Maschinenpark kauft, geht damit nicht einfach nach Hause wie jemand, der etwas auf dem Flohmarkt erstanden hat und den Rest dem Zufall überläßt. Er erwartet Montagehilfen, Beratung, Ersatzteile, Reparatur und Wartung, Informationen des Herstellers über die neuesten Erkenntnisse, Verbesserungen und Produkte, um in jeder Hinsicht wettbewerbsfähig zu bleiben. Dem Käufer eines kontinuierlichen Transaktionsflusses geht es, wie dem Hersteller von Tiefkühlkost, der die Kartons von einer Verpackungsfirma und das Betriebskapitel von der Bank bezieht, nicht primär darum, den Markt zu »regulieren«, sondern er will einen Interaktionsprozeß aufrechterhalten. Bei der zunehmenden Komplexität der militärischen Ausrüstung ist es nicht verwunderlich, daß 78% des Amerikanischen Verteidigungshaushalts auf Artikel mit einer Bestellmenge von unter hundert Stück entfallen. Zunehmende Komplexität und steigende Kosten haben das wachsende Bedürfnis nach kontinuierlichen Serviceleistungen und Verbesserungen zur Folge, um das Produkt länger effektiv und dem neuesten Stand der Technik entsprechend einsetzen zu können

Der Abnahmezyklus von Produkten und Produktkomponenten wird ständig verlängert, und das hat eine Veränderung der Faktoren, die man beachten muß, zur Folge. Betrachten Sie einmal diese Abnahmezyklen:

Bohranlagen für Ölfelder:	15–20 Jahre
Chemische Fabrikanlage	10–15 Jahre
EDV-System	5–10 Jahre
Waffensysteme	20–30 Jahre
Zubehör für Stahlwerke	5–10 Jahre
Vertragsdauer für Papierlieferungen	5 Jahre

Und sehen Sie sich an, wie sich die Art der Eigentumsübertragung geändert hat:

Tabelle 4: Langfristige Eigentumsübertragungen

Produkt	Früher	Heute
Tanker	Lokoware	Charter
Appartments	Mietwohnungen	Eigentums- wohnungen
Autokredite	10,000	50,000
Technologie	Kauf	Leasing
Arbeitskräfte	Festanstellung	Befristete Verträge
Materialbeschaffung	Einkauf	Warenlieferung
Maschinen	Reparatur	Wartung

Unter diesen Bedingungen ist eine Kaufentscheidung nicht nur der Entschluß, ein Produkt zu erwerben (im modernen Jargon: eine Affäre zu haben) sondern eine feste Bindung (eine Ehe) einzugehen. Das erfordert vom Anbieter eine neue Orientierung und Strategie. Marketing allein genügt nicht mehr. Betrachten Sie die substantiellen Unterschiede zwischen dem Alten und dem Neuen, z. B. im Verkauf:

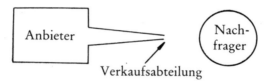

Hier geht der Anbieter in seiner Verkaufsabteilung aus der Distanz auf den Käufer zu und lädt auf ihn die Produkte ab, die er nach seinem eigenen Gutdünken hergestellt hat. Um dabei erfolgreich zu sein, braucht er Charisma, denn die Ware verkauft sich nicht »von selbst«.
Im Gegensatz dazu steht das Marketing:

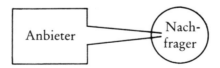

Hier dringt der Anbieter, bereits weniger »distanziert«, in die Domäne des Käufers ein, um etwas über seine Bedürfnisse, Wünsche Ängste usw. zu erfahren und dann das Produkt in all seinen Formen zu gestalten und anzubieten. Anstatt den Verbraucher zu animieren, das zu kaufen, was er hat, versucht er, das zu haben, was der Kunde will. Das »Produkt« ist nicht länger irgendein x-beliebiger Posten, sondern ein ganzes Bündel von Wertbefriedigungen – das, was ich in Kapitel 4 das »verbesserte Produkt« genannt habe.

Mit wachsender Interdependenz finden immer mehr wirtschaftliche Aktivitäten im Rahmen langfristiger Anbieter-Käufer-Beziehungen statt. Es geht dabei nicht so sehr darum, einen Kunden, den man einmal gewonnen hat, zu behalten, sondern wesentlich wichtiger ist, was der Verbraucher will. Er möchte einen Lieferanten, der seine Versprechen hält, ihn weiterhin beliefert und zuverlässig ist. Die Zeit, in der man sich mit jemandem verabredete, ohne ihn zu kennen, oder die Bekanntschaft für eine Nacht, ist passé. Die Ehe ist heute zeitgemäßer und notwendiger denn je. Die Produkte sind zu komplex geworden, und ständige Verhandlungen zu nervenaufreibend und teuer. Unter diesen Umständen kann Marketing, wie eine Ehe, nur erfolgreich sein, wenn die Geschäftsbeziehung langfristig ist. Die Handlungsebenen gehen ineinander über, und die Handelnden sind voneinander abhängig.

Deshalb ist man heute nich mehr gut genug, wenn man, im konventionellen Sinn, ein guter »Händler« ist. Wenn Anbieter und Käufer fünf Jahre intensiv zusammenarbeiten müssen – von der Unterzeichnung des Vertrages bis zur »Lieferung« beispielsweise einer Chemiefabrik oder eines Telekommunikationssystems – dann gehört mehr dazu als die Fähigkeiten, die zum Geschäftsabschluß notwendig waren. Der Käufer braucht zu Beginn die Sicherheit, daß die beiden Vertragsparteien während der langen Periode zwischen Kaufabschluß und Lieferung miteinander »auskommen«.

Verkäufer und Käufer haben unterschiedliche Kapitalstrukturen, Wettbewerbsbedingungen und Kosten, Motivationen und Ziele im Hinblick auf die eingegangenen Verpflichtunen. Der Anbieter hat etwas verkauft und erwartet einen unmittelbaren Gewinn. Der Käufer hat ein Werkzeug gekauft, mit dem er etwas produzieren kann, das Gewinn bringt. Für den Anbieter ist das der Abschluß eines Prozesses, für den Käufer der Beginn. Dennoch können sie sich aus ihrer gegenseitigen, tiefgreifenden Abhängigkeit nicht befreien. Damit die Beziehung dieser

beiden unterschiedlichen und verschieden motivierten Wirtschaftsein-
heiten harmonisch verläuft, muß man sie verstehen und planen, bevor sie
beginnt. Wenn man den »Ratgeber für die moderne Ehe« erst dann
studiert, wenn nach der Heirat die ersten Probleme auftauchen, kann es
zu spät sein.

Unsere Zukunft wird durch zunehmend intensive Beziehungen geprägt sein, besonders im Produktionsgütermarketing, aber in wachsendem Umfang auch im Konsumgüterbereich. Procter & Gamble ist dem
Beispiel von General Mills gefolgt und hat einen »heißen Draht« für den
Verbraucher eingerichet, der sich über die aktuellen Produkte informieren und beraten lassen kann. Dabei wurde festgestellt, daß die Loyalität
der Kunden stieg.

Man versteht die Zukunft am besten, wenn man sie im Zusammenhang
mit der Vergangenheit und der Gegenwart betrachtet. Besonders aufschlußreich ist es, spezifische wirtschaftliche Gegebenheiten zu vergleichen, (vgl. Tabelle 5)

Tabelle 5

Kategorie	Vergangenheit	Gegenwart	Zukunft
Verkaufsgegen-stand	Produkt	Verbessertes Produkt	System-Kontrakte
Verkauf	Einheit	System	System/ Zeitraum
Wert	Produkt-vorteile	Technologische Vorteile	System-Vorteile
Einführungszeit	Kurz	Lang	Sehr lang
Serviceleistungen	Bescheiden	Wichtig	Entscheidend
Märkte	Lokal	National	Global
Lieferphasen	Einmalig	Häufig	Ständig
Strategie	Verkauf	Marketing	Geschäftsbe-ziehung

Das bestimmte Merkmal der Rubrik »Zukunft« ist der Zeitfaktor.
Was in der ersten Spalte mit »Verkaufsgegenstand« bezeichnet wird, war
früher einfach ein Produkt, etwas, das seines immanenten Wertes wegen
gekauft wurde. Später genügte dieses einfache Produkt nicht mehr. Das
»verbesserte Produkt« war gefragt. In der nun beginnenden Ära ist auch

das nicht mehr angemessen. In der »Welt von morgen« brauchen wir Systemkontrakte, die durch eine Fülle kontinuierlicher, komplexer Kontakte und sich entwickelnder Beziehungen, die zu den verschiedenen Systemen gehören, gekennzeichnet sind. Der »Verkauf« wird ein System in einem Zeitraum sein, nicht nur der Vorgang an sich. Der »Wert« wird sich auf die Vorteile beziehen. Da der Verbraucher mit der Zeit an Erfahrung gewinnt, wird die Bedeutung des technologischen Nutzens im gleichen Maße abnehmen, die wie die Überlegenheit der Systeme, in die Technologien eingebettet sind, zunimmt. Wesentlich wichtiger sind dann andere Vorteile und Aktivitäten, wie Serviceleistungen, Lieferung, Verläßlichkeit, Reaktionsvermögen und die Beschaffenheit der menschlichen und organisatorischen Interaktionen zwischen Anbieter und Käufer über einen längeren Zeitraum hinweg.

Bei der Gestaltung der Marketing-Kontrakte im Produktionsbereich geht es um Koexistenz und Kommunikation während eines längeren Zeitraums. Das Ziel besteht darin, die Erwartungen des Kunden so gut zu erfüllen, daß man sich seine Loyalität und ständige Kaufbereitschaft sichert, die sich, was optimal wäre, in überdurchschnittlichem Verdienst widerspiegelt.

Je komplexer das System, je mehr »Software« dafür notwendig ist (wie z. B. Fertigungsmethoden und Protokolle, Routineverfahren und Servicekomponenten) und je länger es dauert, bis das System einsatzbereit ist, desto größer werden Unsicherheit und Erwartungen des Kunden. Denn der Kunde kauft Erwartungen, nicht Produkte. Er kauft die Vorteile, die der Verkäufer ihm in Aussicht gestellt hat. Wenn es längere Zeit dauert, bis das Versprechen erfüllt wird (wie z. B. die Lieferung einer neuen, maßgeschneiderten, automatisierten Fabrikanlage), oder wenn es über einen längeren Zeitraum hinweg kontinuierlich erfüllt wird (z. B. bei den Serviceleistungen der Bank, der Stromversorgung oder der Lieferung von Teilen für die Fließbandarbeit), dann wird der Kunde nach der Kaufentscheidung unsicher. Kommt die Lieferung auch pünktlich? Ob dabei alles »glattgeht«? Haben wir auch bei der besten Firma gekauft?

Wenn die Realität hinter den Vorstellungen zurückbleibt, was tun Sie dann vor, beim oder nach dem Kauf? Wer ist für was verantwortlich?

Um diese Fragen zu beantworten, sollte man wissen, wie die Erwartungen des Kunden von den Versprechen und dem Verhalten des Anbieters vor dem Kauf beeinflußt werden. Wenn sie dem Kunden das Paradies auf Erden versprechen, kann er es auch erwarten. Aber wenn diejenigen, die im Verkauf und Marketing arbeiten, ihre Provision erhalten, bevor der Kunde bekommt, was er gekauft hat, oder wenn sie ein bestimmtes Verkaufssoll erfüllen müssen, dann liegt ihnen wenig daran, ob er das versprochene Paradies auch tatsächlich erhält. Sie stürzen sich gleich nach dem Geschäftsabschluß auf das nächste »Opfer«. Wenn die Marketingabteilung den Absatz plant, die Verkaufsabteilung das Geschäft abschließt, die Herstellung das Produkt liefert und der Kundendienst die Wartung übernimmt – wer ist dann zuständig und verantwortlich?

Probleme entstehen nicht nur, weil das Personal im Verkauf, im Marketingbereich, in der Herstellung und im Kundendienst verschieden motiviert ist und folglich den Kunden aus einer unterschiedlichen Perspektive betrachtet. Sie treten auch auf, weil die Unternehmen selbst eindimensional sind. Eine Firma konzentriert sich notwendigerweise in erster Linie auf die internen Aktionsebenen, obwohl sie natürlich auch von externen Faktoren (z. B. Kunden) abhängig ist. Aber »intern« gibt es Arbeit, Arbeitsplätze, Strafe und Belohnung, Budgets und Planung, Entwicklung und Herstellung, Leistungsbeurteilung, Freunde und Arbeitskollegen, Realisierbares und Utopisches und alles, was sich außerhalb abspielt, »kann man nicht ändern« oder geht mich sowieso nichts an«. Diejenigen, die die Welt da draußen sehr wohl etwas angeht, sind die Leute in Verkauf und Marketing. Aber Anbieter und Käufer haben, was den Verkaufsgegenstand betrifft, oft ganz unterschiedliche Vorstellungen, und diese variieren auch noch je nach Verkaufsphase. Sie lassen sich in vereinfachter Form in Tabelle 6A, darstellen. Wenn das Geschäft schließlich »unter Dach und Fach« ist, zeigen Käufer und Verkäufer unterschiedliche Reaktionen, die häufig den Nährboden für aufkommende Mißstimmungen bieten.

Der Geschäftsabschluß verändert den Käufer. Er erwartet, daß der Lieferant sich stets vor Augen hält, daß er ihm durch den Kauf eine große Gunst erwiesen hat, die der Anbieter eigentlich nicht verdient hat.

Deshalb ist es falsch, zu glauben, daß man schon »fest im Sattel sitzt«, wenn man erst einmal »den Fuß in der Tür hat«. Ganz im Gegenteil: Wenn der Käufer überzeugt ist, daß er dem Anbieter einen Gefallen erwiesen hat, ist dieser ihm etwas schuldig; der Verkäufer muß dann das Defizit in der Beziehung ausgleichen.

Bei falschem Verhalten verschlechtert sich diese Beziehung aufgrund der unterschiedlichen Bedürfnisse, Vorstellungen und Motivationen.

Tab. 6: A. Phasen und Verhalten während des Verkaufs

Verkaufsphasen	Anbieter	Käufer
1. Vorher	Echte Hoffnung	Vages Bedürfnis
2. Zeit der Werbung	Heiß & innig	Prüfend & hoffnungsvoll
3. Verkauf	Hoffnung erfüllt	Erwartungen
4. Danach	Sucht den nächsten Käufer	»Er kümmert sich nicht um mich.«
5. Lange danach	Indifferent	»Kann man das nicht besser machen?«
6. Nächster Verkauf	»Wie wär's?«	»Ich weiß nicht recht!«

Tab. 6: B. Wenn das erste Geschäft abgeschlossen ist

Der Verkäufer	Der Käufer
Ziel erreicht	Urteil verschoben, wird erst im Laufe der Zeit abgegeben
Verkaufsvorgang abgeschlossen	Kaufvorgang noch nicht beendet
Konzentriert sich auf andere Dinge	Konzentriert sich auf den Kauf, möchte eine Bestätigung der Erwartungen
Spannung aufgehoben	Spannung verstärkt
Beziehung flaut ab oder endet	Beziehung soll intensiviert, Zusagen gemacht werden

Ein weiterer Grund ist, daß beide Unternehmen dazu neigen, sich stärker auf die firmeninterne als auf die externe Aktionsebene zu konzentrieren. Eine interne Orientierung führt beim Anbieter zu verminderter Sensitivität und Reaktionsfähigkeit gegenüber dem Kunden. Bestenfalls ersetzen bürokratische Formalitäten echte Interaktionen. So häufen sich die für eine Beziehung negativen, charakteristischen Verhaltensweisen, während die positiven unbeachtet bleiben.

Eine natürliche und gefährliche Tendenz in jeder Beziehung – sei sie geschäftlicher oder privater Natur – ist die Gleichgültigkeit, die verminderte oder mangelnde Einfühlungsgabe oder Aufmerksamkeit. In einer harmonischen Verbindung werden die für die Zeit der Werbung charakteristischen, tatsächlich vorhandenen oder sich abzeichnenden Eigenschaften gepflegt oder noch verteilt; man kämpft bewußt und beharrlich gegen die Gleichgültigkeit an. Für den Verkäfuer ist es z. B. wichtig, sich regelmäßig ehrlich zu fragen: »Was haben wir bereits erreicht?« »Wird die Beziehung besser oder schlechter?«

»Erfüllen wir unsere Versprechen in allen Punkten?« »Übersehen wir irgend etwas?« »Wie ist unsere Position im Vergleich zur Konkurrenz?«

Betrachten Sie einmal die positiven und negativen Verhaltensweisen, die eine Geschäftsbeziehung formen (Tabelle 6 C):

Tab. 6: C. Verhaltensweisen, die eine Beziehung beeinflussen

Positiv	Negativ
Den Kunden anrufen	Nur auf Anrufe antworten
Vorschläge vorbringen	Rechtfertigungen vorbringen
Offenheit	Glattzüngigkeit
Telefon	Korrespondenz
Anerkennung äußern	Auf Mißverständnisse warten
Serviceleistungen vorschlagen	Auf Servicenachfragen warten
»Wir«-betonte Problemlösungsvorschläge machen	Im »Juristen-Deutsch« die Schuld abwälzen
Probleme ansprechen	Warten, bis Probleme herangetragen werden
In der Umgangssprache, oder »Klartext« reden	Sich langatmig und »gewunden« ausdrücken
Persönliche Probleme aufdecken	Persönliche Probleme verbergen
Von der »gemeinsamen Zukunft« reden	Von »Wiedergutmachung« reden
Kontaktpflege	Nur in Notfällen, »wenn's brennt« reagieren
Verantwortung akzeptieren	Verantwortung abwälzen
Die Zukunft planen	Die Vergangenheit »wieder aufwärmen«

Ein sicheres Zeichen für eine unausgewogene oder gefährdete Beziehung ist das Fehlen von Klagen seitens der Kunden. Niemand ist so zufrieden, besonders nicht über einen längeren Zeitraum hinweg! Entweder mangelt es dem Kunden an Offenheit, oder an Kommunikationsmöglichkeiten, wahrscheinlich aber an beidem. Fehlende Offenheit spiegelt einen Vertrauensverlust und somit eine Verschlechterung der Beziehung wider. Sie verliert an Wert. Wie in der Ehe ist eine schlechte Kommunikation sowohl Symptom als auch Ursache für vorhandene Probleme. Sie können sich verfestigen, und wenn sie doch noch explosionsartig an die Oberfläche kommen, ist es meistens zu spät. In jedem Fall aber sind schmerzliche Verluste zu erwarten.

Der nächste Geschäftsabschluß, der Erfolg des nächsten Produktes oder der neuen Idee hängen zu einem großen Teil von den externen Beziehungen Ihres Unternehmens ab. Eine harmonische Beziehung stellt einen unschätzbaren Wert dar. Sie können in diese Beziehung investieren – und Sie können davon profitieren. Wir alle tun das, aber wir sind uns selten dessen bewußt und noch seltener können wir richtig damit umgehen. Aber das wichtigste Betriebskapital eines Unternehmens ist nun einmal seine Beziehung zum Kunden. Es geht nicht darum, wen man kennt, sondern »wie« man bekannt ist. Und das ergibt sich aus der Art der Beziehung, die Sie mitgestalten.

Nicht alle Geschäftsbeziehungen sind gleich intensiv oder von gleicher Dauer. Intensität und Dauer hängen vom Grad der tatsächlichen oder mutmaßlichen Abhängigkeit zwischen Anbieter und Kunde ab. Natürlich läßt sich das Ausmaß der Abhängigkeit auch noch durch verschiedene Maßnahmen verstärken oder verringern. Als Bergen Burnswig, der bekannte Pharmagroßhändler, Computer in die Büros seiner Kunden stellte, um Bestellungen, Auftragsbestätigungen und Inventarkontrollen zu erleichtern und den Informationsfluß zu verbessern, schuf er ein zusätzliches Bindeglied zwischen Anbieter und Käufer. In manchen Fällen ist aber auch der Verkäufer vom Käufer abhängig, weil z. B. der Kunde seinen Auftrag zurückziehen oder die Abnahmemenge reduzieren kann. Weniger augenfällig ist, daß der Kunde für den Anbieter eine wichtige Informationsquelle ist oder sein kann. Wie könnte sich das Unternehmen des Kunden verändern, und wie wird folglich sein künftiges Kaufverhalten sein? Welche Produkte oder Materialien werden ersetzt, welche Preise oder Dienstleistungen bietet die Konkurrenz diesem und anderen Unternehmen oder potentiellen Abnehmern? Entspricht die Leistung der Mitarbeiter »an der Front« den Versprechen, die die Firmenleitung macht? Welche neuen oder anderen Verwendungsmöglichkeiten hat der Kunde für unser Produkt gefunden?

Die Genauigkeit der Prognosen über die Absichten des Kunden ist von der Beziehung zu ihm abhängig. Ist sie harmonisch, teilt der Käufer dem Anbieter seine Pläne und Erwartungen mit oder läßt sie zumindest durchblicken. Überraschungen und Vorhersagen, die nicht eintreffen, sind ein Alarmsignal. In diesem Fall sind beide Parteien Verlierer. Wenn aber der Verkäufer über bessere Informationen verfügt, kann er den Kunden auch besser zufriedenstellen und halten. Davon profitieren beide.

Die Abhängigkeit besteht also auf beiden Seiten. Es ist Aufgabe des Anbieters, die Beziehung zum Kunden über das einfache Profitdenken hinaus zu vertiefen. In einer echten Beziehung sollten Anbieter und Kunde »profitieren«, sonst kann die Liaison nicht von Dauer sein. Dazu kommt, daß die akquisitorischen Kosten selten die einzigen Produktkosten sind; Kosten, die nach dem Kauf des Produktes anfallen, sind nahezu unvermeidbar. Und jemand muß diese Kosten tragen oder teilen.

Der Lieferant sollte deshalb sicherstellen, daß der Kunde es akzeptiert, daß er langfristig auf ein gewisses Maß an Rentabilität achten muß und sich nicht zu Niedrigstpreisen drängen lassen kann. Und derjenige, der mit geringen Kosten produziert, bietet seine Ware nicht unbedingt zum Tiefstpreis an, selbst wenn der Preis das Kostenniveau widerspiegelt. Wenn die Kosten für die erwarteten Serviceleistungen nach dem Kauf nicht auf den Kaufpreis aufgeschlagen werden, zahlt der Kunde letztlich »drauf« – in Form von Zusatzkosten, Verzögerungen und Ärger. Das ist keine Art, eine harmonische Beziehung aufzubauen, zu pflegen und einen Kundenstamm zu halten. Ein kluger Geschäftsmann hilft dem Kunden bei der Kalkulation der langfristigen Kosten und der Beurteilung des Angebotes.

Es überrascht daher nicht, daß bei professionellen Partnerschaften, wie z. B. im Rechtswesen, in der Medizin, Architektur, Beratung und im Investment- und Werbebereich die Leistung des einzelnen anhand der Beziehung zu den Klienten, für die er zuständig ist, bewertet und honoriert wird. Diese Beziehungen können, wie alle anderen Güter, einen Wertgewinn oder -verlust erfahren. Bei der Pflege oder Verbesserung kommt es nicht auf gute Manieren, Öffentlichkeitsarbeit, Takt, Charme, elegante Kleidung oder Manipulation an, sondern auf ein gutes Management – und nicht nur Marketing – weil das über die charakteristischen Aufgaben des Marketing hinausgeht. Dazu sind das gesamte Unternehmen einbeziehende Programme zur Pflege, Vertiefung, Verbesserung und Erneuerung der Kundenbeziehungen erforderlich.

Betrachten wir einmal die Vorkommnisse bei der Erschließung der Öl- und Gasvorkommen in der Nordsee: Norwegen und Großbritannien hatten sich anfangs sehr bemüht, die Erforschung und Förderung voranzutreiben und zu erleichtern. Sie beherbergten bereitwillig und großzügig die Ölgesellschaften, die Milliardenbeträge für die Erschließung ausgaben. Als Öl und Gas endlich flossen, erhöhten die Gastgeberländer schlagartig ihre Steuern, die nun 10% der erzielten Marktpreise im Erdölgeschäft verschlangen. Niemand war erstaunter über diese Maßnahmen als die betroffenen Firmen.

Warum waren sie so überrascht? Wären die Steuererhöhungen geringer gewesen, wenn man sich – mit welchen Mitteln auch immer – um ein besseres Verhältnis zur Regierung bemüht hätte, um ein Gefühl von Vertrauen und Partnerschaft zu wecken? Was hätte man »investieren« müssen? Diese Situation ist keineswegs ein Einzelfall. Sie kommt auch dann vor, wenn z. B. der Hersteller oder einer der Vertragspartner eine große Kapitalmenge aufbringen muß, bevor er ein Geschäft abgeschlossen und ein Produkt entwickelt hat.

Abbildung 2 stellt die Cashflow-Analyse eines Herstellers während eines Produktlebenszyklus dar. Wie aus der Grafik ersichtlich, ist der Kapitalzufluß während der Phase, in der ein Kunde gewonnen und das Produkt entwickelt ist, negativ, wobei der Kunde den Anbieter noch zu Ausgaben ermutigt. Wenn das Produkt geliefert wird oder das gemeinsame Unternehmen anläuft, ist die Gewinnschwelle erreicht und es tritt endlich der erste Kapitalzufluß ein. Im Fall der Erdölfirmen in der Nordsee war die unerwartete Steuererhöhung für die Diskrepanz zwischen den möglichen (die obere gestrichelte Linie) und den tatsächlichen Einkünften (die durchgehende Linie) verantwortlich. Wäre das Verhältnis noch schlechter gewesen, hätten die Einnahmen noch (auf die untere durchbrochene Linie) abfallen können.

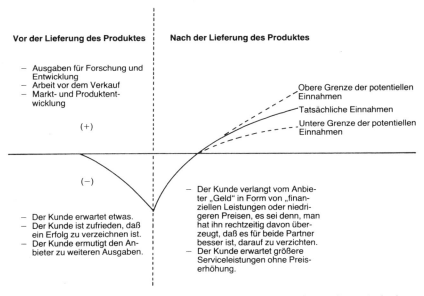

Betrachten wir nun den Fall Gillette. Die amerikanische Niederlassung des Konzerns hat vier Verkaufsabteilungen. Für die wichtigsten Produkte gibt es eigene Programme zur Absatzförderung und reibungslosen Abwicklung der verschiedenen Geschäftstätigkeiten. Zusätzlich hat man noch einen nur für die Kundenbeziehung zuständigen Vizepräsidenten, zu dessen Hauptaufgaben es gehört, den Kontakt zu den wichtigsten Vertriebs- und Verteilerfirmen mit Hilfe von zahlreichen zeremoniellen Aktivitäten wie Coctailparties, Geschäftsessen und Unterhaltungsprogrammen anläßlich der brancheninternen jährlichen Hauptversammlung, zu fördern; dazu gehört ebenfalls die Organisation bestimmter verkaufsfördernder Veranstaltungen bei gut besuchten Baseball-Spielen, Baseball- Turnieren, Super-Cups und Leichtathletikmeisterschaften sowie die Teilnahme an spektakulären Ereignissen, wie z. B. Wohltätigkeitsdiners und Abschiedsparties für die in Pension gehenden Präsidenten der wichtigsten Vertriebsketten. So intensiviert man Beziehungen, schafft Vertrauen und bekennt sich zu den gegenseitigen Verpflichtungen und Vorteilen.

Viele Firmen verhalten sich ähnlich, bzw. sie versuchen sogar, die Beziehungen anhand spezifischer, kundenorientierter, individueller Verhaltensregeln und Routinemaßnahmen noch enger zu gestalten. In manchen Unternehmen müssen Ingenieure und Techniker die Kunden und Verbraucher aufsuchen - und zwar nicht nur, um Ideen für ein Produkt oder Design zu bekommen oder die Bestätigung zu erhalten, daß die am Markt befindlichen Produkte »etwas taugen«, sondern auch, um den Kunden kennenzulernen und besser und noch mehr auf seine Wünsche eingehen zu können; kurz: um dauerhafte Beziehungen und »Bande« zu knüpfen. Für die »Anhöraktion« der Firma Sperry, die in den Medien große Beachtung fand, wurde eine große Anzahl von Mitarbeitern darin geschult, »richtig« zuzuhören und die Kommunikation zwischen Kollegen und Kunden effektiver zu gestalten. Einige Unternehmen haben formale Programme zur Kontaktpflege entworfen, die z. B. auch regelmäßige Angebote zur Kundendienstbetreuung und die Analyse der bestehenden Kundenbeziehungen beinhalten.

Um diese Kontakte herzustellen und zu pflegen, ist ein ständiges Sensitivitäts-Training erforderlich. Denn nichts führt leichter zu einer rapiden Verschlechterung, als – zwangsläufig – institutionalisierte Verfahren und Verhaltensregeln. Diese notwendige Formalisierung artet leider oftmals in oberflächliche Geschäftigkeit aus. Es ist einfacher, irgend etwas zu machen, als etwas Zeitraubendes zu tun. Es ist viel bequemer, erst zu handeln und dann die Beziehung zu festigen als umgekehrt. Es ist viel leichter zu sagen: »Wir werden das prüfen und Sie zurückrufen,« oder »Wir sollten mal wieder zusammen essen«. Das sind

Ablenkungsmanöver und Verzögerungstaktiken, so baut man keine echte Beziehung auf!

Wenn der Lebenszyklus eines Produktes lang ist- wenn z. B. eine Brauerei mit einem Dosenhersteller ins Geschäft kommt, der nebenan eine Fabrikanlage errichten will, oder wenn die Amerikanische Luftwaffe eine Düsentriebwerk »kauft« (sprich: sich einem Lieferanten anvertraut), das einen Lebenszyklus von zwanzig bis dreißig Jahren hat, dann werden wahrscheinlich die Leute, die den Verkauf bzw. Kauf getätigt haben, genausowenig wie die oberen Managementebenen der beiden Vertragspartner, die Gesamtdauer des »Kontraktes« miterleben. Was soll der Anbieter tun, um die Fortdauer der guten Beziehungen zu sichern? Was erwartet der Kunde, wenn die Leute, die am Geschäftsabschlußt beteilig waren, gegangen und ersetzt worden sind?

Die Pflege von Kundenkontakten erfordert nicht nur, daß man sich tagtäglich mit »Nebensächlichkeiten« auseinandersetzt. Sie bedingt auch, daß man den Überblick über alle Dinge, die die Partnerschaft betreffen, behält. Dahinter steht der Gedanke, eine Beziehung anzubahnen, die unabhängig von den ursprünglichen Partnern andauert.

Um die Kundenbeziehungen zu pflegen und zu verbessern, bedarf es der Einführung und ständigen Aktualisierung der dazu notwendigen Steuerungssysteme. Wie auch im Management generell sind vier uns allen vertraute Schritte zu empfehlen, auch wenn sie noch so abgedroschen klingen:

1. Anerkennen: Zeigen Sie, daß Sie ein Problem als solches anerkennen und daß die Lösung Opfer verlangt. Beweisen Sie, daß die Problemlösung aber gleichzeitig auch eine Gelegenheit, eine echte Chance darstellt.
2. Beurteilen: Stellen Sie fest, was Ihre Firma bereits geleistet hat, um die gewünschten Resultate zu erzielen, und was noch zu tun bleibt.
3. Bestimmen: Machen Sie regelmäßige Berichte über individuelle und Gruppenbeziehungen zur Pflicht, um sie mit anderen Maßnahmen und Leistungen vergleichen zu können.
4. Handeln: Treffen Sie Entscheidungen und bestimmen Sie Zuständigkeiten; führen Sie Routineverfahren und Kommunikationshilfen im Hinblick auf den Nutzen für die angestrebten Beziehungen ein. Achten Sie darauf, daß Aufmerksamkeit und Aktivitäten ständig verstärkt werden.

Natürlich können auch Checklisten dazu beitragen, regelmäßig das Richtige zu tun. Das Problem dabei ist nur, daß sie im Laufe der Zeit automatisch verwendet und zum ritualisierten Ersatz für Gedanken und Gehalt werden. Sie sind zwar geeignet, einen umfangreichen Aufgabenbereich abzudecken, aber sie verpflichten niemanden, sich auf eine Beziehung einzustellen oder sich für den Zweck dieser Beziehung einzusetzen. Niemand ist gehalten, zu beobachten, zuzuhören, zu denken oder sich zu engagieren; man muß die notwendigen Dinge nur völlig antiseptisch abhaken.

Kontaktpflege kann man institutionalisieren, aber sie darf den Menschen nicht vergessen. Ein amerikanisches Unternehmen führt regelmäßig ein Sensitivitäts-Training, Rollenspiel-Seminare - wobei die Mitarbeiter der Anbieterfirma die Rolle des Käufers übernehmen - und Einsatzanalysen nach Kundenbesuchen durch. Die Angestellten, die mit Kunden umgehen (einschließlich der Leute in der Warenauslieferung und Bearbeitung der Kundenanfragen), sind angehalten, regelmäßig zu fragen: Wie ist die Beziehung zum Kunden? Wird sie besser oder schlechter? Wie oft findet ein Gespräch statt, worüber, mit wem? Was haben wir in letzter Zeit versäumt? Daß dabei die Betonung auf »in letzter Zeit« liegt, ist nicht so außergewöhnlich. Das zeigt, man hat erkannt, daß eine Beziehung naturgemäß abflacht und ständig neuer Impulse bedarf. Wenn ich Ihnen etwas schuldig bin, vergesse ich das mit der Zeit, Sie aber nicht! Und wenn ich Ihnen einen Gefallen getan habe, fühlen Sie sich mir verpflichtet, aber nicht lange. »Was haben Sie in letzter Zeit für mich getan?« Wenn man in einer Beziehung ein »Plus« hat, muß man Gebrauch davon machen, und man sollte schnellstens »Kapital daraus schlagen«, sonst verliert es an Wert.

Die Institutionalisierung der Kontaktpflege läßt sich auch durch die Einführung von Routineverfahren erreichen, die die richtige Art der Kundenbeziehungen ermöglichen. Eine bekannte Wall-Street-Investmentfirma hat z. B. durchgesetzt, daß ihre Effektenprüfer und -verkäufer regelmäßig »konstruktiven« Kontakt mit ihren Klienten aufnehmen. Unter »konstruktiv« versteht man dort, daß den Kunden wertvolle Informationen geliefert werden. Die Firma erstattet jeden Montagmorgen telefonisch Bericht über die augenblickliche Investment-Strategie des Hauses. Zusätzlich werden die Effektenprüfer und -verkäufer gebeten, periodisch Wirtschaftskommentare und aktuelle Informationen zusammenzustellen und an die Klienten per Post oder Telefon weiterzugeben. Über die Telefongespräche werden Protokolle geführt, die gesichtet, gesammelt, geordnet und in einem wöchentlich erscheinenden Bericht gedruckt werden, wobei Mitarbeiter und Kunden namentlich genannt sind. Die Angestellten, die nur wenige Kontakte vorweisen können, müssen ihren Mangel an Initiative ihren Vorgesetzten erklären. Bonusse werden am Jahresende nicht nur aufgrund besonderer Leistungen verteilt, sondern richten sich auch nach Anzahl und Art der Kundenkontakte. In der Zwischenzeit hat man auch ein reguläres Sensitivitäts-Training zur Vertiefung und qualitativen Verbesserung der Beziehung eingeführt. Die ausnehmend positiven Resultate wurden analysiert und allen Mitarbeitern zugänglich gemacht, wodurch ihre Motivation, den eingeschlagenen Weg weiterzugehen, und die persönliche Einsatzbereitschaft gestärkt wurden.

Kontaktpflege ist ein ganz besonderes, sehr umfangreiches Thema. Die immateriellen Werte, die man auch als »Goodwill« bezeichnen könnte, zu bewahren und zu fördern, ist genauso wichtig, wie der richtige Umgang mit materiellen Gütern. Daß der richtige Kontakt zum Kunden schwierig ist, sollte uns um so mehr dazu anspornen, ihn noch bewußter zu pflegen.

Kapitel 7:

Marketing Imagination

Es gibt keine größere Antriebskraft für den Fortschritt als die menschliche Kreativität und Vorstellungskraft. Die Idee geht der Tat voraus. Die einzige Ausnahme sind unvorhersehbare Ereignisse und natürliche Auslese, die nicht der menschlichen Willenskraft unterliegen. Ideen können willentlich herbeigeführt werden, angetrieben durch die Vorstellungskraft. Kreativität ist zwar der erste Schritt auf dem Weg zum Fortschritt, aber ermöglicht wird er erst durch die Arbeitsleistung. Normalerweise muß man, um die gewünschten Resultate zu erzielen, eine Idee oder ein neues Konzept mit Hilfe der Vorstellungskraft in die Tat umsetzen. Kreativität beinhaltet also die Idee und trägt effektiv dazu bei, sie zu realisieren.

Schöpferisches Marketing ist der Ausgangspunkt für Erfolge im Marketingbereich. Es unterscheidet sich von anderen Formen der Kreativität durch die spezifischen Erkenntnisse, die zu einem besseren Verständnis des Kunden, seiner Probleme und der Möglichkeiten führen, sein Interesse und seine Loyalität zu gewinnen. Aufgrund der Überzeugung, daß der Kunde kein Produkt, sondern Problemlösungen kauft, hat das schöpferische Marketing einen gewaltigen Schritt vom Sichtbaren zum Sinnvollen gemacht. »Sinnvoll«, weil man versucht, das Richtige zu tun – in diesem Fall herauszufinden, was für Probleme der Mensch lösen will. An diese Konzeption hat sich Charles Revson gehalten, als er die diversen Aufgaben von Revlon folgendermaßen erklärte: »In der Fabrik stellen wir Kosmetikartikel her. Im Laden verkaufen wir Hoffnung.« Diese Einstellung ist auch für Leo Mc Ginneva charakteristisch, der über »seine« Drillbohrer gesagt hat: »Unsere Kunden wollen keine großen Drillbohrer, sondern große Löcher!« Auch Professor Raymond A. Bauer vertritt diese Auffassung; er hat gemeint: »Wenn sich ein Kunde für einen namhaften Hersteller oder eine bekannte Marke entscheidet, handelt es sich eher um einen Ausdruck seines Bedürfnisses, das Risiko zu verringern, als um ein Zeichen für eine Produktpräferenz.«

Jede dieser Konzeptionsänderungen fand ihren tieferen Sinn im Verbraucherverhalten; das hatte zur Folge, daß Marketingprogramme verbessert wurden, um Kunden anzuziehen und zu halten. Wenn Sie einen Kunden gewinnen wollen, bitten Sie ihn ja, etwas anderes zu tun als das, was er bisher ohne Ihr speziell für ihn gemachtes Angebot getan hat. Er muß seine Einstellung und sein Verhalten ändern und dabei die von Ihnen vorgezeichnete Richtung einschlagen. Deshalb sollte dem Hersteller daran gelegen sein, sich selbst und sein Angebot von anderen zu differenzieren, damit der Verbraucher ihm den Vorzug gibt. Die Suche nach sinnvoller Unterscheidbarkeit gehört daher zu den zentralen Aufgaben des Marketing. Wenn die Marketingaktivitäten erfolgreich sein sollen, müssen sie sich an den Möglichkeiten eines Unternehmens orientieren, seine Produkte und seine Geschäftätigkeit zu differenzieren, um einen Kundenkreis zu schaffen. Alls andere ist sekundär und leitet sich aus dieser Prämisse ab.

Differenzierung ist eine kreative Maßnahme, um potentiellen Kunden zwingende Gründe zu liefern, dem originären Anbieter den Vorzug zu geben. Um ein Angebot positiv abheben zu können, muß man wissen, was die einzelnen Verbraucher interessiert und bewegt, wie sie sich voneinander unterscheiden, und wie man diese Unterschiede zu wirtschaftlich interessanten Marktsegmenten zusammenfassen kann.

Wenn Sie nicht in Marktsegmenten denken, denken Sie überhaupt nicht. In Marktsegmenten denken bedeutet, darüber nachzudenken, was die Verbraucher oder bestimmte Verbrauchergruppen brauchen und welche Beschaffungsmöglichkeiten ihnen offenstehen oder zugänglich gemacht werden könnten. In Segmenten denken bedeutet, über das, was offen sichtbar ist, hinaus zu denken. Wenn jeder die offen sichtbaren Segmente bestimmter Demographien, Industriezweige, Verbrauchergruppen, Kaufgewohnheiten, Lobbies usw. als solche erkennen würde, ließe sich wesentlich mehr als durch die tradierten Denkmuster erreichen. Betrachten wir doch einmal folgende Anzeige:

Männer für eine gefahrvolle Reise gesucht. Geringe Bezahlung, bittere Kälte, lange Monate in völliger Dunkelheit und ständige Gefahr erwarten Sie. Sichere Rückkehr zweifelhaft. Ehre und Anerkennung im Erfolgsfall.

-Ernest Shackleton

155

Die Anzeige, aufgegeben von dem berühmten Polarforscher Sir Ernest Shackleton, erschien 1900 in Londoner Tageszeitungen; es meldeten sich erstaunlich viele Interessenten, deren Phantasie zweifellos durch die Betonung von Ehre und Anerkennung angeregt worden war. Der Erfolg des Inserates lag aber nicht nur in der neuartigen Idee, das menschliche Bedürfnis nach außergewöhnlichen Leistungen anzusprechen, vor allem auch die brutale Offenheit und die bemerkenswert einfache Formulierung waren maßgeblich.

Die Entdeckung des einfachen, wesentlichen Kerns der Dinge ist die Essenz der Marketing-Imagination. 1974 beschloß Milton Greenberg, leitender Direktor der GCA Corporation, stärker mit Maschinen zur Herstellung von Halbleitergeräten auf den Markt zu gehen. Keine der Konkurrenzfirmen stellte eine komplette Produktlinie her. Deshalb brauchte man dort, wo Halbleiter gebaut wurden, mehrere Zusatzgeräte von verschiedenen Investitionsherstellern für die einzelnen Produktionsphasen.

Um größere Marktanteile zu gewinnen, hätte GCA die Konkurrenz mit besseren, z. b. schnelleren und billigeren Maschinen »ausbooten« können; statt dessen bot GCA als Ersatz für die am Markt befindlichen Geräte eine Anlage an, die verschiedene Produktionsabläufe zu einem Schritt zusammenfaßte: den DSW Waferstepper ®, der, obwohl er langsamer und dreimal teurer war als die Geräte, die er ersetzen sollte, technisch und wirtschaftlich zu einem »Renner« wurde. Dadurch, daß mehrere Produktionsprozesse von einer einzigen Anlage übernommen wurden, konnte man die anfallenden manuellen Arbeiten und die damit verbundene Fehlerquote reduzieren und somit den Produktionsertrag steigern. Die Anlage war kompakter, aber höher, wodurch man Stellfläche in den Werkshallen sparte. Durch die Verbesserung der Linsen für den photolitographischen Prozeß konnte man die Abstände zwischen den Schaltkreisen verringern und somit die Kapazität der Chips erhöhen.

Und so wurde der DSW Waferstepper ®, der den Produktionsablauf vereinfachte und dazu beitragen sollte, die im Handel befindlichen Geräte zu ersetzen, anstatt sie zu verbessern, marktführend - und das lag in erster Linie daran, daß man erkannt hatte, was der Markt wirklich braucht. Höhere Produktionserträge, mehr Kapazität pro Chip und bessere Nutzung der Stellfläche in den Werkshallen waren das Ziel und das Ergebnis.

Beobachter priesen diese Anlage als Spitzenleistung der Technologie. GCA leugnet das nicht, aber firmenintern spricht man von einer Spitzenleistung des Marketing - man hatte nicht nur eine technologische Glanzleistung vollbracht, sondern auch erkannt, was das Gebot der Stunde war. Und das »Was« war das Resultat des schöpferischen Marketing.

Schöpferisch sein bedeutet, vor unserem geistigen Auge Bilder von Dingen entstehen zu lassen, die – existent oder nicht- noch nie erprobt worden sind. Unsere Vorstellungkraft zu gebrauchen heißt, kreativ zu sein. Dazu gehört intellektuelle oder künstlerische Erfindungsgabe. Jeder hat sie, und die meisten Leute machen auch Gebrauch davon - aber leider vorwiegend in Tagträumen und Phantasien, wenn sie nicht durch Konvention oder Konzentration auf das Alltägliche eingeengt sind. Sich aber auch im Geschäftsleben dieses Prinzip zunutze zu machen, erfordert, daß man sich von diesen Fesseln lösen muß, aber auch von Gegenwart und Vergangenheit. Man muß getrennte Fakten und Ideen miteinander verschmelzen und ihnen einen neuen Sinngehalt geben können. Ziel des Marketing ist es, wie schon gesagt, Kunden zu gewinnen und zu halten, und den Verbraucher so zu beeinflussen, daß er Ihnen oder Ihren Produkten den Vorzug gibt. Deshalb muß sich die schöpferische Kraft im Marketing ständig auf dieses Ziel konzentrieren.

Betrachten wir einmal folgenden Fall, die Firma DuPont: Im Laufe der Jahre fiel allmählich der Preis für einen ihrer Grundstoffe, die die Pharmahersteller brauchten, wie übrigens auch der Preis der Konkurrenz, die chemisch identische Produkte anbot. Bei der Preisfestsetzung war man ein wenig teurer als die Konkurrenz, obwohl der Preisunterschied im Laufe der Jahre geringer wurde. DuPonts Marktanteile blieben aber konstant. Nach intensiven Gesprächen mit den Planungs-, Einkaufs- und Herstellungsleitern der Kunden kam man bei DuPont zu dem Schluß, daß die Kunden die eigenen Grundstoffe - obwohl chemisch identisch mit den konkurrierenden Angeboten - für reiner und die Firma für fähiger hielten, Produktverbesserungen einzuführen. Und deshalb, glaubte man, sei der höhere Preis gerechtfertigt.

Für die Erkenntnis braucht man ziemlich viel Phantasie. Was man aber daraus machte, war noch viel phantastischer: DuPont startete eine Werbekampagne in Fachzeitschriften und auf Fachmessen und demonstrierte, daß und wie man auf die besondere Reinheit der Produkte achtete. In der Werbung zeigte man eine Reihe von Tests zur Qualitätskontrolle, die man regelmäßig im Produktionsprozeß anwandte. Dabei wurde die Reinheit während mehrerer Entwicklungsphasen mit Hilfe von Elektronenspektroskopen geprüft. Auf den Messen wurden Stände mit elektronischen Spektroskopen aufgebaut, wo die Besucher selber Berge von Materialien in den verschiedenen Verarbeitungsstadien testen durften.

Bemerkenswert ist, daß sich Du Ponts zuerst abnehmende Preisdifferenz zur Konkurrenz wieder vergrößerte, ebenso wie der Marktanteil. Nachfassende Analysen zeigten, daß die Reputation des Konzerns aufgrund der Produktreinheit beträchtlich gestiegen war. Das schöpferische Marketingkonzept hatte offenbar gewirkt.

Oder nehmen wir American Express: die grüne Kreditkarte (»Verlassen Sie nie das Haus ohne sie«, ein phantasievoller, wirksamer Slogan) wird als ideale »Kreditkarte für das Unternehmen» angeboten und an bestimmte Mitarbeiter statt eines Barvorschusses ausgegeben. Dadurch bleibt das Bargeld unangetastet, und die Ausgaben lassen sich besser kontrollieren. 1982 führte American Express zusätzlich noch einen sogenannten Reisedienst ein, zu dessen Aufgaben u. a. die Buchung von Flügen und Hotelreservierungen, die Beschaffung von Tickets usw. gehört. Man hatte ganz richtig erkannt: je größer und geografisch verzweigter ein Unternehmen, desto umfangreicher ist auch die Reisetätigkeit und desto stärker variieren auch die pro-Kopf-Ausgaben für die diversen Arrangements. Je komplizierter die Tarife bei den Fluggesellschaften und die Verhandlungen über den Preis für die Unterkünfte, desto unsicherer wurden die Reisenden, ihre Sekretärinnen und die innerbetrieblichen Reisestellen. Auch die zentrale Rechnungsstelle hatte keinen genauen Überblick über die Reisekosten der gesamten Firma, die, zusammen mit anderen Rechnungen, irgendeinem Budget zugeordnet wurden. American Express half den Unternehmen zunächst, Reisekostenbestimmungen für die verschiedenen Gruppen von Reisenden aufzustellen, und bot ihnen dann an, alle Reisen durch den Reisedienst, der über eine eigene Telefonleitung verfügte, zu »steuern«. Der Reisedienst war in der Lage, die niedrigsten Tarife und kostengünstigsten Reise- und Unterbringungsmöglichkeiten in den diversen Kategorien herauszusuchen und auszuhandeln. Er schickte monatliche Reisekostenanalysen an die zentrale Rechnungsstelle und machte auf Abweichungen von den Bestimmungen aufmerksam. American Express konnte damit demonstrieren, daß man - sogar nach Abzug der regulären Gebühren für die Kreditkarten - den Firmen noch half, das übliche jährliche Reisekostenbudget um mindestens 10% zu senken.

Die Firma American Express schaute sich die Welt »draußen« mit den Augen der Leute an, deren Bedürfnisse sie voll und ganz verstand - also aus der Perspektive der Angestellten, die die »Finanzen« eines Unternehmens verwalten. Sie erkannte, was ihnen am meisten Kopfzerbrechen macht: daß Kosten nämlich eine steigende Tendenz haben. American Express wußte eine ganze Menge über Reisen und damit verbundene Nebenkosten, und stellte sich nur die einfache Frage: »Wie können wir den Unternehmen helfen, von unseren Erfahrungen mit Reisekosten zu profitieren?« Der Rest war nicht ganz so einfach - und auch nur möglich, weil American Express vorher etwas getan hatte, was man als schöpferisch bezeichnen muß: nämlich voneinander getrennte Fakten über Klienten und das eigene Unternehmen so zu kombinieren, daß sich daraus völlig neue Fragen und Einsichten ergaben.

Das Wesentliche beim Wettbewerb ist, wie wir gesehen haben, die Differenzierung - sich positiv von der Konkurrenz abzuheben. Manchmal genügt dazu aber nicht einmal ein deutlich sichtbarer, funktionaler Unterschied, solange er nicht differenziert dar- oder angeboten wird. Wir wissen das aus der Kosmetikbranche und von anderen Konsumgütern. Wir haben es am Beispiel DuPont gesehen und können es in der Computerindustrie verfolgen. Der Riesenerfolg der Apple-Computer lag nicht einfach daran, daß man enorme Leistung auf kleinstem Raum zu einem attraktiven Preis anbot. Warum sollte jemand - selbst bei dem Preis - der die vielen Horrorgeschichten von dem ständigen Ärger mit dem Computer kennt, ausgerechnet dieses »Spielzeug« von so einer »obskuren« Firma kaufen wollen? Die Software ließ sich auch für die Minicomputer von Digital Equipment, Data General, Prime und IBM verwenden. Geradezu genial war, daß Apple darauf verzichtete, sein Produkt als neuen Minicomputer oder sogar als Mikrominicomputer anzupreisen. Das Unternehmen verfolgte eine andere Strategie. Es bezeichnete sein Gerät als »Personalcomputer«. Dadurch vermied es, sich als weiterer, besserer oder billigerer Hersteller von Mikrominicomputern als DEC, DG oder IBM auf dem Markt behaupten zu müssen. Statt dessen betonte Apple, »Wir haben eine neue, völlig andere Computergeneration geschaffen, die noch keiner hat. Wir unterscheiden uns von den anderen. Wir bieten einen Personalcomputer an, den jeder, und nicht nur der Computerfachmann, bedienen kann.«

Auf keinem Gebiet hat sich das kreative Marketing stärker ausgewirkt und so viele neue Produkte hervorgebracht wie im Bereich finanzieller Transaktionen. Investmentfonds sind wohl das spektakulärste Beispiel dafür: dadurch haben auch Anleger mit bescheidenen Mitteln Zugang zu ausgewogenen Portefeuilles kurzfristiger Wertpapiere, die hohe Zinsen bringen, eine relativ sichere Anlage sind und schnell und problemlos ge- und verkauft werden können. Eine andere Variation sind unverzinsliche, kapitalerhöhende Industrieobligationen, ausgegeben zu Preisen, die weit unter dem Rücknahmekurs liegen. Dabei fallen für die Emittenten keine periodischen Zinsen oder Buchungskosten an, und für den Depotinhaber besteht vor der Fälligkeit keine Einkommensteuerverpflichtung. Der bemerkenswerte Einfallsreichtum der Finanzwelt trat noch mehr in den Vordergrund, als kurze Zeit nach dieser Innovation die Ausgabe einer neuen Kategorie unverzinslicher Wertpapiere ohne Inhaberkupons erfolgte.

Präsident Reagans Rahmenprogramm zur konjunkturellen Wiederbelebung der Wirtschaft von 1981 schuf beträchtliche Steuererleichterungen für investitionsfreudige Unternehmen. Und wieder reagierte die Finanzwelt blitzschnell und findig: innerhalb weniger Wochen verkauften Firmen ihre nicht beanspruchten Kredite an solche Unternehmen, die davon profitieren konnten.

Obwohl man zugeben muß, daß die Planung und »Herstellung« eines neuen finanztechnischen Instruments ganz sicher wesentlich einfacher und billiger als die Planung und Herstellung eines neuen materiellen Produktes ist, und da sich dabei auch das Marketing als problemloser erweist, weil ja flexible, bewährte, elektronische und postalische Vertriebskanäle zur Verfügung stehen, sprechen zwei Dinge für das beachtliche Innovationstalent des amerikanischen Finanzwesens: Erstens handelt es sich hier um typisch amerikanische Neuerungen. In den hochentwickelten westeuropäischen und südamerikanischen Ländern, die seit Jahren mit einer hohen Inflationsrate zu kämpfen haben, findet man nichts dergleichen. Zweitens haben sie auch nicht die umfangreichen elektronischen und postalischen Möglichkeiten entwickelt, die die Steuerung und Verteilung dieser Produkte erleichtern. Und obwohl die amerikanische Finanzwelt kaum Markt- oder Verbraucherforschung betreibt, haben einige ihrer Vertreter erstaunliche Kenntnisse darüber, was der Kunde braucht und schätzt. Diese Methode halte ich für die beste. Sie besteht lediglich darin, in die »Haut« des Klienten zu schlüpfen, seine Sprache zu sprechen, zu denken, zu fühlen und auf die gleichen Schlüsselreize zu reagieren wie er. So handeln, zugegeben, nicht die meisten, aber selbst die wenigen genügen, um die ganze Branche zu beeinflussen. Sobald ein Unternehmen mit einem neuen Produkt oder Vertriebssystem Erfolg hat, finden sich ganze Schwärme von Nachahmern bereit, sie zu imitieren. Und das gilt für viele Bereiche: für das Versicherungswesen, für Handelsbanken, Kreditkartensysteme, Effektenmakler und Termingeschäfte ebenso wie für Hypothekengeschäfte, Sparkassen usw. Der Unternehmergeist, die Risikobereitschaft, durch die sich unsere Finanzwelt in den letzten zehn Jahren ausgezeichnet hat, zeigen eine völlige Abkehr von der schlafwandlerischen Starre früherer Jahre. Das ist hauptsächlich das Verdienst einiger Neuankömmlinge auf dem »Spielfeld« oder einer Handvoll alter Spieler mit neuen Ideen, ganz besonders aber von Männern wie Walter Wriston von der Citicorp, Donald Regan von Merrill Lynch und Jack Stein von Dreyfus Fund. Und es kann keinen Zweifel darüber geben, daß ihre Firmen die spektakulären Erfolge in erster Linie ihnen, und zwar ihnen persönlich, mehr noch als ihren Mitarbeitern und Untergebenen verdanken. Sie haben die Ideen gehabt und propagiert, ihr Umfeld inspiriert, haben Entschlossenheit, Ausdauer und Mut bewiesen. Veraltete, restriktive Gesetze und Regeln waren für diese Männer Barrieren, die man umgehen oder beiseite räumen muß, die man, im Gegensatz zu vielen anderen Menschen, nicht passiv hinnehmen oder bestenfalls kritisieren darf. Mit der Einführung von Depotscheinen (Citicorp) und Geschäftsleitungskonten (Merrill Lynch) lief man Sturm gegen überholte, unrealistische Vorschriften; und diese Neuerungen blieben nicht die einzigen, sondern waren lediglich der Auftakt für eine ganze Serie ähnlich bedeutender, schöpferischer Innovationen - Meilensteine auf dem Weg zu revolutionierenden Veränderungen. Sie sind ein Symbol für die Zentralität des Marketing im Unternehmensbereich. Die Entscheidungen der Führungsspitze basieren hier auf den profunden Einsichten in die Möglichkeiten eines Unternehmens, Kunden zu gewinnen.

Lassen Sie mich noch einmal wiederholen: Der Zweck eines Unternehmens besteht darin, Kunden zu gewinnen und zu halten. Ohne Kunden kann auf Dauer keine Firma existieren, sei die Planung noch so phantasievoll, die Finanzierung noch so geschickt und die Erfahrung noch so groß. Auch wenn Sie der billigste Anbieter sind und die besten Verkäufer haben - das zu verkaufen, was nicht oder nur bei wenigen

Kunden gefragt ist, macht sich nicht bezahlt und kann Sie nicht vor dem Bankrott retten. Etwas gut zu tun, was man gar nicht tun sollte, ist schlecht getan.

Was getan werden sollte, läßt sich einzig im Hinblick darauf definieren, was der Kunde tut, tun kann und tun könnte. Keine noch so große schöpferische Kraft hilft einer Firma »aus der Klemme«, die sich die falschen Ziele gesetzt hat. Die Geschichte aller erfolgversprechenden und erfolggewohnten Unternehmen zeigt, daß sie die richtigen Ziele zum richtigen Zeitpunkt mit den für diese Situation richtigen Mitteln verfolgt haben.

Auch die Auswahl bestimmter Wachstumssektoren, auf die sich die gesamten Unternehmensaktivitäten konzentrieren, ist nicht geeignet, das Stagnationsproblem zu lösen. Meistens hat schon eine Menge anderer Firmen die gleiche Idee gehabt. Der Trick dabei ist, daß man wissen muß, wie man aus einer Idee eine echte Marktchance macht, d.h., wie man sich der Konkurrenz gegenüber Vorteile verschafft.

Der Billiganbieter, der sich einen »Löwenanteil« des Marktes sichern kann, weil seine Niedrigpreise Kunden anlocken, hat natürlich einen eindeutigen Wettbewerbsvorteil. Aber er muß außerdem noch alle anderen Dinge beachten, die notwendig sind, um die ständig wachsenden Wünsche und Ansprüche des Verbrauchers zu befriedigen. Mit der Zeit werden niedrige Preise nämlich zur Selbstverständlichkeit. Dann sind in immer stärkerem Maße andere Nutzenwerte gefragt, z. B. ein breiteres Produkt- oder Serviceangebot. Die Strategie des Preiswettbewerbs hat nur Sinn im Zusammenhang mit einer umfangreicheren oder verschiedenartigen Palette der Dinge, die der Verbraucher will und benötigt. Ein Preiswettbewerb ist nur dann zweckvoll, wenn er mit der Wettbewerbsfähigkeit in allen anderen Bereichen gekoppelt wird. Es geht, kurz gesagt, darum, im Wettbewerb die meisten Vorteile bieten zu können.

All das wird in einer der interessantesten wirtschaftlichen Abhandlungen von Professor William K. Hall von der Universität Michigan, der jetzt für die Cummins Engine Company tätig ist, bestätigt. Er hat sich mit der Finanzlage von führenden Unternehmen in acht etablierten Basis-Branchen befaßt. Vier davon gehören in den Konsumgüterbereich: Motoren- und Kraftfahrzeugbau, Haushaltsgeräte, Brauereien und Zigarettenindustrie; die anderen vier sind aus dem Industriegütersektor: Stahl, Reifen und Gummiverarbeitung, Schwerlastwagen und Bauausrüstung. Er entdeckte, daß die branchenführenden Unternehmen über einen erstaunlich langen Zeitraum hinweg die marktbeherrschenden Firmen der sogenannten Wachstumsindustrien, wie z. B. Phillips Petroleum bei den Ölfirmen, Xerox, Kodak, Texas Instruments und Digital Equipment aus dem Technologiebereich, und General Electric und United Technologies mit ihren breitgestreuten Produktionsprogrammen, überflügelten. Sie waren sogar noch besser als IBM und 3M. Die Bewertungskriterien, die Professor Hall zugrunde legte, waren die durchschnittliche Eigenkapitalrendite, die durchschnittliche Kapitalrendite und die durchschnittliche jährliche Ertragszuwachsrate[*].

Die alten Industriezweige, die außerhalb des Rampenlichtes solche Glanzleistungen vollbrachten, waren National (Stahl), Michelin (Reifen), Paccar (Lastwagen), John Deere (landwirtschaftliche Geräte), Daimler Benz (Automobile), Maytag (Waschmaschinen), Heilemann (Brauerei) und Phillip Morris (Zigaretten). Die Erklärung für ihre Spitzenleistungen liegt darin, daß sie außerordentlich großen Wert auf Differenzierbarkeit legten; »Differenzierbarkeit« nicht nur im Hinblick auf ihre generischen Produkte (siehe Kapitel 4), sondern auch auf das Gesamtprodukt, wozu auch immaterielle Komponenten wie z. B. Aftersales-Service, Ersatzteilbeschaffung, Beratung, Lieferbedingungen, Zuverlässigkeit usw. gehören. Sie hatten die Konzeption des »verbesserten Produktes« verstanden.

Hall entdeckte weiterhin, daß diese differenzierungs-orientierten, erfolgreichen Basisindustrien im Vergleich zu ihren »Billigangebot-Konkurrenten« weit besser abschnitten. Daraus läßt sich ableiten, daß sinnvolle Unterscheidbarkeit ein wesentlich effektiverer und dauerhafterer Wettbewerbsvorteil ist als der Niedrigpreis. Wo jedoch die beiden Strategien bewußt kombiniert wurden, wie z. B bei Caterpillar (Traktoren), waren die Resultate spektakulär.

Die Schlußfolgerung, die wir daraus ziehen können, ist einfach und zwingend: Der Erfolg eines Unternehmens ist auf seine außergewöhnliche und dauerhafte Anziehungskraft, die es auf bestimmte Verbrauchersegmente ausübt, und auf ein bestimmtes, beständiges Preisniveau zurückzuführen. Noch wichtiger ist die Erkenntnis, daß sich die Unternehmenszielsetzung am Marketing orientieren muß - daran, Kunden zu

---

[*] William K. Hall, »Survival Strategie in a Hostile Environment«, Harvard Business Review, September/Oktober 1980

gewinnen und zu halten. Dadurch rückt der Marketingbereich in den Brennpunkt der strategischen Unternehmensplanung.

Die strategische Unternehmensplanung beinhaltet die Definition des Aktionskurses und die Allokation der Ressourcen zur Maximierung. Maximierung bedeutet und muß bedeuten, die gewünschten Resultate am Markt zu erzielen. Wie wir gesehen haben, ist es nur selten genug, obwohl enorm wichtig, der billigste Anbieter zu sein, wenn man sich auf die falschen Produkte und die falschen Vertriebskanäle konzentriert hat, ohne die diversen anderen Wünsche der verschiedenen Verbrauchersegmente zu beachten. Um entscheiden zu können, was getan und wie es getan werden sollte, braucht man einschlägige Daten über Kunden, Konkurrenten und Märkte. Darüber hinaus muß man fähig sein, diese Daten schöpferisch in gehaltvolle und brauchbare Informationen umzusetzen. Am besten lernen Sie ihre Kunden kennen, wenn Sie eine engere und intensivere Beziehung zu ihnen haben als die, die sich mit Hilfe der von der Marktforschung empfohlenen metrischen Methoden aufbauen läßt.

Der Unterschied zwischen Daten und Informationen besteht darin, daß Daten eine ungeordnete Ansammlung von unbearbeiteten Fakten sind, während man unter Information die selektive Ordnung und schöpferische Interpretation dieser Fakten versteht. Das erfordert genaue, methodische Kenntnisse von der Welt, mit der man konfrontiert wird, und die Fähigkeit, sich in die Menschen hineinzuversetzen, die man, in ihrem Berufs- oder Privatleben, zu verstehen versucht. Ungeordnete Datensammlungen stellen lediglich periodische Aufzeichnungen von einzelnen Ereignissen oder Kategorien dar. Eine Information bedarf der Ordnung, Kategorisierung und Interpretation der gesammelten Daten. Sich dabei einzig der zunehmend komplizierteren, statistischen und mathematischen Methoden und Berechnungen zu bedienen, die durchaus nützlich sein können, bedeutet in diesem Fall, die Realität, die diese Daten repräsentieren, nicht »hautnah« zu erleben. Genauso wäre es, wenn Sie sich einbilden, alles über Sex zu wissen, nachdem Sie Masters und Johnson oder den Hite Report gelesen haben.

Brauchbare Daten über den Konsumenten, die in sinnvolle Informationen umgesetzt worden sind, können dazu beitragen, die strategisch richtigen Entscheidungen zu treffen. Strategische Planung kann rein mechanistisch erfolgen und fehlerhaft sein, wenn man darunter versteht, sich für eine Handlungsmöglichkeit unter vielen zu entscheiden. Diese

Definition ist unzulänglich, weil man davon ausgeht, daß diese Möglichkeiten bereits vorhanden sind. Das ist falsch. Man kann ebensowenig behaupten, daß die wichtigste und kreativste Leistung bei der Entscheidungsfindung im Unternehmen die Wahl zwischen verschiedenen Handlungsmöglichkeiten sei. Zu den wichtigsten und anspruchsvollsten Aufgaben gehört es, die Alternativen, unter denen man wählen kann, erst einmal zu konzipieren. Unter bereits vorhandenen Aktionskursen eine Auswahl zu treffen, bedeutet, Präferenzen aufzubauen, und nicht, Entscheidungen über ihre Zweckmäßigkeit zu treffen. Eine Möglichkeit muß geschaffen werden, bevor man sich für sie entscheiden kann. Die Möglichkeiten zu gestalten, unter denen man wählen könnte, ist ein Akt der schöpferischen Phantasie. Als Milton Greenberg von der GCA entschied, lieber neuartige verbesserte Produktionsanlagen herzustellen, veranlaßte er sein Unternehmen, eine ganz andere Richtung einzuschlagen als die, der es ohne seinen Impuls gefolgt wäre. Die Einfachheit und Klarheit dieses Konzepts vom künftigen Aktionskurs beruhte auf den zutiefst einfachen und klaren Einsichten in die grundlegenden Bedürfnisse des Marktes - auch wenn der Markt selbst zu diesem Zeitpunkt noch nicht genau wußte, was er brauchte. Es war eine strategische Entscheidung, deren Stärke darin lag, daß verbraucherorientierte Möglichkeiten, die von einer tiefen Einsicht zeugten, geschaffen wurden.

Strategische Planung erfordert die Definition des Handlungsspielraumes. Sie ist fest im Marketingbereich verwurzelt, weil sie sich auf die Realitäten, auf die aktuellen, unumgänglichen Bedingungen des Marktes einstellen muß. Damit getan wird, was laut strategischer Planung getan werden soll, braucht man realistische Pläne für die Ausführung, die im Mittelpunkt des »Strudels Wettbewerb« steht. Sind die Pläne nicht durchführbar, oder diejenigen, die sie realisieren sollen, nicht von ihrer Praktikabilität überzeugt, kann es zu katastrophalen Ergebnissen kommen. Ihre Mitarbeiter werden sich, wenn auch grollend, nach Plänen und Programmen richten, die sie für unsinnig oder falsch halten; aber sie werden sich nicht mit aller Kraft für die Durchführung von Plänen und Programmen einsetzen, die für sie nicht realistisch, das heißt, nicht ausführbar sind.

»Die leichtbewaffnete Brigade marschierte gehorsam auf das Tal des Todes zu.« Die Meinung der Soldaten über Pflicht, Rechtmäßigkeit, Angemessenheit oder mutmaßliche Effektivität dieses Befehls ist unwichtig. Das gilt für die Welt des Militärs. In Wirtschaftskreisen ist die

Pflicht absolut kein zwingendes Motiv. Pläne und Programme sollten deshalb logisch, brauchbar und ausführbar sein. Sie müssen sich mit dem gesunden Menschenverstand vereinbaren lassen und, das ist besonders wichtig, verständlich sein. Fehlen diese Merkmale, muß man mit Mißverständnissen, Widerstand und manchmal sogar Sabotageakten rechnen. Kein Mitarbeiter wird bereitwillig oder mit Begeisterung etwas tun, was ihm unvernünftig, unangemessen oder unverständlich scheint. Wenn er keine Einwände vorbringt oder das Projekt offen sabotiert, arbeitet er vielleicht betont langsam, bedient sich verschiedener subtiler Methoden, um Kollegen und Untergebenen zu zeigen, was er davon hält, und duldet Nachlässigkeit und Bummelei.

Eine erfolgreiche Strategie muß deshalb einfach, klar und knapp formuliert sein. Ist sie zu kompliziert, oder braucht man zuviel Platz und Zeit, um sie schriftlich oder mündlich zu erklären, wird sie nicht von allen verstanden und akzeptiert. Diese Art der Komplexität findet man häufig in solchen Unternehmen, die nur eine vage oder unzutreffende Vorstellung von der Realität, mit der sie konfrontiert werden, haben. Die eindrucksvollsten und augenfälligsten Faktoren, die eindeutig für den Untergang so mancher Firma verantwortlich sind, sind fiskalischer Natur: der Mangel an Bargeld, um Schulden und Zinsen, Zulieferbetriebe usw. zu bezahlen. Diese Fälle machen normalerweise Schlagzeilen, weil sie so häufig und so unausweichlich zum Bankrott führen. Oft sind falsche Entscheidungen hinsichtlich finanzieller Probleme die Ursache. Die »Mißgriffe« sind meistens auf Fehleinschätzungen oder ganz einfach auf falsche Vorstellungen vom Markt zurückzuführen - man glaubt z. B., daß der Umsatz und die Preise hoch genug, die Kredite billig und kurzfristig rückzahlbar sind. Das zeigt, daß finanzielle Fehlleistungen in der falschen Beurteilung der Marktsituation ihren Ursprung haben.

Das Marketing entscheidet unerbittlich über Erfolg oder Mißerfolg eines Unternehmens. Der Grund dafür ist, daß das Marketing Herkunft und Höhe der für ein Unternehmen lebenswichtigen Gewinne bestimmt. Da Marketing bedeutet, eine im Vergleich zur Konkurrenz annehmbare Anzahl von Kunden zu gewinnen und zu halten, muß man versuchen, sich positiv von anderen Anbietern abzuheben. Wenn man voraussetzt, daß der Preis attraktiv ist, bleibt die Hauptaufgabe, Kunden anzuziehen und zu halten, dem schöpferischen Marketing überlassen. Normalerweise kostet es viel Zeit, Mühe - und Phantasie -, eine Idee zu realisieren.

Wenn die Entscheidung über den künftigen Aktionskurs nicht angemessen ist, das heißt, auf falschen Vorstellungen basiert, ist das Unternehmen zum Scheitern verurteilt. Wenn man gute Arbeit leistet und dabei die falschen Ziele verfolgt, ist der Schaden, der entsteht, größer, als wenn man schlechte Arbeit leistet und dabei die richtigen Ziele vor Augen hat. Im Wirtschaftsleben muß das schöpferische Marketing der Hauptgesichtpunkt sein, unter dem Unternehmensziele definiert werden.

Kapitel 8:

Marketing und seine Schattenseiten

Heutzutage ist es fast unmöglich, daß bei einem Treffen von Marketing-Experten das Gespräch nicht doch noch auf die Probleme mit der Öffentlichkeit kommt. Nur allzu oft wird das Marketing als rücksichtsloser, unübersehbarer, manipulativer Einbruch in unser Leben abgestempelt, als korrumpierende Lehre von Habgier und Hedonismus, als erbarmungslose Jagd auf das Portemonnaie des Verbrauchers, ohne Rücksicht auf die Konsequenzen, nur um des Profits willen.

Paradoxerweise mehren sich die Klagen proportional zur Anwendung des Marketing-Konzeptes, d. h. zur Verwirklichung der Vorstellung, daß der Erfolg eines Unternehmens am ehesten gewährleistet ist, wenn es sich mit finanziellem Geschick auf die Wünsche und Bedürfnisse der Kunden einstellt. Deshalb erlebt auch die Marktforschung momentan einen solchen Boom.

Nichts ist so bezeichnend für die Firmen, die in den letzten zwanzig Jahren mit großem Erfolg das Marketing-Konzept angewandt haben, wie die wachsende Kritik daran, daß sie genau das Gegenteil praktizieren.

Je mehr Mühe sich die Hersteller geben, »dem Verbraucher die von ihm gewünschten Produkte anzubieten«, desto häufiger wird ihnen vorgeworfen, den Verbraucher zu animieren, etwas zu kaufen, was er nicht will, nicht braucht und sich nicht leisten kann. Dabei würden sie verschwenderisch, aufdringlich, hinterhältig und vulgär vorgehen.

Man könnte meinen, seit der »guten alten Zeit«, als Henry Ford den berühmten Ausspruch brachte: »Sie können jede Farbe haben, die Sie wollen, solange es schwarz ist«, seit die Industrie mehr verbraucher- und weniger produktorientiert ist und dem Kunden die Farben zugesteht, die er wünscht, seit die Flexibilität größer ist, sei der Verbraucher zufriedener und weniger Kritik nötig.

Das ist jedoch nicht der Fall, genauso wenig, wie die Entdeckung einer neuen unbegrenzt verfügbaren Energiequelle (der Kernspaltung) der Disziplin Physik zu größerem Ansehen bei der Bevölkerung verholfen hat - und das z. T. aus demselben Grund. Die Marketing-Konzeption hat bewirkt, daß im Rahmen der Marktanalysen immer mehr Verbraucherstudien durchgeführt worden sind. Die Psychologen, die dabei, eher noch als der Verbraucher selbst, erkannt haben, wie man den Menschen motiviert und steuert, haben den Wirtschaftsstrategen damit die Möglichkeit gegeben, sich zu den von ihren Kritikern verunglimpften »heimlichen Verführern« und »Bewußseinsmanipulatoren« zu entwickeln, die mit subtilen Methoden ihren Wissenvorsprung einsetzen, von dem wir früher einmal in aller Unschuld geglaubt haben, er könnte zum Entstehen einer besseren Welt beitragen. Das gleiche gilt für die Physik: Eine Entdeckung wird auf diabolische Weise mißbraucht, dem Physiker haftet der Nimbus des finsteren Dr. Strangelove an, der die Macht, die Welt zu beherrschen, in seinen Händen hält, genauso wie der »heimliche Verführer« im Wirtschaftsleben absolute Macht über den Verbraucher hat.

Um uns gegen diejenigen zur Wehr zu setzen, die viel mehr über die Dinge wissen, die unser Leben und unser Bankkonto ruinieren können, unterstellen wir ihnen unlautere, zumindest aber fragwürdige Absichten. Im Hinblick auf den Wirtschafts- und Marketingbereich ist das Unbehagen des Konsumenten verständlich, vielleicht sogar berechtigt.

Betrachten wir noch einmal die grundlegende Prämisse der Marketing-Konzeption: Ein Unternehmen muß festlegen, was der Kunde braucht und will, und versuchen, diese Wünsche und Bedürfnisse zu erfüllen, vorausgesetzt, daß

1. Dieses Vorgehen mit der Unternehmensstrategie zu vereinbaren ist;
2. Der voraussichtliche Umsatz den Unternehmenzielen entspricht.

Darin sind zwei weitere Überlegungen enthalten:
1. Die Bedürfnisse des Verbrauchers lassen sich am besten mit Hilfe eines kompletten Marketing-Programmes definieren (Produkt, Information, Verstärkung, Distribution, Kundendienstleistungen, Preis, Promotion) anstatt anhand des Produktes selbst.
2. Verschiedene Verbraucher wollen oder benötigen verschiedene Produkte.

Den zweiten Satz fassen wir unter dem Begriff »Marktsegmente« zusammen: darunter versteht man Gruppen von potentiellen Kunden, die bestimmte Wünsche oder Bedürfnisse teilen (denn es handelt sich nicht um einen einzigen, großen, dehnbaren Markt); diese Gruppen sind objektiv identifizierbar.

Die Konzeption der Marktsegmente ist zu einem wesentlichen organisatorischen Prinzip unseres modernen Wirtschaftslebens geworden. Damit will ich nicht sagen, daß die alten babylonischen Kaufleute nichts über Segmente wußten – ganz im Gegenteil, denn sie verkauften verschiedene Waren zu verschiedenen Preisen an Prinzen und Bettler - aber sie wurden nie zu einer so bewußt eingesetzten, dominierenden organisatorischen Grundlage der Wirtschaft wie heute.

Der objektiv meßbare Unterschied zwischen einem Prinzen und einem Bettler ist das Geld, über das beide verfügen. Das ist nur eine der demographischen Möglichkeiten, zwischen Segmenten - in diesem Fall reich und arm - zu differenzieren. Es gibt auch soziale und psychographische Unterschiede: Elite vs. Masse, Mächtige vs. Machtlose, Selbstsichere vs. Zweifler, psychisch Starke vs. Schwache usw.

Im Hinblick auf ihr objektiv wahrnehmbares Kaufverhalten kann man sagen, Verbrauchersegmente unterscheiden sich in ihren Präferenzen für bestimmte Produktmerkmale. Z. B. wollen manche Autokäufer ein großes Auto für eine große Familie, andere einen Kleinwagen für eine kleine Familie mit begrenztem Budget; der eine zieht einen Sportwagen einer Luxuslimousine vor; der andere verzichtet lieber auf einen gewissen Komfort zugunsten größerer Wirtschaftlichkeit; viele wollen einen Kombi, um »zwei Fliegen mit einer Klappe zu schlagen«, nämlich um einzukaufen und Kinder abholen zu können, während so mancher Teenager mit dem Autokauf ein doppeltes Ziel verfolgt, das genauso exotisch wie erotisch sein kann.

Die zweite Kategorie von Segmenten umfaßt die psychosozialen Wünsche und Ausdrucksmöglichkeiten des Verbrauchers - ein Auto, das den gesellschaftlichen Rang, die berufliche Position, das Erreichte oder Erhoffte und weniger rein praktische Erwägungen widerspiegelt (z. B. Rolls Royce und Cadillac); ein Fahrzeug, das vielleicht die Vorliebe für Macht und Autorität ausdrückt, auf den erlesenen Geschmack deutet oder zeigt, daß man sich nicht vom »Kommerz« beeinflussen läßt.

Diese Produkt- und psychosozialen Segmente lassen sich wiederum in eine noch komplexere Matrix der Möglichkeiten unterteilen.

Da die Marketing-Konzeption impliziert, daß ein Unternehmen mit Erfolg rechnen kann, wenn es die unterschiedlichen Wünsche und Bedürfnisse der verschiedenen Verbrauchersegmente berücksichtigt und erfüllt, erweisen sich in der praktischen Anwendung dieser Konzeption viele Dinge als verständlich, die theoretisch überflüssig und negativ scheinen. So läßt sich z. B. zumindest erklären, warum es soviele verschiedene Autotypen, verschiedene Waschmittel mit verschiedener chemischer Zusammensetzung, verschiedene Markenzeichen und verschiedene Werbethemen gibt. Jedes Produkt spricht ein anderes, kleines Verbrauchersegment an: selbst die Waschmittel, die »für jede Wäsche geeignet« sind, zielen auf die Käuferschicht mit der »Für-mich-besteht-da-kein-Unterschied«,oder »Ist-mir-egal-Haltung« ab.

Aber für viele Verbraucher besteht sehr wohl ein Unterschied. Manche Hausfrauen ziehen ein Vollwaschmittel vor, das selbst Fettflecken löst, weil ihre Männer Automechaniker sind. Andere Mechanikerfrauen lehnen ein Vollwaschmittel ab, weil es das Gewebe angreift. Die eine möchte ein Mittel für die Feinwäsche, die andere eines, das die Farbkraft erhält oder entfärbt. Und Waschmittel werden, wie Autos, auch aus psychosozialen Gründen gekauft. Ein Feinwaschmittel untermauert die Auffassung des Käufers, daß er selbst zu einer gehobeneren Gesellschaftsschicht gehört, die nur erlesene Kleidung aus empfindlichsten Geweben und nicht so grobe, geschmacklose »Klamotten« wie Krethi und Plethi trägt. Die Werbebotschaft eines »Supervollwaschmittels«, das »reiner als rein« wäscht, bestärkt die Kundin in ihrer aufopferungsvollen Hingabe an die Gesundheit und das Wohlergehen ihrer Familie und in ihrer Verachtung der frivolen und fragilen »Modepuppen« oder »besessenen Emanzen«. Sogar der Kunde, der ein »für jede Wäsche geeignetes Waschmittel« kauft, will damit vielleicht nur ausdrücken: »Ich stehe über diesem idiotischen Werberummel. Mich können die nicht verdummen. Seife ist Seife.«

Wenn fünf große Waschmittelhersteller die Existenz der sieben gleichen Verbrauchersegmente entdecken, die sich in drei Gruppen, die Waschpulverpakete in verschiedenen Größen bevorzugen, unterteilen lassen, können wir auf den ersten Blick sehen, warum es in den amerikanischen Supermärkten eine solche Marken- und Verpackungsvielfalt gibt. (Fünf Hersteller x sieben Segmente x drei Paketgrößen= 105). Und da man sich nicht die Mühe machen will, die Regale stündlich aufzufüllen (was außerdem den Kunden stören würde), gibt es nicht nur die verschiedensten Waschmittelpakete, sondern auch viele Regale, in denen sie untergebracht sind. Und denkt man dann noch an die massive Werbung, erscheint das alles als reine Verschwendung.

Aber aus einem anderen Blickwinkel betrachtet ist das Ganze nur die verständliche Schlußfolgerung, die Hersteller und Anbieter aus den diversen Wünschen, Vorstellungen und Verhaltensweisen der unterschiedlichen Marktsegmente gezogen haben. Ob dieser Überfluß an Marken, Verpackungen und Werbethemen bei Produkten gerechtfertigt ist, die sich oft nur minimal unterscheiden (wenn sie nicht sogar dieselbe Funktion haben); ob diese »tatsächlich« die Bedürfnisse der Verbraucher befriedigen, oder ob Wünsche geweckt werden, wo gar kein echtes Bedürfnis besteht; oder ob es aus sozialer bzw. ökonomischer Sicht erstrebenswert ist, Wünsche zu »wecken«, wenn der Verbraucher kein Bedürfnis verspürt, bis die Marktforschung es »entdeckt« hat und Kapital daraus schlägt - das alles sind normative Fragen, die unterschwellig anklingen.

Sie zu beantworten ist für den einen leicht, für den anderen ein Martyrium. Von beiden wird verlangt, mehr oder weniger das »Sprachrohr Gottes« zu sein und in dieser trivialen Angelegenheit zu entscheiden, was richtig oder falsch, genug oder zuviel ist.

Tatsache ist, daß die wenigsten von uns all das brauchen, was sie haben oder sich wünschen. Aber kann man ernsthaft behaupten, daß - wenn wir für Nahrung und Schutz gesorgt haben - alles andere, z. B. die Musik, Kunst, Poesie, oder der Bau einer atemberaubend schönen Kathedrale zu Ehren Gottes und zum Zeichen der menschlichen Demut, überflüssig, vielleicht sogar ein Symbol menschlicher Schwäche ist? Die wenigsten von uns, die wir in den »fortschrittlichen« Industrienationen leben, würden sich damit zufriedengeben, wie Jesus in Sackleinen und Sandalen zu gehen, wie wohl niemand, dem etwas Besseres zur Verfügung steht. Als T.S. Eliot sagte: »Die Menschheit kann nicht allzuviel Realität ertragen«, wollte er damit erklären, warum wir versuchen, uns der archaischen Gewalt der Natur durch künstlich geschaffene Schutzräume, von Menschenhand gefertigte Besitztümer, Unterhaltung, Kunst und Phantasie zu entziehen. Das ist es, was man unter »Zivilisation« versteht.

Lassen Sie uns noch einmal auf das Paradoxon zurückkommen, das zu soviel Vorwürfen und Verärgerung beiträgt: Je mehr die Marketing-Konzeption im Laufe der Jahre an Popularität gewann, desto größer wurde auch die Verwirrung, die sie, selbst bei ihren eifrigsten Befürwortern, ausgelöst hat. Die Milliardenbeträge, die jährlich für Marktforschung und Produktentwicklung ausgegeben werden, damit die Wirtschaft noch mehr auf die Wünsche der Verbraucher eingehen kann, haben die ständigen Angriffe auf die Firmen, die sich besonders tatkräftig, gewissenhaft und wirksam für dieses Prinzip einsetzen, nicht unterbinden können.

Daher ist es nicht verwunderlich, daß in den letzten Jahren viel Geld investiert wurde, um die Gründe für diese Anschuldigungen zu ermitteln. Interessanterweise findet man relativ wenige Beschwerden über Produktmängel oder absichtliches Fehlverhalten, wie z. B. schlechte Ware, »trickreiche« Garantieleistungen, betrügerische Werbung, irreführende Verpackung oder fragwürdige Verkaufspraktiken. Es gibt sie zwar, aber weniger bei den großen Konzernen, die im Blickpunkt der Öffentlichkeit stehen und sich besonders um Absatz und Marktforschung bemühen. Viel häufiger - wenn auch nicht immer so offen - begegnet man dem weit weniger greifbaren, dafür aber um so schwerwiegenderen Vorwurf der Verbraucher, daß viele Marketing-Aktivitäten durch Verschwendungssucht und Aggressivität gekennzeichnet und zum Ärgernis geworden seien, das unsere Lebensqualität beeinträchtigt. Eine Studie Professor Stephen Greysers von der Harvard Universität (erschienen im Journal of Advertising Research) hat gezeigt, daß 72% der von ihm befragten erwachsenen Amerikaner der Meinung waren, die Werbung sei heute weit störender als zehn Jahre zuvor, wobei sie die Waschmittelwerbung am meisten irritierte. Übrigens waren alle Interviewpartner Manager.

Stellen Sie sich das Ergebnis vor, wenn man stattdessen eine Umfrage bei Studenten, im Verband weiblicher Wähler oder in einem literarischen Zirkel durchgeführt hätte.

Aber die Studie enthüllte auch etwas anderes, das zur Klärung beiträgt: 37% der Befragten waren verärgert oder erbost über die Werbung für Produkte, die sie nicht benutzten; aber nur 21% reagierten negativ auf Anzeigen für Produkte, die sie anwendeten. Mit anderen Worten - Irritation und Verärgerung entstehen nicht nur durch die Werbung selbst, sondern auch durch die Adressaten. Und das ist eigentlich gar nicht so erstaunlich. Niemand ärgert sich ungewollt über irgend etwas. Das zeigte sich besonders in dem Teil der Studie, in dem es um Markenpräferenzen ging. Nur 7% lehnten Anzeigen für die eigene, bevorzugte Marke ab, dagegen sprachen sich 76% gegen die Werbung für ein Konkurrenzprodukt aus. Darüber, ob diese auffallend konträren Zahlen Ursache oder Wirkung sind, läßt sich streiten. Aber andere Beweise und die Logik lassen eine klare Schlußfolgerung zu: der Mensch akzeptiert bereitwillig, was er mag und lehnt ab, was er nicht mag. Das Dinge, die für ihn relevant scheinen, interessieren ihn mehr als die, die er für irrelevant hält. Er findet Trost, Bestätigung und sogar Komplimente in einer Anzeige für eine Marke, die er bevorzugt. Wenn die Kleidung einer Familie vom Gehalt beider Ehepartner gekauft worden ist, die beide in aseptischen, vollklimatisierten Büroräumen arbeiten und deren manuelle Tätigkeit hauptsächlich darin besteht, Schecks für Theaterabonnements und Clubbeiträge auszustellen, fühlen sich beide irritiert, wenn nicht sogar provoziert bei einer Anzeige für ein Vollwaschmittel, das Schmierflecke vom Mechaniker-Overall und Schmutzflecke vom Spielanzug eines Kleinkindes entfernt. Wenn es Ihnen finanziell schlecht geht, reagieren Sie auf die Werbung für eine Mittelmeer-Kreuzfahrt oder Mercedes Benz frustriert. Wenn Sie gesund und sportlich sind, interessieren Sie sich kaum dafür, wie man seine Hämorrhoiden los wird. Wenn Ihr Gebiß wackelt, sind Informationen über ein neues Haftpulver für Sie interessant und hilfreich, für andere wiederum ein »Stein des Anstoßes«. Und wenn Sie sich gerade ein »Winnebago–Wohnmobil« gekauft haben, ist die Anzeige dafür eine Bestätigung, daß Sie das richtige Modell gewählt haben, und läßt das Unbehagen, das sich normalerweise nach einem mit größeren Ausgaben verbundenen Kaufe einstellt, ein wenig abklingen. (Die eifrigsten und aufmerksamsten Leser der Autowerbung sind die Leute, die gerade das angepriesene Modell gekauft haben. Um die Zufriedenheit Ihrer Kunden zu erhalten und sicherzustellen, daß sie auch das nächste Auto bei Ihnen kaufen, macht es sich bezahlt, nicht nur an die prospektiven, sondern auch an die frischgebackenen Käufer Werbematerial zu verschicken.) Wenn Sie Fertigbreie von Granola oder Special-K kaufen wollen und auf einem dreistöckigen, zwei Meter hohen Regal mit tausend anderen Babynahrungspaketen danach suchen müssen, sind sie nicht nur erbost, sondern auch ziemlich erschöpft.

Steven Star weist darauf hin, daß besonders bei Konsumgütern, die den größten Anlaß zu Verärgerung, Klagen und Beschwerden geben, eine der Ursachen dafür in der Unvereinbarkeit zu suchen ist, die zwischen den Leuten besteht, auf die spezifische Produkte, Marken und

Werbebotschaften abzielen, und denen, die ihnen unfreiwillig ausgesetzt sind. Die Hämorrhoiden-Anzeige stellt für die interessierten Leser oder Zuhörer keinen Affront dar; aber die meisten Leute, die mit dieser Werbung konfrontiert werden, sind nicht betroffen. Höchstwahrscheinlich reagieren sie gleichgültig oder verärgert. Wie gut die Special K-Produkte auch sein mögen, Kinder im Vorschulalter sind sauer, wenn diese Werbung im Fernsehen gezeigt wird, während sie die Werbespots für Cap'n Crunch interessant, spannend oder ganz einfach toll finden. Antiraucher-Kampagnen lösen in so manchem Teenager Aggressionen aus - «Schon wieder müssen uns die Erwachsenen alles vorschreiben!« Und es gibt immer viel zuviele Tankstellen, außer für den, dem das Benzin knapp geworden oder bereits ausgegangen ist. Es ist auch kein Wunder, daß die Waschmittelwerbung unsere anfangs erwähnten 2500 Manager am meisten irritierte. Wieviele von Ihnen, glauben Sie, müssen sich mit ihrer Wäsche plagen?

Die Diskrepanz zwischen den gezielt und unfreiwillig Angesprochenen spiegelt die Unvollkommenheit der Verbindung zwischen der ausgefeilten praktischen Anwendung der Marketing-Konzeption und den Kommunikationskanälen und Institutionen wider, die das Marketing erleichtern. Um die daraus resultierenden Zwangslagen und Frustrationen zu verstehen, sollten wir uns einmal überlegen, was Marketing-Programme und Marktsegmente bedeuten.

Ein Marketing-Programm umfaßt das gesamte Produkt: Verpackung, Preis, Verkaufsförderungsmaßnahmen, Auslieferung, Verkaufsort usw. Marketing-Programme sind für bestimmte Marktsegmente bestimmt. Schon von der Definition her unterteilt die Marketing-Konzeption die Verbraucher in spezifische Segmente, ungeachtet der Produktart – ob es sich dabei um Konsum-, Produktions-, Gebrauchs-, Investitions- oder Verbrauchsgüter handelt. Ein Segment ist der Teil der Verbraucher, der das angesprochene Bedürfnis hat, das mit Hilfe eines bestimmten Produktes und Marketing-Programmes befriedigt werden kann. Aber nicht alle Teile eines Marketingprogrammes sind für alle Segmentgruppierungen »passend«. Z. B. brauchen einige das angebotene Produkt, haben aber nicht das Geld, um es zu kaufen. Manche haben sowohl den Bedarf, als auch das Geld, um es zu kaufen. Manche haben sowohl den Bedarf, als auch das Geld, leben aber zu weit von einem Ort entfernt, wo Auslieferung und Wartung des Produktes noch wirtschaftlich wären. Andere wiederum haben zwar den Bedarf, das nötige Geld und die entsprechende Wohnlage, aber kein Kaufinteresse. All diese Leute kommen vielleicht mit dem Marketing-Programm in Berührung - durch die Anzeigenwerbung, durch das Produkt selbst, das vielleicht im Supermarkt steht oder dadurch, daß es dort, wo sie einen Besuch machen, arbeiten oder ihre Freizeit verbringen, in Gebrauch ist. Diejenigen, die es haben wollten, sich aber nicht leisten können, sind dann frustriert. Die Leute, die es zwar brauchen könnten, damit konfrontiert werden, es bezahlen können, aber kein Interesse daran haben, sind verstimmt. Beide Adressaten sind jedenfalls verärgert, genauso wie die Verbraucher, die die Werbung oder das Programm gestern sehr interessant fanden, daraufhin das Produkt gekauft haben und die Reklame heute überflüssig finden. Sie haben ihre Wahl bereits getroffen und fühlen sich nun belästigt.

Deshalb ist es nicht verwunderlich, daß Ablehnung, Verärgerung und Verwirrung gerade im Zusammenhang mit dem Konsumgütermarketing symptomatisch sind. Hier besteht die größte Inkongruenz zwischen der Gesamtzahl der Verbraucher, die einem Marketing-Programm ausgesetzt sind, und der spezifischen Zielgruppe, die angesprochen ist. Eine Million Menschen werden z. B. mit Anzeigenwerbung oder den Auslagen in den Geschäften konfrontiert, obwohl nur die Bedürfnisse eines Marktsegments von 400 000 und einer Zielgruppe von 100 000 Verbrauchern betroffen sind. Diese 100 000 stellen das eigentliche Programmziel dar, das als einziges Segment mit den Marketing-Maßnahmen nachweisbar zufrieden ist. die übrigen 90%, die mit der Werbebotschaft in Kontakt kommen, reagieren darauf gelangweilt, verwirrt, ablehnend oder verärgert. Und wenn 10% der angesprochenen Zielgruppe das Produkt bereits gekauft hat, fühlen auch sie sich vielleicht gestört oder belästigt.

Mangelnde Homogenität oder Übersättigung machen sich weit seltener im Investitionsgütermarketing bemerkbar. Hier gibt es oft nur wenig potentielle Großkunden. Diese Kundenschichten, die die gleichen spezifischen Bedürfnisse haben (ein Marktsegment darstellen), finden sich von selbst zu klar identifizierbaren Zielgruppen (z. B. Unternehmen, die galvanisieren) zusammen. Außerdem gibt es noch spezielle Medien, um sie zu erreichen: Fachzeitschriften, Fachtagungen und Distributionskanäle. Die Kongruenz zwischen Marktsegmentierung, Marketing-Programm und Programmzielgruppe und den Menschen, die dem Marketingprogramm ausgesetzt sind, ist beträchtlich, da sie aufeinander abgestimmt sind. So konnte beispielsweise IBM mit großem Erfolg seine Datenverarbeitungs-Produktlinie für 16 größere Verbraucherschichten »maßschneidern« (Bankwesen, Absatz und Verkauf, Raumfahrt, Bildungswesen, Medizin, Verwaltung, um nur einige zu nennen).

Für jedes Segment wurde ein spezielles Programm entwickelt und spezielle Verkaufsteams und -büros bereitgestellt. Der Kunde bekam die Kommunikation und Programme, die seinen speziellen Bedürfnissen gerecht wurden. Überschneidungen und Mangel an Übereinstimmung waren minimal.

Ganz anders ist es im Konsumgüterbereich. Alle Branchen kennen das Problem, machen sich aber nicht immer bewußt, das sie es erkannt haben. Für die großen Konzerne, die sich der Massenmedien, besonders des Fernsehens, bedienen, gehören diese Werbeträger zu den billigsten und wirksamsten Möglichkeiten, Massenmärkte zu erreichen. Sie geben sich oft große Mühe, da für Verbesserungen zu sorgen, wo sie einen Mangel an Übereinstimmung entdeckt haben. Deshalb werden z. B. nach 22 Uhr keine Kinderprogramme im Fernsehen ausgestrahlt; die Nachrichten im Radio, von diversen Werbespots für Männer gesponsort, werden hauptsächlich während der Zeit des Berufsverkehrs gesendet. Die meisten großen Zeitschriften bringen ihren Lesern regionale Zusatzseiten mit speziell auf sie zugeschnittener Anzeigenwerbung. Manche Magazine bieten ein ähnliches Programm auch für bestimmte Abonnentgruppen, z. B. Ärzte oder Lehrer. Und genauso ist es mit den Spezialgeschäften: sie führen ausschließlich Spezialprodukte wie Apothekerwaren, Sportartikel usw. All das trägt dazu bei, leider in viel zu geringem Umfang, Inkongruenz und Übersättigungseffekte zu mindern.

Zwar sind die meisten Unternehmen außerordentlich bemüht, Produkte, Kommunikation, Distributionskanäle, Preise und andere Komponenten des Marketing-Mix auf die spezifischen Bedürfnisse und Kapazitäten bestimmter Marktsegmente abzustimmen, um eine größere Verbraucherbefriedigung zu erreichen. Dennoch bewirkt diese Anpassung trotz des Versuchs, die angesprochene Zielgruppe zunehmend einzuschränken, daß immer mehr Verbraucher verwirrt, verärgert oder verstimmt reagieren. Übersättigung und Ablehnung sind die Antwort auf gute Absichten und große Anstrengungen.

Direct Marketing via Post, Telefon und Telegramm können Abhilfe schaffen. Bei dieser direkten Art der Marketing-Kommunikation können Produkte, Werbebotschaften, ja sogar die Medien individuell auf bestimmte Zielgruppen abgestimmt werden. Die am besten geeigneten Programmziele können optimal auf ein bestimmtes Publikum zugeschnitten werden. Je besser das gelingt, desto wirksamer ist dieses Marketinginstrument und desto attraktiver sind die relativen Kosten für den Anwender. Auch wenn es vielleicht mehr kostet, ist es letztlich billiger.

Natürlich hängt viel davon ab, den richtigen Leuten das Richtige anzubieten. Aber das läßt sich auf diese Weise eher erreichen, als mit Hilfe der Massenmedien. Außerdem kann man die soziale Dissonanz abbauen und die Wirksamkeit des Marketing erhöhen. Aber auch hier bedeutet »mehr« nicht immer »besser«. Wenn ich jeden Tag ein dickes Bündel Werbeprospekte, die ich nicht bestellt habe, aus dem Briefkasten ziehe, reicht es mir bald, auch wenn ich leidenschaftlich gerne Briefmarken sammle oder Anzeigen wie »So steigere ich meine sexuelle Potenz« lese; das Telefon kann zu oft und zum ungünstigen Zeitpunkt klingeln, und ich brauche gar keine Information darüber, wo man am besten Ski fährt, am billigsten einkauft oder die ausgefallensten Artikel bekommt, ganz zu schweigen von dem Ärger, den man empfindet, wenn der Teilnehmer am anderen Ende der Leitung völlig inkompetent scheint, oder manche Firmen bei ihren Postwurfsendungen mit »Tricks« arbeiten, zum Kauf nahezu verpflichten oder schlichtweg unverschämt sind.

Wenn das Marketing-Konzept voll eingesetzt wird, entstehen Produkte, Serviceleistungen und Kommunikationsmethoden, die bestimmte, identifizierbare Bedürfnisse und Wünsche begrenzter optimaler Zielgruppen ansprechen. Jedes Marktsegment hat deshalb größere Chancen, das zu bekommen, was es wirklich braucht oder will, als zur Zeit Henry Fords, der den Verbrauchern umißverständlich klarmachte, daß sie alle Farben des T-Modelles haben könnten, solange es schwarz sei.

Aber die Schattenseiten sind nicht zu übersehen. Zum ersten sind die Produktionsabläufe heute kürzer, die Vertriebswege verzweigter und stärker beansprucht und die Preise höher. Zum zweiten sind manche Verbraucher zwar zufrieden, weil sie die Möglichkeit haben, Produkte, die ihren funktionalen oder psychosozialen Vorstellungen entsprechen, zu kaufen; andrerseits gibt es aber eine ebenso große Anzahl von Menschen, die sich über die Marketing-Programme für Produkte, die sie nicht wollen, oder gerne kaufen würden, sich aber nicht leisten können, ärgern, bzw. gelangweilt oder desinteressiert reagieren. Dazu kommt die Tatsache, daß das rein kommerzielle Kommunikationsvolumen sich vergrößert, je mehr Produkte auf den Markt kommen, und durch Nacheiferer und Konkurrenten an Intensität zunimmt. Wenn man das alles bedenkt, beginnt man langsam zu verstehen, warum der Triumph der Marketing-Konzeption, die zu einer größeren Befriedigung der Verbraucher führen sollte, das Gegenteil bewirkt und die Ablehnung der Öffentlichkeit herausgefordert hat.

Oder so scheint es zumindest. Unvereinbare Interessen, Übersättigung und Frustration existieren tatsächlich. Aber man kann auch feststellen, daß die Menschen unersättlich sind, gleichgültig, wie gut es ihnen geht. Jede Generation will das, was ihre Ahnen nur von Gott zu erbitten gewagt hätten. Das Problem unserer Zeit liegt darin, daß uns aufgrund der wesentlich intensiveren Kommunikation plötzlich bewußt geworden ist, wieviel Schmutz, Neid, Konkurrenzdenken, Ehrlosigkeit, Nihilismus und Habgier es gibt - Eigenschaften, die in Wirklichkeit schon seit Menschengedenken vorhanden sind. Liest man das Alte Testament oder die Ilias einmal genau durch, stellt man fest, daß diese wenig rühmenswerten menschlichen Charakterzüge auch damals schon vorherrschend waren. Man braucht einen Geigerzähler, um in diesen beiden Büchern Spuren von Zivilcourage, Ehre, Höflichkeit, Menschlichkeit, Selbstaufopferung und Anstand zu finden. Sie kommen meistens nur in Beispielen dafür vor, wie die Welt sein könnte oder sollte.

Auch in der jüngsten Vergangenheit haben wir uns nicht durch staatsbürgerliche Tugend oder Charakterstärke ausgezeichnet, sondern durch Ignoranz, Bigotterie, Schwäche und dadurch, daß wir die negativen Seiten unseres Wesens geleugnet haben.

Heute läßt sich das alles nicht so leicht »unter den Tisch kehren« oder ignorieren; das liegt zum Teil daran, daß wir, zumindest im Augenblick, ein nahezu masochistisches Vergnügen daran finden, unsere Unzulänglichkeiten in der Öffentlichkeit auszubreiten. Und weil es uns wirtschaftlich so gut geht, irritieren und beschäftigen uns diejenigen, die weniger Glück haben, natürlich um so mehr. In den wirtschaftlich trostlosen 30er Jahren, als 25% der Bevölkerung arbeitslos waren und noch zehn Jahre lang arbeitslos bleiben sollten, bevor es Arbeitslosenunterstützung, Sozialversicherungen, staatliche Gesundheitsfürsorge, das Amt für Wohnungsbau und städtebauliche Planung und die Überflußgesellschaft gab, konnte sich jeder glücklich schätzen, der einen Arbeitsplatz - wohlgemerkt irgendeinen Arbeitsplatz - hatte oder wenigstens beim Arbeitsamt für einen vorgemerkt war. In unserer heutigen Wohlstandsgesellschaft, in der es weit weniger Arbeitslose, dafür aber immer mehr Haus- und Autobesitzer, Bildungsmöglichkeiten, medizinische Einrichtungen und kulturelle Ereignisse gibt, hört man immer noch die selbstzerstörerische Klage, daß es uns »noch besser gehen könnte«.

In den 30er Jahren gab es in Amerika trotz der verzweifelten wirtschaftlichen Lage so große Humoristen und brillante Komiker wie Benchley, Thurber, George Kaufman, Dorothy Parker, E. B. White, Jack Benny, Fred Allen, Eddie Cantor, Burns und Allen, Fibber Mc Gee und Molly, Amos und Andy, Charlie Mc Carthy usw. Heute ist unsere Wirtschaftslage weit besser - aber dennoch herrschen Trübsinn und »Weltuntergangsstimmung«; die einen behaupten, daß Schwäche und Verfall unsere geistigen Fähigkeiten und Möglichkeiten zerstört hätten, und die anderen, daß es uns »noch besser gehen könnte«.

Ich habe festgestellt, daß nichts so charakteristisch ist für den Erfolg, wie sichtbare Mißerfolge. Wir sehen jetzt, daß das Marketing, dem die Menscheit bisher keine kosmische Bedeutug beigemessen hat, in dieser Hinsicht keine Ausnahme darstellt. Wir konzentrieren uns privat wie auch in der Öffentlichkeit mehr auf das, was falsch, schlecht, korrupt und unfertig ist, als auf das, was bereits erreicht, gut, edel, erleichternd oder fortschrittlich ist. Vor mehr als zweihundert Jahren hat Edward Gibbon geschrieben: »In der Natur des Menschen liegt ein starker Hang, die Vorteile der Gegenwart abzuwerten und die Nachteile zu übertreiben«. Das ist auch heute noch so. Das Ende der Welt ist jedenfalls noch nicht in Sicht.

Auch die Annahme, daß wir dann glücklich sind, wenn alle uns bekannten Probleme gelöst und die Ursachen für unsere Unzufriedenheit beiseite geräumt werden, ist unbegründet. Das Problem ist vielmehr, daß jede Lösung neue Problem aufwirft.

Kapitel 9:

**Nachtrag zum Thema Unternehmens-
führung und »Postindustrielle
Gesellschaft«**

Zu den übrigen Sorgen der Industrienationen kommt seit einigen Jahren eine weitere hinzu: Wir sind von einer neuen Krankheit befallen, die uns auch noch den letzten Hoffnungsschimmer auf die wunderwirkende Kraft des Überflusses nimmt. Unsere Welt leidet zunehmend an einer Art wirtschaftlichen Energieverlustes: je größer das wirtschaftliche Wachstum eines Landes, desto mehr stagniert der Lebensstandard seiner Bevölkerung, bis er schließlich zurückgeht.

Die fortschrittlichen, güterproduzierenden Länder, so wird behauptet, werden dieser Güter überdrüssig und stattdessen zunehmend dienstleistungshungrig. Mit wachsendem Wohlstand schwindet der Güterbedarf. Das dritte Auto erscheint einer Familie nicht mehr so wichtig wie der Zweitwagen. Wenn man schon einen Kühlschrank hat, ist ein zweiter nicht unbedingt notwendig. Andrerseits nimmt der Bedarf zu reisen, sich zu bilden und zu unterhalten, auswärts zu essen, etwas für seine Gesundheit zu tun oder an anderen Dienstleistungen absolut wie auch relativ zu. Im Produktionsbereich gibt es heute weniger Beschäftigte als auf den unteren Dienstleistungsebenen. Gleiches gilt im Vergleich zur Oberschicht der »Denker«, die sich nur in geringem Umfang der industriellen, wissenschaftlich fundierten Technologien bedienen, welche während der letzten hundert Jahre die Produktivität in Industrie und Landwirtschaft nachhaltig gesteigert haben. Heute steigen dafür Kosten und Preise umso schneller, und in unserer Wirtschaft machen sich Strukturschwächen bemerkbar. Je mehr wir von den Dingen verlangen, die wir verhältnismäßig teurer herstellen, desto ärmer werden wir. Das ist an unserem Zeitalter so paradox, daß wirtschaftlicher Fortschritt den »Kern des Rückschritts« bereits in sich trägt.

Die wohl ausgefallenste Version dieser düsteren Prognose ist die Darstellung der künftigen »postindustriellen« Gesellschaft, die ausführlich die Beschaffenheit und Konsequenzen dieser strukturellen Verlagerung von der Industrie- zur Dienstleistungsgesellschaft beschreibt.*

Diese Darstellung basiert tatsächlich auf einigen Fakten und ist, zumindest auf den ersten Blick, durchaus einleuchtend.

In den letzten zwanzig Jahren war der nichtindustrielle, nichtlandwirtschaftliche Sektor in den USA wesentlich expansiver als der güterproduzierende Bereich. Allein im Staatsdienst gab es viermal soviel neue Arbeitsplätze wie industrielle Fertigungsanlagen. Während eine wachsende Anzahl von Beschäftigten im Dienstleistungsgewerbe und geistig Arbeitenden (Einzelhandels- und Bürokaufleute, Pförtner, Mechaniker, Kellner, Wissenschaftler, Lehrer, Beamte, Theoretiker und Praktiker in der Medizin, im Gesundheitswesen, Rechtssektor usw.) sich bemüht, den Leistungsstand der letzten 20 Jahre zu halten, ist die Produktivität der Industriearbeit mit Hilfe modernster CAD/CAM-Systeme, durch Industrieroboter und neue Fertigungsprozesse, kybernetische Kontrollsysteme und Flüssigprozessoren beträchtlich gewachsen. Mit der Produktivität sind aber auch die Löhne im Industriebereich gestiegen. Würden die Einkommen der Beschäftigten im Dienstleistungssektor nicht ebenfalls angehoben, wäre hier die ungleiche Verteilung des Produktivitätszuwachses zu spüren. Aber die Gehälter sind gestiegen: in den letzten zwanzig Jahren nahmen sie fast ebenso schnell zu wie im Industriebereich. Die Bezüge von Beamten sind um fast 9%, die von Polizisten und Feuerwehrleuten um 7% pro Jahr erhöht worden, während die Löhne in der Industrie nur um durchschnittlich 6% jährlich gestiegen sind. Da aber die Produktivität des Servicebereiches beträchtlich »hinterherhinkt«, sind wir alle gezwungen, die daraus entstehende Inflation und Minderung des Lebensstandards mitzutragen.

Die »postindustrielle« Gesellschaft ist offensichtlich eine Gefangene ihrer eigenen, für sie charakteristischen Leistungen und konfliktierenden Wünsche. Ungleiche Produktivitätsraten und eine rasche Expansion des unproduktiveren Sektors verursachen eine strukturelle »kostentreibende« Inflation. Diese entzündet sich wiederum an dem, was Daniel Bell

---

* Daniell Bell, The Coming of Post-Industrial Society: A Venture in Social Forecasting (New York: Basic Books, 1973) bes. Kap. 2 und 3. Eine kürzere, genauso radikale Schilderung der wirtschaftlichen Folgen dieser strukturellen Umschichtung findet sich in Bells Essay, »Changing Influences in American Life«, Business and Society in Change (New York: American Telephone und Telegraph Co., 1974), S. 65-82. In diesem Kapitel verweist der Autor mehrfach auf das 1973 erschienene Buch.

die »Revolution der Anspruchshaltung« genannt hat: der Bürger glaubt, die Regierung sei verpflichtet, jedem ein immer umfangreicheres Minimum an Rechten und Kompensationen zu garantieren.

Bell schließt daraus, daß dieses »strukturelle Problem sich nur dann lösen läßt, wenn man eine Methode findet, um die Produktivität im Dienstleistungsbereich zu erhöhen.« Mit dieser Meinung steht er nicht allein. Peter Drucker erklärt ganz offen: »Die einzig praktikable Lösung für unsere wirtschaftlichen Probleme ist eine Produktivitätssteigerung; sie läßt sich nur dann erreichen, wenn wir die Leistungen der geistig arbeitenden Bevölkerungsschicht erhöhen können«, d. h. der oberen Ränge der Dienstleistungshierarchie – der Manager, Ingenieure, Computer-Programmierer, medizinischen Technologen . . . der Fachleute und Experten, die überall dort zu finden sind, wo Wachstum ist und sein wird.« Die vom Amerikanischen Präsidenten eingesetzte Kommission zur Lösung der Produktivitätsprobleme, die sich aus praktisch denkenden Spitzenleuten der Wirtschaft zusammensetzte, hatte 1971 in ihrem Grundsatzprogramm erklärt, daß »ein schleppender Produktivitätszuwachs in Ämtern, verschiedenen Dienstleistungsbranchen, im Bauwesen, Handel, Finanzbereich, Versicherungswesen und Immobiliensektor zu verzeichnen sei, und daß dieses Leistungsdefizit eine Verbesserung unseres Lebensstandards und unserer Lebensqualität gefährde.«

Produktivität im Dienstleistungsbereich

Das Problem besteht also darin, eine Möglichkeit zu finden, die Leistungen im Servicesektor genauso zu steigern wie im zwanzigsten Jahrhundert in der Industrie. »Wie können wir das erreichen?« fragt Drucker, und antwortet: »Keiner hat bisher eine Antwort darauf gefunden.« Die meisten Menschen scheinen zu glauben, daß es keine gibt. Zum Glück irren sie sich.

Zunächst bin ich von folgenden Überlegungen ausgegangen:
(1) Die Produktivität der Industrie ist nicht überall gleich groß; die Lobgesänge auf ihre Leistungsfähigkeit sind übertrieben. (2) Die Produktivitätssteigerung auf dem Dienstleistungssektor ist weitgehend unterbewertet und das Leistungspotential unterschätzt worden; und (3) die Beschäftigungsrate im Staatsdienst, dem wohl personalintensivsten Teilbereich des Servicesektors, der sich seit 1960 explosionsartig ausgeweitet

186

hatte, ist heute sowohl proportional als auch absolut rückläufig. Und schließlich, und das ist der Kernpunkt, ignoriert die düstere Zukunftsvision von einer unproduktiven Dienstleistungsgesellschaft auf fast sträfliche Weise die historische Rolle und die Fähigkeiten unserer Führungskräfte, auch in Zukunft die Produktivität des Arbeitskräftepotentials zu steigern.

Wenn diese Thesen richtig sind, erweisen sich die möglichen Folgen, die sich aus der vermutlich besonderen Struktur der »postindustriellen« Gesellschaft ergeben, als weit weniger real oder besorgniserregend, als prophezeit wird. Niemand würde gegen einen Produktivitätszuwachs im Servicebereich Einspruch erheben. Zum Glück gibt es ihn bereits und wir wissen auch, woher er kommt und wie wir ihn noch erhöhen können.

In den meisten Beurteilungen, in denen es um die Möglichkeiten geht, die Produktivität der Dienstleistungsbranchen zu steigern, fehlt etwas Wesentliches: nämlich die ernsthafte Auseinandersetzung mit den Faktoren, die für die immense Leistungsfähigkeit des güterproduzierenden Sektors verantwortlich sind. Man bietet uns nur zuversichtliche und konventionelle Erklärungen, die sich im wesentlichen auf orthodoxe, aber ungeprüfte Dogmen, und nur in geringem Umfang auf die Analyse historischer Situationen stützen. Tatsächlich sind die »Fakten«, die die Ursachen für die außerordentlich produktiven Phasen in der Industrie belegen sollen, größtenteils »Faktoide«, d.h., sie existieren, was geschichtliche Tatsachen und ihre relative Bedeutung anbetrifft, nur in der Vorstellung. Dabei hat man etwas übersehen, was meiner Meinung nach das wichtigste Element für den Erfolg des industriellen Zeitalters darstellt: die Unternehmensführung.

Wenn man die Rolle des Management für das Wachstum von Wirtschaftssystemen ipso facto ignoriert, übertreibt man die Bedeutung von Maschinen und Artefakten in der Produktion. Da kaum anzunehmen ist, daß diese Maschinen oder Artefakten auch im Dienstleistungsbereich Fuß fassen oder Verwendung finden, kommt man, verständlicherweise, zu düsteren Prognosen über die künftige Produktivität in einem expandierenden Servicebereich und über den zu erwartenden Lebensstandard der »postindustriellen« Gesellschaft.

Wenn andrerseits die beachtlichen Leistungen unseres Industriezeitalters nicht auf neue Technologien, sondern auf die Kunst der Unternehmensführung zurückzuführen sind – auf dieses leider oft vernachlässigte und mißachtete Betätigungsfeld – dann sollte man darüber nachdenken, ob das Management im Servicebereich nicht ebenso positive Impulse zu geben vermag. Ich glaube, daß es dazu fähig ist, und daß es bereits zahlreiche Beweise für diese These gibt.

Die Rolle des Management

Unternehmensführung als praktische Disziplin hat sich ursprünglich aus der Kunst der Kriegsführung heraus entwickelt. Selbst heute noch werden Organisationspläne und Terminologie, wie z. B. »Führungsstab« und »Mannschaft« von militärischen Konzeptionen abgeleitet. Die Industrielle Revolution übernahm und erweiterte allmählich diese Begriffe und Verfahren. Heute wird das Management von denen, die wirklich wissen, wie die Wirtschaft funktioniert, als einzigartiges und wesentliches Charakteristikum dieser Revolution verstanden und akzeptiert. Die Unternehmensführung ist der primäre Motor des Fortschritts, so wie man Fortschritt üblicherweise definiert. Ihre zentrale Bedeutung trat jedoch aufgrund der nahezu kindlichen Faszination der Historiker angesichts der technologischen Errungenschaften in der Industrielandschaft des 19. Jahrhunderts und der herausragenden Unternehmerpersönlichkeiten dieser Ära in den Hintergrund. Aber wie die Unternehmer es geschafft hatten, diese Artefakte – die Maschinen, Motoren, Werkzeuge und Apparate – mit Erfolg einzusetzen, ist bis heute kaum untersucht worden. Weder Lewis Mumford noch Max Weber – ganz zu schweigen von Karl Marx – haben sich die Mühe gemacht, die funktionale Rolle, die Organisatoren und Führungskräfte in der Wirtschaft gespielt haben, einer eingehenderen Betrachtung zu unterziehen.

Die Bedeutung des Managements für den Beginn und die Entwicklung des Industriezeitalters läßt sich vielleicht am besten ermessen, wenn man bedenkt, wie lange die damals vorhandenen Technologien tatsächlich brauchten, um diese Ära zu schaffen. Technologisch gesehen begann das Industriezeitalter bereits 1335 in Mailand mit der ersten Stechuhr mit Zahnradantrieb. Sie enthielt bereits die gesamte mechanische Hardware und das technologische Know-how, das wir mit den maschinellen Fertigungsanlagen der Industriellen Revolution im 19. Jahrhundert assoziieren. Aber die Welt brauchte erst einen Eli Whitney, der 1798 in New Haven die bereits einzelnen, mittelalterlichen Handwerkern bekannte

Technologie wiederentdeckte und sie seinen weit produktiveren, ungelernten Arbeitskräften zugänglich machte. Whitneys Verdienst war weniger technologischer als organisatorischer Art: statt der Ein-Mann-Betriebe entstanden auf seine Initiative hin großräumige Fabriken, in denen Musketen aus einzelnen, austauschbaren Teilen zusammengesetzt wurden – er organisierte, dirigierte und kontrollierte seine Arbeiter, die mit Hilfe der vorhandenen Technologien etwas leisteten, was vorher nur Einzelnen gelungen war.

Zwischen der Stechuhr und der Musketenfabrik lagen mehr als vierhundert Jahre, und Whitneys Arbeit könnte man mit einem modernen Ausdruck als die einer »Führungskraft« bezeichnen. Er war auch Unternehmer, und leider hat dieser spektakulärere Aspekt seiner Aktivitäten die weit mühevollere, vielfältigere Rolle als engagierter Organisator und Manager in den Schatten gestellt.

Unternehmensführung beinhaltet die rationale Beurteilung einer Situation und die sorgfältige Wahl der Unternehmensziele und -zwecke (was ist zu tun?); die systematische Entwicklung von Strategien, um diese Ziele zu erreichen; die Allokation der notwendigen Ressourcen; die rationale Planung, Organisation, Leitung und Kontrolle der zur Verwirklichung der Ziele notwendigen Aktivitäten; und schließlich die Motivierung und Leistungsbeurteilung der Mitarbeiter. Man könnte – aus der Sicherheit der Retrospektive – sagen, daß Whitneys Idee von der Zusammensetzung austauschbarer Teile bei der Herstellung der Musketen »zwangsläufig« zur Massenproduktion führen mußte. Aber das war damals keineswegs so klar – nicht einmal hundert Jahre später. Henry Fords Verdienst besteht nicht darin, daß er das Fließband erfand oder wiedererfand; das haben wir nicht ihm zu verdanken. Er entdeckte nur erneut das Prinzip, als er im Sears & Roebuck Versandhaus in Chicago die Angestellten dabei beobachtete, wie sie Waren aus den Regalen nahmen und zusammenstellten. Daraus gewann er die Erkenntnis, daß das eigentliche Problem des potentiellen Käufers darin besteht, genug Geld für ein Auto aufzubringen. Er löste dieses Problem, indem er einen Weg fand, Autos billiger herzustellen. (Andrerseits hätte Ford dabei auch den Teilzahlungskredit erfinden können – eine »Lösung«, die sich erst später anbahnte.) Er ging diesen Weg, weil er das Automobil nicht als eine Konstruktionseinheit, sondern eine aus Einzelteilen zusammengesetzte Maschine betrachtete. Hätte er eine andere Konzeption gehabt, wäre es nicht möglich gewesen, das Auto auf dem Fließband zu produzieren – dort wo statt einzelner Handwerker ein Heer von ungelernten Arbeitern unterwiesen und genauestens kontrolliert, die Qualität und Produktivität verbessert und die Kosten gesenkt werden konnten.

Das funktionale, rationale Denken, das die modernen kognitiven Führungsmethoden kennzeichnet, macht da einen Unterschied: Technologie ist nicht genug. Es bleibt wohl eines der großen Geheimnisse unserer Zeit, daß die Welt ständig daran erinnert werden muß, und oft nur widerwillig begreift und lernt, wieviel sie den organisatorischen, konstruktiven Fähigkeiten des modernen Management verdankt. Und seltsamerweise ist diese Halsstarrigkeit gerade in den intellektuellen Enklaven – in Universitäten, bei Schriftstellern und Journalisten – am meisten verbreitet. Man scheint zu glauben, daß sich alles von selbst regelt, wenn man nur das richtige Konzept hat. Dabei sollten wir uns bewußt machen, was es für unser tägliches Leben bedeutet, wenn ein gutes Management fehlt. Z. B. gilt es bei den Eingeweihten als eine unumstrittene Tatsache, daß die Manager der Ölmultis nach dem Arabischen Öl-Embargo im November 1973 nur eine Woche brauchten, bis das Öl und die Erdölprodukte wieder gekauft, gebunkert, durch die Pipelines geschickt und geliefert werden konnten und das Geschäft wieder florierte. Regierungsbeamte aus den höchsten Kreisen in Europa, Amerika und Japan haben mir damals gestanden, daß diese Leistung in ihren Augen an ein Wunder grenze, und wohl keine Regierung das geschafft hätte. Und dann halten Sie sich die bedauerlichen logistischen Fehler vor Augen, die Ende 1975 Nigerianischen Regierungsbeamten unterliefen, die auf den besten Universitäten Englands Wirtschaftwissenschaften studiert hatten – das Ergebnis war, daß 120 mit Zement beladene Frachter den Hafen von Lagos blockierten. Sie konnten nicht anlegen, weil nicht genügend Docks vorhanden waren, und man für ihre Fracht keinen Platz oder wenig Verwendung hatte.

Oder nehmen wir die Bekleidungs- und textilverarbeitende Industrie: 1969 waren die Erträge in dieser Branche in der Tschechoslowakei um 56% größer als in Ungarn. Auf hundert Beschäftigte in Ungarn kamen nur 69 in der Tschechoslowakei. Der tschechische Arbeitnehmer, dem mehr Maschinen zur Verfügung standen als dem ungarischen, verbrauchte 4.080 Kilowattstunden pro Jahr, der Ungar nur 3.108 kWh. Der tschechische Arbeiter, dessen Stromverbrauch um 31% höher lag, produzierte 56% mehr Güter. Das lag nicht daran, daß es in den tschechischen Fabriken mehr oder modernere Maschinen gab, sondern daß der Herstellungsprozeß besser organisiert war. Es versteht sich von selbst, daß der tschechische Bürger weniger für seine Kleidung zahlen muß als der Ungar, obwohl die Wirtschaft in beiden Ländern vom Staat gelenkt wird. Der wirklich relevante Unterschied besteht in der Art und Qualität der Unternehmensführung.

Schwankungen in der Produktivität

Um die möglichen Auswirkungen einer Umwandlung von der Industrie- zur Dienstleistungsgesellschaft einschätzen zu können, müssen wir uns ein genaues Bild von den Realitäten in der Industriegesellschaft machen.

Der Kapitaleinsatz pro Arbeitnehmer ist ein anerkanntes Maß für den Grad der Industrialisierung einer Branche. Am Unterschied zwischen dem Wert der Material-Einsatzmenge und dem Wert der Ausbringungsmenge aus dem Herstellungsprozeß mißt man die »Produktivität« (oder »Wertschöpfung«). »Wertschöpfung« pro Arbeitnehmer gilt als Maßstab für die Arbeitsertragsfähigkeit. Das Fließband in der Automobilindustrie ist ein typisches Beispiel für eine Produktivitätssteigerung, die erreicht wird, wenn man die menschliche Arbeitskraft durch Maschinenkraft ersetzt. Aber verglichen mit der Erdölindustrie ist die Autoindustrie eine »rückständige« Branche. 1972 investierte die Erdölindustrie pro Arbeiter $ 173.000 für Fabrikanlagen, Ausrüstung und andere Materialien – die Autoindustrie nur $ 22.000. Die Wertschöpfung pro Arbeitsnehmer lag in der Erdölbranche bei $ 41.600, bei den Automobilherstellern betrug sie nur $ 22.500 pro Arbeiter; sie war relativ größer, aber absolut geringer als in der Erdölindustrie. In der metallverarbeitenden Industrie (die in erster Linie Zulieferer von vorgefertigten Teilen und Zubehör für die Autoindustrie, den Werkzeugmaschinen-, LKW- und Eisenbahnbau sowie andere wichtige Industriezweige auf technologischer Basis ist) war die »Wertschöpfung pro Arbeitnehmer nur $ 18.200. Die pro Kopf-Investitionen in der metallverarbeitenden Industrie lag um $ 146.930 niedriger als in den erdölverarbeitenden Branchen, aber auch um $ 6.000 unter dem Kapitaleinsatz in der Lebensmittelproduktion. Daraus geht hervor, daß der güterproduzierende Sektor der Amerikanischen Volkswirtschaft Schwankungen sowohl in der Kapitalintensität als auch in der Produktivität aufweist.

Die Industriegesellschaft, die vor dem Zweiten Weltkrieg bestand und sich heute langsam zu verändern beginnt, wurde – um einen Ausdruck von Daniel Bell zu gebrauchen – von »inspirierten Flickschustern« geschaffen: Whitney, Mc Cormic, Ford, Kettering und sogar Alexander Graham Bell. Sie symbolisieren den Triumph der trial- and error-Methode über die ungezähmte Natur. Heute beginnt der Siegeszug des wissenschaftlich-theoretisch begründeten Wissens über die praktischen Erkenntnisse; das wird zumindest behauptet. Daniel Bell erklärt: »Die wissenschaftlich fundierten Industriezweige der 70er Jahre – Elektronik, Optik und die makromolekulare Chemie beginnen und enden mit dem theoretischen Wissen. Folglich ... ist Wissen ein hervorragendes strategisches Instrument.« Hier vermutet man ein neues, ungeheuer produktives Potential – und bis zu einem bestimmten Grad ist diese Hoffnung wohl auch berechtigt. Seit Univac z. B. 1952 die ersten Computer gebaut hat, ist bereits die fünfte Generation entstanden. Seit 1952 wurden Leistungsfähigkeit und Geschwindigkeit der Elektronenrechner alle sieben Jahre verzehnfacht. All das ist vermutlich der »Wissenschaft« zu verdanken.

Aber ist die Erklärung wirklich so einfach? Die Herstellung von integrierten Schaltkreisen und Mikroprozessoren (die das Herz der neuen Computer-Generation darstellen) beginnt mit der Planung der gewünschten ICs. Der Plan wird letztlich, das läßt sich nicht leugnen, aus dem »reinen« Wissen heraus, also theoretisch, entwickelt. Dennoch wird die Konstruktionszeichnung selbst von Ingenieuren auf dem CAD-Menütablett erstellt. Die Entwürfe werden photografisch verkleinert und mit Hilfe eines Bildmustergenerators reproduziert. Dieser fertigt eine Grundmaske, die dann in großer Menge (»Chips«) mit einem photoelektronischen Vervielfältiger auf einzelne Siliziumscheiben, die Wafer, aufgebracht werden. Aber sowohl der Bildmustergenerator als auch der photoelektronische Vervielfältiger werden von Fachleuten hergestellt, die sich – was ihre Leistungen, die Präzision bei der Bearbeitung des Metalls und den Stolz über das gelungene Produkt betrifft – durchaus mit den mittelalterlichen Uhrmachern vergleichen lassen.

Mißt man die Produktivität an den Metallspänen und dem Staub, den unsere »Spezialisten von morgen« hinterlassen, könnten sie sich nicht einmal mit den ungelernten Arbeitern von 1856 vergleichen, die in der McCormick-Fabrik in Chicago einen pedalgetriebenen Mühlstein in Bewegung halten mußten. Trotzdem gehören sie, auch wenn sie nur eine

Highschool absolviert haben, zu den gesuchtesten Arbeitskräften in dem mit Superlativen bedachten, auf wissenschaftlichen Kenntnissen basierenden Industriezweig Elektronik. Die Herstellung von Mikrochips und Mikroprozessoren ist jedenfalls nach modernen Maßstäben wohl die am wenigsten ertragreichste Industrie. In dieser Branche gilt es bereits als Spitzenleistung, wenn im ersten Jahr nach Beginn der Produktion eines neuen Schaltkreises auch nur 5% einer Serie brauchbar sind. In den darauffolgenden Jahren sind 20% normal und 30% erstaunlich, fast schon ein Wunder. Der Rest ist Ausschuß. Was würden wir über Detroits technologische Brillianz sagen, wenn von 100 Autos, die übers Fließband gehen, jeden Tag 70 auf der werkseigenen Schrotthalde landeten?

Bell behauptet, daß wissenschaftlich fundierte Industriezweige »mit dem theoretischen Wissen beginnen und enden«. Beginnen ja, aber nicht enden. Wer zählt zu den wichtigsten Mitarbeitern in der Schaltkreisherstellung? Die Handvoll Leute, die dafür sorgen, daß die »Öfen« bedient und die »Chips« gebacken werden. Man vergleicht sie oft mit Alchemisten, deren okkulte Fähigkeiten man nicht durch Beobachtung oder ein Universitäts-Studium erwerben kann. Lernen kann man hier nur durch Versuch und Irrtum, und selbst diejenigen, die im Besitz der sorgsam gehüteten Geheimformeln sind, haben sich an gelegentliche Mißerfolge gewöhnt. Kein Wunder, daß es in dieser »wissenschaftlichsten« aller Branchen als verabscheuungswürdigstes Verbrechen gilt, diese »Macher« abzuwerben. Diese sind nicht deshalb so wertvoll, weil sie über theoretische Kenntnisse oder eine College-Ausbildung verfügen, sondern weil sie dieselbe, fast »primitiv« zu nennende Kunst der »Flickschusterei« beherrschen wie Whitney, McCormic und Kettering. Es läßt sich nicht leugnen, daß ohne die vorausgegangene Entwicklung des theoretischen Wissens die »Macher« nie die Chance gehabt hätten, ihre praktische Begabung zu entfalten. Es stimmt auch, daß Dr. Charles H. Townes den Laser nicht ohne die theoretischen Grundlagen der Optik, Physik und die neuesten Erkenntnisse auf elektromechanischem Gebiet erfunden hätte. Heute ist die Situation völlig anders als zu Thomas Edisons Zeiten. Er erbrachte bahnbrechende Leistungen, ohne mit den Werken Faradays oder anderer Kapazitäten vertraut zu sein. Heute sind wir viel stärker auf das Wissen angewiesen als früher. Aber diese Abhängigkeit sollte man auch nicht übertreiben.

Obwohl integrierte Schaltkreise, ein Kind theoretischen Wissens, einen enormen Leistungsanstieg der Elektronik bewirken und im Vergleich zu ihren Vorläufern, den Transistoren, auch rationeller hergestellt werden können, widerlegt der Herstellungsprozeß (ebenso wie der Produktionsablauf bei den Mikroprozessoren) die Lobeshymnen auf die ungeheuren Leistungssteigerungen in den Branchen, die komplizierte Güter fertigen. Dinge planen ist nicht dasselbe wie Pläne realisieren. Es liegt nicht nur daran, daß auf dem langen Weg zwischen Planung und Ausführung vieles »schieflaufen« kann, sondern auch und in erster Linie daran, daß die wissenschaftlich fundierten Industriezweige zwar beim theoretischen Wissen beginnen, aber nicht damit enden. Das Wissen in brauchbare Ergebnisse umzusetzen, ist fast ausschließlich Sache der »Flickschusterei« oder, in anderen Worten, des Management.

Die Lücke, die zwischen den theoretischen Ursprüngen und den technologischen Praktiken in der Elektronikindustrie klafft, ist ein Mikrokosmos für sich. Der güterproduzierende Sektor ist nicht an allen »Fronten« gleich produktiv; er erreicht zum Teil nicht einmal den in der Industrie üblichen Standard. Es ist zwar verzeihlich, die Unterschiede in der Produktivitätssteigerung zwischen Industrie und Dienstleistungsgewerbe zu verallgemeinern, aber eine solche Verallgemeinerung ist sowohl unhaltbar als auch irreführend. 1973, als Bells Buch über die »postindustrielle« Gesellschaft erschien, veröffentlichte John W. Kendrich, der sich besonders eingehend mit der »Produktivität« befaßt hatte, Studien, die folgende Produktivitätszuwachsraten in der amerikanischen Fertigungsindustrie zwischen 1948 und 1966 zeigten: Lebensmittel, 3,0%; Getränke, 2,2%; Tabak, 1,1%; Papier, 2,5%; Chemikalien, 4,9%; Steine, Ton und Glas, 2,4%; Rohmetalle, 1,6%; Elektrogeräte, 3,7%. In einer früheren Studie, die sich mit dem Zeitraum von 1899 bis 1953 befaßte, wiesen seine Berechnungen folgende jährliche Steigerungsquote auf: Lebensmittel, 1,7%; Getränke, 1,6%; Tabak, 3,5%; Papier, 2,3%; Chemikalien, 2,9%; Stein, Ton und Glas, 2,6%; Rohmetalle, 1,9%; Elektrogeräte, 2,2%;

Offensichtlich sind die Steigerungsraten innerhalb verschiedener Branchen und Zeitabschnitte nicht gleichmäßig. Eine 1972 durchgeführte Studie der UN ergab, daß die relative Produktivität pro Arbeitnehmer in den Fertigungsindustrien große Schwankungen aufwies. 1969 lag Frankreich mit 29,9% über der Tschechoslowakei, die CSSR 17,8% über Österreich, und Österreich 57% über Ungarn. Daraus geht deutlich hervor, daß die Produktivität nicht nur in den verschiedenen Industriezweigen und Ländern variiert, sondern auch entsprechend den Stufen des industriellen Lebenszyklus.

Anwendung der Technologie

Wenn man behauptet, die Industrie sei »produktiver« oder weise größere Leistungssteigerungen als der Dienstleistungssektor auf, dürfen einige Fakten auf der Liste der allzu weitläufigen Verallgemeinerungen nicht fehlen.

Zwischen 1899 und 1953 betrug die durchschnittliche Produktivitätszuwachsrate der amerikanischen Eisenbahngesellschaften 2,6% pro Jahr; im Nahverkehr 2,5% und im Fernsprechverkehr 2,0%. All diese Dienstleistungsbetriebe schnitten in diesem halben Jahrhundert besser ab als die Unternehmen, die Lebensmittel, Getränke, Bekleidung, Holz- und Lederprodukte, Rohmetalle, nichtelektrische Geräte und Möbel herstellten.

Obwohl der Produktivitätsgewinn im Dienstleistungsbereich im allgemeinen hinter der des industriellen Sektors zurückbleibt, zeichnen sich die effizienteren Serviceunternehmen durch eine verstärkte Anwendung der Technologie aus. Von 1869 bis 1931 zeigten die Kapitalinvestitionen der amerikanischen Eisenbahngesellschaften eine steigende Tendenz. Sogar 1931, als immer mehr Wirtschaftsunternehmen Bankrott machten, lagen die realen (d. h., den Preisen angeglichenen) Neuinvestitionen im Schienenverkehr noch 5% höher als 1889. Die Kapitalinvestitionen der Telefon- und Telekommunikationsgesellschaften sind seit 1879 alle zehn Jahr sprunghaft angestiegen.

Der technologische Boom im industriellen Sektor ist also auch dem Dienstleistungsbereich zugute gekommen und hat in manchen Fällen sogar zu viel beachtlicheren Resultaten geführt als in der Industrie. Die Annahme, daß sich dieser Trend in einer »postindustriellen« Gesellschaft drastisch ändern wird oder muß, ist absolut unbegründet. Die neueste Entwicklung ist sogar sehr vielversprechend.

Victor R. Fuchs, der sich intensiv mit der Untersuchung der für die Produktivität charakteristischen Merkmale beschäftigt hat, konnte mühelos klarstellen, daß, insgesamt gesehen, die Stundenleistung pro Kopf im amerikanischen Servicesektor halb so groß ist wie im Industriebereich. Aber in den letzten Jahren ist die Produktivität im Dienstleistungsbereich nachweislich schneller gestiegen als in der Industrie. Zwischen 1925 und 1965, lange bevor Büro- und Nachrichtentechnik durch den Einzug der Computer revolutioniert wurden, überstieg der Produktivitätszuwachs in der Industrie den des Servicebereiches nur noch um 0,2% pro Jahr. Die Dienstleistungsbetriebe hatten in diesem Wettlauf an Boden gewonnen. In diesem Zeitraum war das Wachstum in zwei Servicebranchen sogar noch größer als im gesamten Industriebereich: Das Transportwesen hatte um 1,4% und die Kommunikations- und Versorgungsbetriebe um 2,6% höhere Produktivitätszuwachsraten aufzuweisen.

Diese beiden Branchen profitieren natürlich in nicht geringem Maße von der Technologie. Aber die technologischen Leistungen und Möglichkeiten in anderen Dienstleistungsunternehmen werden selten als solche anerkannt. Fuchs beweist das in drei Fallstudien. Da sind z. B. die Damen-und-Herren-Friseursalons. Als der Sicherheitsrasierer auf den Markt kam, rasierten sich die Männer lieber zu Hause und ließen sich auch nicht mehr so oft die Haare schneiden. Sie besuchten den Friseursalon nicht mehr regelmäßig. Dadurch reduzierte sich für die Friseurbetriebe die Zahl der produktiven Arbeitsstunden pro Arbeitstag und der durchschnittliche Arbeitsanfall. Da das Indikatoren für die »Produktivität« sind, nahm zwar die meßbare Produktivität der Friseure ab, aber nicht ihre Leistungsfähigkeit oder ihre tatsächlichen Leistungen. Im Damensalon zeichnete sich ein genau entgegengesetzter Trend ab. Mit der Entwicklung besserer Dauerwellengeräte und Haarfärbemittel nahmen der Arbeitsumfang und die Zahl der Kunden zu. Der wachsende Kundenzustrom führte dazu, daß noch bessere und schnellere Geräte und neue Farbstoffe auf den Markt kamen, die zu einer erneuten Ausweitung der Produktivität und des Kundenzulaufs führten. Das ganze wurde außerdem noch durch vereinzelte Aktionen unterstützt, die für eine Kombination von Haarschnitt und Haarfarbe warben. Und seit auch die Männer mehr Wert auf eine modische Frisur legen, ist die Zahl der Stunden, die sie beim Friseur zubringen, ebenso gestiegen wie die Preise für das »Hair-Styling« und, natürlich, die Produktivität der Haarkünstler.

Analyse der Massentransportmittel

Diese Beispiele tragen zur Klärung der seltsamen Zahlen in den Statistiken über die Produktivität der Massentransportmittel bei. Heute fliegen immer mehr Menschen, und sie benutzen öfter das Flugzeug als früher die Bahn. Eisenbahn und Flugzeug haben – im Vergleich zu ihren jeweiligen Vorläufern – eine Produktivitätssteigerung zu verzeichnen. Trotzdem ist der Schienenverkehr, ähnlich wie eine Zeit lang die Friseurbetriebe, nicht so produktiv, wie er sein könnte; das liegt nicht daran, daß er schlechter ist als andere Transportmittel, sondern an dem geringen Zulauf, den er hat. Wir legen Maßstäbe an, die die Leistungsfähigkeit der Bahn wie auch der Fluggesellschaften systematisch unterbewerten, weil sie die Faktoren Zeit und Geld nicht berücksichtigen. 1970 hat Reuben Gronau für das Statistische Bundesamt eine Studie über den Wert der Zeit bei der Beförderung von Passagieren erstellt. Aus ihr ging hervor, daß bei Routen über zweihundert Kilometer die Zeit, die man einspart, wenn man per Flugzeug anstatt per Bahn oder Bus reist, zwar nicht nach konventionellen Maßstäben zu Buche schlägt, aber in der »Endabrechnung« einen enormen Gewinn darstellt. Unsere modernen Flugzeuge sind (wie früher der Zug) also noch produktiver, als die Statistiken zeigen, wenn wir die Vorzüge, denen man bisher weniger Beachtung geschenkt hat, miteinbeziehen: die Zeit, die der Benutzer gewinnt, um andere Dinge zu erledigen und das Geld, das er für andere Projekte zur Verfügung hat, weil er z. B. für die Transitgüter kein Warenlager anlegen muß.

Dasselbe gilt für die Beziehung zwischen öffentlichen Verkehrsmitteln und Privatwagen. Die Produktivität der öffentlichen Verkehrsmittel ist rückläufig; hauptsächlich, weil immer weniger Menschen sie benutzen. Wenn man die Produktivität des Autos als Alternative im Hinblick auf die Gesamtvorteile, die sie seinem Halter bieten, mißt, ist das Auto sogar noch effizienter als eine voll ausgelastete U-Bahn. *Der Nulltarif*, eine umfassende Studie der Präferenzen und Haltungen Bostoner Bürger von Thomas A. Domencich und Gerald Kraft zeigt, daß »solche Leistungsvariablen wie Fahrpreis oder Fahrzeiten (d. h. Geschwindigkeit) bei der Beurteilung der (Massen)Transportmittel kaum eine Rolle spielen.« Man schätzt Bequemlichkeit, Flexibilität und Privatsphäre bei der Benutzung des Autos; dafür nimmt man gerne die wesentlich höheren Fahrtkosten in Kauf. Kein Wunder, daß das ausgeklügelte neue *Bart-Transit System* in San Franzisko – ruhig, komfortabel, geräumig, schnell, fährt in regelmäßigen, kurzen Abständen und inzwischen auch relativ zuverlässig, mit großen, freien, gut beleuchteten Parkplätzen an den Stationen im Stadtrandgebiet – weit weniger ausgelastet ist, als man erwartet hatte, selbst wenn es teurer kommt, mit dem Auto zur Arbeit zu fahren.

Da ist es auch nicht erstaunlich, daß der Historiker George W. Hilton, der sich 1974 nebenbei mit der Untersuchung der Programme zur Unterstützung der Öffentlichkeiten Verkehrsbetriebe beschäftigt hatte, behauptet, daß man wohl alle diesbezüglichen Experimente als gescheitert betrachten kann. Wen wundert es noch, daß 1974 die Einwohner von Los Angeles in einer Volksbefragung den Bau einer neuen 235 km langen U-Bahn-Linie mit überwältigender Mehrheit ablehnten? Was sie hatten – nämlich ihre Autos – war besser, selbst wenn man die Kosten der staatlichen Stützmaßnahmen, (Straßenbau und Polizei, z. B.) die den Privatwagen gewissermaßen »subventionieren«, miteinkalkuliert. (Aber die Autofahrer werden nicht subventioniert. Sie zahlen Steuern, damit diese Maßnahmen finanziert werden können.) Hätte man die U-Bahn in Los Angeles schließlich doch gebaut, wäre ihr wohl bemerkenswertester Beitrag eine weitere Verringerung der »Produktivitätsrate« in den Statistiken über amerikanische Massentransportmittel gewesen. Und mehr Technologie hätte wegen der geringen Auslastung auch nicht zu einer meßbaren Produktivitätssteigerung geführt. Das Problem der Statistiken über die Produktivität des Dienstleistungsbereiches besteht darin, daß sie häufig die Gesamtvorteile (z. B. Randfaktoren wie Zeit und Bequemlichkeit) und Trendwenden (z. B. vom Theater zum Kino) nicht berücksichtigen oder wegen der zu geringen Auslastung – die darauf zurückzuführen ist, daß man vorteilhafteren, auch nicht immer teureren alternativen Beförderungsmöglichkeiten den Vorzug gibt – ein Zerrbild der Wirklichkeit widerspiegeln.

Zu behaupten, daß die »postindustrielle« oder vorwiegend geistig arbeitende Gesellschaft der Inflation oder Zerstörung ihres Lebensstandards nur entgehen kann, wenn die Dienstleistungsbranchen genauso produktiv werden wie die Industriezweige, die auf Wissenschaft und Technologie basieren, ist falsch. Denn die Technologie an sich ist nicht produktiv. Wenn der Mensch keinen Wert auf das Ergebnis legt oder Maschinen von vornherein ablehnt, ist die Ausbeute auch bei massivem Einsatz von Technologien geringer und nicht höher.

Das Produktivitätsproblem

Es läßt sich daraus auch nicht schließen, daß die Dienstleistungsbranchen an sich weniger geeignet sind, die Technologien anzuwenden, die den Leistungsvorsprung der Industrie bewirken. Ich habe bereits einige Fälle genannt. Ein uns allen bekanntes Beispiel ist der Film: er hat zur Produktivitätssteigerung der Schauspieler beigetragen, die vorher Nacht für Nacht ihre Vorstellungen vor einem kleinen Theaterpublikum gaben. Das gleiche gilt für Fernsehen kontra Kino. Wenn unsere Produktivitätsstatistiken die Rubrik »Unterhaltungssektor« einführen würden, anstatt pedantisch und willkürlich in »Film« und »Theater« zu unterteilen, wäre das Resultat ganz anders. Die Ergebnisse sind auf dem Papier niederschmetternd – die Wirklichkeit sieht jedoch ganz anders aus: das Publikum trennt nämlich nicht nach »Theater« oder »Film«, sondern will ganz einfach »Unterhaltung«. Der außerordentliche Produktivitätszuwachs, den Film und Fernsehen zusammen als Unterhaltungsbranche bereits in ihren Anfängen aufweisen konnten, ist wesentlich größer als die Leistungssteigerungen, die die Pioniere der industriellen Standardisierung und Massenproduktion erreicht hatten, wie z. B. die Hersteller der Musketen nach dem Amerikanischen Unabhängigkeitskrieg oder der Uniformen nach dem Bürgerkrieg.

In diesen Dienstleistungsbranchen wird das »Produktivitätsproblem« schneller gelöst als damals in der Industrie. Wie wir gesehen haben, lag zwischen der Uhr und Eli Whitneys Musketenfabrik ein Zeitraum von vierhundert Jahren. So gesehen hat man ziemlich lange gebraucht, um das »Produktivitätsproblem« im industriellen Sektor zu »lösen«. Im Gegensatz dazu ersetzte der erste, für die Wirtschaft konstruierte Computer auf der Stelle tausende von Lohnbuchhaltern, die weniger leisteten und mehr Fehler machten. Aber die daraus resultierenden Produktivitätssteigerungen in diesem Servicebereich tauchen nicht in den Statistiken auf. Sie wurden (und sind noch) in den Datenspeichern der Firmen »begraben«, für die die Lohn- und Gehaltsabrechnungen erstellt worden waren.

Der Computer ist ein Beispiel für den Ersatz weniger produktiver Arbeitnehmer im Dienstleistungsbereich durch den produktivitätsfördernden Einsatz der Technologie; es gibt noch viele andere: Kaffeeautomaten anstelle von Kellnerinnen, Geldwechselautomat statt Bankkassierer, Münzautomat für Reiseversicherungen anstelle von Verkaufspersonal. In vielen Fällen erhöht die Technologie die Leistungen des Menschen, anstatt ihn zu ersetzen: es gibt heute Schreibmaschinen statt Füllfederhalter und Tinte; EEG (und seit neuestem Scanner) für Neurologen, Neurochirurgen und Neuroradiologen zur schnelleren und genaueren Diagnose und Behandlung der Patienten; Putzmittel und motorgetriebene Geräte, damit Putzkolonnen noch zeitsparender, besser und müheloser arbeiten; Elektrowerkzeug und elektronische Prüfgeräte, um die Autoreparatur zu beschleunigen, zu vereinfachen und zu verbessern; und Kreditkarten in Banken und Einzelhandel, was bedeutet, daß nur eine einzige Entscheidung getroffen werden muß, während früher diverse zeitraubende, routinemäßige, kosten- und arbeitsintensive, oft peinliche Aktivitäten und Überlegungen notwendig waren.

Selbst die bekanntesten und wohl isoliertesten geistig Arbeitenden, die Wissenschaftler und Forscher, verfügen heute meistens über computergestützte Informationssysteme, die innerhalb von Minuten eine Kopie jedes Zitats aus jeder beliebigen Veröffentlichung von, sagen wir, Peter F. Drucker, ausdrucken können. Sie können auf Wunsch sogar ein Handbuch aller gesammelten Zitate zusammenstellen. Dieses Wunder hat der Lockheed Informations-Service, eine Tochter der Gesellschaft für Flugtechnik, ermöglicht, deren Kampf mit dem Bankrott Mitte der 70er Jahre eben diese Wissenschaftler mit Genugtuung erfüllt hat. Wie Sie sehen, gibt es unzählige Beispiele, die Zeugnis für die regelmäßigen, nachweisbaren Produktivitätssteigerungen im Dienstleistungssektor ablegen.

Das neue Leistungspotential im Servicebereich

Die Industrialisierung des Dienstleistungssektors steckt noch in den Kinderschuhen. Der wichtigste Aspekt dieses Prozesses ist jedoch den meisten verborgen geblieben. Obwohl Computer, Kreditkarten, elektrische Trockenhauben, Elektrogeräte, Schreibmaschinen usw. zu beträchtlichen Leistungssteigerungen beigetragen haben, ist eine andere Form der Industrialisierung noch vielversprechender: der Einzug der rationalen Unternehmensführung, die wir heute Management nennen, in den Servicebereich. Allein durch die Hochleistungsgeräte, Bohrvorrichtungen, Maschinen, elektronischen Überwachungsgeräte, Turbinen, chemischen Prozessoren und das Wissen, das zu ihrer Entwicklung geführt hat, läßt sich die Produktivität im industriellen Sektor nicht erklären. Viel wichtiger ist dabei, wie all diese Produktionsfaktoren eingesetzt werden. Das moderne Management hat sich erst in jüngster Zeit systematisch in die Dienstleistungsbranchen verbreitet.

Mehr als ein Jahrhundert lang haben Historiker und Wirtschaftswissenschaftler versucht, den wirtschaftlichen Fortschritt auf Erfindungen und technische Errungenschaften zurückzuführen. Dabei kamen zur klassischen Einteilung der Produktionsfaktoren in »Boden, Arbeit und Kapital« später noch die Begriffe »akquisitorischer Geist« und »Kongenialität« hinzu. Was weitgehend unbeachtet blieb – außer in der oft verschmähten Wirtschaftsliteratur- war die Bedeutung der rationalen Steuerung volkswirtschaftlicher Prozesse. Obwohl das Thema Unternehmensführung gelegentlich sogar die Aufmerksamkeit so anerkannter Denker wie Max Weber erregt hat, wurde es hauptsächlich als separater, soziologischer Aspekt in die Kategorie »Bürokratie« eingereiht. Wir wissen, daß nicht die Existenz des wissenschaftlich begründeten Wissens, der Erfindungen oder technischen Errungenschaften die Produktivität bewirken, sondern die Art, wie sie in einem komplexen industriellen Umfeld eingesetzt, benutzt, bereitgestellt und gesteuert werden.

Daniel Bell ignoriert diesen Aspekt zwar nicht, aber er betont auch nicht seine entscheidende Bedeutung. Bei ihm kommt das Wort »Management« nur selten, und dann auch nur am Rande vor, wenn er gelegentlich in Fußnoten Triviales von Lenin und Frederick W. Taylor zitiert. Taucht dieser Begriff doch einmal auf, dann eher als passives Substantiv (wie »Wissenschaftler«) anstatt als funktionale Disziplin (wie »Wissenschaft«). Bell kommt einer Anerkennung der Management-Funktion mit einer einzigen Zeile, die sich auf die »professionelle Administration« bezieht, noch am nächsten – ein Ausdruck, der an sich schon signifikant ist, weil man unter »Management« alles andere versteht als »Verwaltung«. Management bedeutet, aktiv Ziele und Mittel bestimmen, organisieren, planen, steuern, kontrollieren und motivieren. Administration umfaßt lediglich das ausführende Element.

Wenn Bells Analyse aufgrund von Fakten und Logik in die Nähe der eigentlichen Führungsaufgaben gerät, bewegt er sich mit äußerster Vorsicht auf diesem praktischen, ihm wenig vertrauten Terrain. Historisch gesehen wurde, laut Bell, die Produktivität als Konzept erst möglich durch ein »unterstützendes System«, das neue Einsatzmöglichkeiten für die Maschine erforderlich macht. Weniger abstrakt ausgedrückt bedeutet dies, daß unsere moderne Industriegesellschaft das Produkt zweier »neuer Menschen ist, des Ingenieurs und des Wirtschaftswissenschaftlers.« Bell schreibt, daß der Ingenieur Maschinen in der »bestmöglichen Weise« entwirft und einsetzt, während der Wirtschaftswissenschaftler das Element der betrieblichen Kosten innerhalb eines relativen Preisgefüges einführt, um eine optimale Kombination aus menschlicher und maschineller Arbeitskraft bei der Organisation des Produktionsprozesses zu erreichen.«

Ohne respektlos sein zu wollen möchte ich behaupten, daß kein noch so bekannter Wissenschaftler, mit welchen akademischen Titeln auch immer, auch nur annähernd in die Reichweite der praktischen Arbeit im Produktionsbereich gekommen ist. Der Wirtschaftwissenschaftler war nach, und nicht vor dem industriellen System da. Trotzdem betont Bell mehrmals die vermeintliche Priorität der wirtschaftswissenschaftlichen Perspektive der historischen Entwicklung des Wirtschaftsgeschehens: »Der Volkswirtschaftslehre ist die rationale Arbeitsteilung, die Spezialisierung von Wirtschaftsfunktionen, die Komplementierung von Beziehungen und die Nutzung der Produktionsfunktionen.... die Arbeitsplanung usw. zu verdanken«. Historisch gesehen wird hier das Pferd vor den Wagen gespannt. Adam Smith hat bereits 1776 ähnliche Überlegungen schriftlich fixiert, aber er leitete sie aus der Beobachtung dessen, was bereits existierte, ab. Es ist ganz sicher von Bedeutung, daß man auf den ersten Seiten seines Werkes *Wealth of Nations* nicht Theorien oder Ratschläge findet, sondern eine Beschreibung der Arbeitsteilung bei der Herstellung von Bolzen. Dieser Industriezweig, den es damals bereits gab, war nicht das Resultat irgendwelcher wirtschaftswissenschaftlicher Theorien, sondern er war entstanden aufgrund der Findigkeit und Risikobereitschaft eines praktisch denkenden Unternehmers, der nur das tat, was ihm vernünftig schien. Wenn man Wirtschaftwissenschaft und Wirtschaftswissenschaftler als treibende Kraft für den Erfolg unserer Industrie ansieht, und dabei die Arbeit der Organisatoren und Lenker ignoriert, beschreibt man nicht die historische Entwicklung, sondern liefert nur einmal mehr den Beweis für unsere Neigung, formale, konzeptionelle Schemata höher einzuschätzen als praktische Arbeit.

Die Realisierung moderner Management-Methoden im Servicesektor hat die Schlußfolgerungen, die sich aus der Konzeption der »postindustriellen« Gesellschaft ergeben, bereits beträchtlich modifiziert. Das Fehlen des von Adam Smith beschriebenen produktivitätsorientierten

Denkens – dieses praktischen Rationalismus, den wir heute Management nennen – hat dazu beigetragen, daß die Dienstleistungs- hinter den industriellen Sektoren und einige Industrienationen hinter anderen zurückgeblieben sind. Im Verlauf der geschichtlichen Entwicklung vermißt man aber nicht nur diese Art des Denkens, sondern auch das Interesse der Wissenschaft am Thema Management. Einige Beispiele sollen zeigen, wie man das Management, das an sich eine (sanfte) Technologie darstellt, »wiederentdeckt« und eingesetzt hat, um die Produktivität im Dienstleistungsbereich zu steigern.

Die »Schnellgerichte«-Technologie

Nehmen wir z. B. die Lebensmittelindustrie. Die meisten von uns kaufen ihre Lebensmittel im Supermarkt, – eine Form des Einzelhandels im Dienstleistungsbereich. Er stellt einen ungeheuren Produktivitätsanstieg gegenüber dem »Tante-Emma-Laden« dar, in dem ein einzelner Verkäufer die Waren Stück für Stück zusammensuchte, während der Kunde wartete. Das schnelle, effiziente Selbstbedienungssystem im Supermarkt hat den langsameren, weniger leistungsfähigeren Verkäufer, der mehr Fehler machte, ersetzt. Der Kunde nimmt aktiv am Produktionsprozeß teil – genauso wie in Waschsalons, Selbstbedienungsrestaurants und, traditionsgemäß, in Schulen und Kirchen wo Studium und Gebet des »Erziehungs- und Religions-Konsumenten« erst die Entstehung der »Güter« ermöglichen.

Der Supermarkt ist eindeutig produktiver als sein Vorgänger. Interessanterweise herrscht auch hier das Fließband-Prinzip. Das Endprodukt (in diesem Fall der gesamte Einkauf) wird aus dem Warenangebot des Supermarktes zusammengestellt, genauso wie das Auto aus den Einzelteilen vom Fabriklager zusammengesetzt wird. Obwohl der Kunde den größten Teil der Arbeit übernehmen muß, ist der Grad seiner Befriedigung höher. Der Supermarkt ist der Triumph von Unternehmergeist und Management über veraltete Gewohnheiten. Betrachten wir andererseits die Mahlzeiten, die im Restaurant eingenommen werden, z. B. bei McDonald's, worauf ich kurz in Kapitel 3, »Die Industrialisierung des Dienstleistungssektors«, eingegangen bin. McDonalds verdient in diesem neuen Zusammenhang eine eingehendere Untersuchung.

Nur wenige der heute so erfolgreichen Wirtschaftprojekte haben bescheidener und weniger glanzvoll begonnen. Aber die prosperierende, über das ganze Land verteilte Kette der McDonald's Filialen ist wohl das beachtlichste Beispiel für die Anwendung von Fabrikations- und Industrietechniken in der Dienstleistungsbranche. Zwischen 1961 und 1981 explodierte der Jahresumsatz bei McDonald's von $54 Millionen auf $7.1 Milliarden. Während dieser ungeheuren Umsatzsteigerung verschwand die White Castle-Kette, deren Name in ganz Amerika ein Synonym für preiswerte, sofort lieferbare Hamburger war, völlig von der Bildfläche.

Der McDonald's-Boom läßt sich nicht rein fiskalisch erklären, d. h., mit dem Argument, daß diese Kette primär von lokalen, unabhängigen Unternehmern finanziert wird, die ein wesentlich größeres persönliches Engagement zeigen, als allgemein bei Angestellten üblich ist. Es liegt auch nicht daran, daß jede Filiale ein relativ kleines, lokal begrenztes Gebiet abdeckt und somit ziemlich schnell und problemlos neue Restaurants entstehen. Die Erklärung liegt in der Antwort auf die Kernfrage, warum jede dieser Filialen nahezu eine Erfolgsgarantie darstellt und für alte und neue Kunden gleichermaßen attraktiv bleibt. Zunächst einmal ist der Kunde äußerst zufrieden mit der für alle Filialen typischen Arbeitsweise: Er wird in einer sauberen, ordentlichen und freundlichen Umgebung, ohne lange warten zu müssen, mit qualitativ hochwertigen, vorgefertigten, einheitlichen und preiswerten Gerichten bedient. Durch den systematischen Einsatz von Maschinen anstelle von Personal, die optimale Einplanung und Anwendung verfügbarer Technologien und das hervorragende Management und gut geschulte Team hat McDonald's es geschafft, weit mehr Kunden anzuziehen und zu halten, als seine Vorgänger oder Nachahmer.

Die bemerkenswerte Findigkeit, die hinter diesem System steckt, ist eine eingehende Betrachtung, wert. Da ist zunächst einmal der sichtbare Arbeitsprozeß: die rohen Hamburger-Fleischlaibchen werden in einer kapitalintensiven zentralen Kantine ausgewogen und abgepackt, so daß weder die Kantinenarbeiter noch die Angestellten in den Filialen Größe, Qualität oder Konsistenz verändern können. So strikt sind alle Produkte und Aktivitäten bei McDonald's festgelegt. Lager, Verkaufs- und Zubereitungsfläche der einzelnen Filialen sind speziell auf ein vorher festgelegtes Produkt-Mix zugeschnitten und beschränkt: es bleibt kein Platz für Lebensmittel, Getränke oder Serviceleistungen, die nicht von vorneherein eingeplant waren. Es gibt nicht einmal ein Brotmesser oder einen Platz, um es aufzubewahren. Der Manager hat also keinen Einfluß auf das, was er verkauft – nicht, weil er vertraglich gebunden wäre, sondern weil die ganze Einrichtung des Restaurants es nicht zuläßt. Und für die Angestellten gibt es nur eine Möglichkeit, die Produkte zuzubereiten und zu servieren. McDonald's Restaurants sind Fabriken in der Gastronomie-Branche, die nach den Vorstellungen der Planer entworfen und eingerichtet sind und nicht mehr und nicht weniger enthalten.

Ein großer Ermessensspielraum beeinträchtigt die Ordnung, Standardisierung und, in diesem Fall, die Qualität. Wenn ein Arbeiter, der in einer Autofabrik am Fließband steht, mehr Eigeninitiative und Entscheidungsfreiheit zeigen dürfte, würde er vielleicht ein Auto konstruieren, das individueller ist, aber es wäre bestimmt weniger zuverlässig. Die außerordentlich große Sorgfalt, mit der ein Automobil geplant, das Zubehör gefertigt und die Fließbandproduktion festgelegt und kontrolliert wird, trägt dazu bei, daß hochqualitative Fahrzeuge zu niedrigen Preisen hergestellt werden können – und daß der Produktionsvorgang erstaunlich reibungslos funktioniert, wenn man bedenkt, daß jede Minute ein komplettes, fahrtüchtiges Auto das Fließband verläßt. McDonald's operiert auf der gleichen Basis. Wie Henry Fords T-Modell verdankt dieses Unternehmen seinen Erfolg der wohlüberlegten Planung eines industriellen Systems, das leistungsstark genug ist, um große Mengen qualitativ hochwertiger Produkte gewinnbringend, und dennoch preislich attraktiv, anzubieten. Das war McDonald's ursprüngliches Ziel, und das ist seine brilliante Leistung, die nicht dem Zufall zu verdanken ist.

Die McDonald's – »Maschine«

Um die Revolution im Servicebereich, die Mc Donald's auch heute noch darstellt, zu verstehen und zu würdigen, lassen Sie mich einmal auf die Zubereitung der fast schon zur Volksnahrung gewordenen Pommes-Frites eingehen. Pommes-Frites werden bekanntlich schnell matschig und unansehlich; um knusprig und appetitlich auszusehen, müssen sie direkt vor dem Verzehr zubereitet werden. McDonald's versorgt seine Filialen mit vorgeschnittenen, vorgekochten, tiefgefrorenen Kartoffelchips, die in einem Frittiergerät im Restaurant schnell und problemlos fertiggegart werden können. Das ist der erste Schritt in einem Industrialisierungsprozeß, der der Ausstattung der Fließbandarbeiter in Detroit mit Autoteilen und Werkzeug ähnelt.

McDonald's Frittiergeräte sind weder so groß, daß zuviele Pommes-Frites gleichzeitig zubereitet werden können (und dadurch alt und matschig aussehen) noch so klein, daß der Frittiervorgang zu oft wiederholt werden muß und somit zu teuer wird. Der Frittierkorb wird auf einem großen flachen Tablett direkt neben der Theke ausgeleert. Die Ortswahl ist hierbei extrem wichtig. Da es zu McDonald's Firmenpolitik gehört, einen Eindruck von Fülle und Großzügigkeit zu erwecken, werden Pommes-Frites-Tüten leicht »überfüllt«; das Tablett gleich neben dem Tresen verhindert, daß dabei Chips auf dem Boden landen. Abfälle, die herunterfallen, sind nicht nur eine Gefahr, sondern tragen auch dazu bei, daß sich die Angestellten an einen unsauberen Arbeitsplatz gewöhnen; und wenn erst einmal ein Geschäftsbereich unordentlich ist, fällt der allgemeine Standard rapide. Der Laden wirkt dann schließlich verkommen und das Essen unappetitlich.

McDonald's versucht, einen Eindruck von Fülle und Großzügigkeit hervorzurufen; aber eine zu reichlich bemessene Produktmenge kann für ein Unternehmen, das jedes Jahr ganze Waggons Kartoffeln kauft, sehr kostenintensiv sein. Wenn man systematisch in jede Tüte dreißig Gramm mehr als vorgesehen füllt, wirkt sich das sichtbar auf den Gewinn aus. Dazu kommt noch, daß die Angestellten zuviel Zeit mit dem Abfüllen verbringen, während sich bei der Bedienung ein Engpaß ergeben kann.

McDonald's hat deshalb eine breite Spezialschaufel entwickelt, die einen Trichter im Griff hat. Die Bedienung nimmt die Schaufel und spannt das Ende des Griffs in eine Klammer an der Wand ein, die die Tüten enthält; dadurch bleibt eine Tüte um den Griff gespannt. Sie nimmt die Chips auf die Schaufel, und dann wird genau die vorgesehene Menge in die Tüte gefüllt, indem sie den Griff nach oben dreht, und die Pommes-Frites durch den Trichter in die Tüte fallen; durch das Gewicht des Inhaltes löst sich die Tüte und bleibt mit der flachen Unterseite auf der Arbeitsfläche stehen.

Dabei kann nichts »schiefgehen«. Das Personal macht seine Hände nicht schmutzig, der Boden bleibt sauber, trocken und sicher und die Abfüllmenge immer die gleiche. Der Kunde wird schnell bedient und erhält eine sichtbar großzügig abgemessene Portion, die Angestellten sind fleißig und freundlich, und man hat das Gefühl, besonders gut bedient zu werden.

Nehmen wir andere Aspekte der Technologie von McDonald's: Die einzelnen Hamburger-Arten sind durch eine farblich verschiedene Verpackung gekennzeichnet. In Infrarotgeräten werden Hamburger für Stoßzeiten warmgehalten. Die Frittiergeräte haben Abdeckgitter, damit der Kittel des Kochs nicht schmutzig wird. Nichts bleibt dem Zufall oder der Entscheidung der Angestellten überlassen.

Das gesamte System wird den exakt festgelegten technologischen Gegebenheiten entsprechend geplant und realisiert; sie garantieren schnellen, sauberen und zuverlässigen Service in einer Atmosphäre, in der die Angestellten, deren Gehälter man eher als bescheiden bezeichnen kann, sich wohlfühlen. Trotz des Andranges, der oft vor dem Tresen herrscht, wirkt keiner gestreßt, und das wirkt sich natürlich auch positiv auf den Umgang mit den Kunden aus.

Aber McDonald's geht noch einen Schritt weiter. Kunden betreten nicht gerne ein Gebäude, das schon von außen wenig einladend wirkt. Deshalb hat man sich mit der Außen- und Innengestaltung der Filialen besondere Mühe gegeben. Auf einige Dinge hat der Architekt jedoch keinen Einfluß; das gilt besonders für die Drive-in-Restaurants, wo viele Leute in ihren geparkten Autos essen und leere Boxen und Pappbecher manchmal auf dem Boden landen. McDonald's hat dieses Problem vorausgesehen: Auf den Parkplätzen stehen weithin sichtbar, im Schachbrettmuster verteilt, eine ausreichende Anzahl von Abfallkörben, deren Zweck nicht zu übersehen ist. Selbst der unachtsamste Kunde würde sich genieren, seinen Abfall auf den Boden zu werfen. Sollte das doch einmal geschehen, gibt es in den größeren McDonald's Filialen motorisierte Kehrwagen zur schnellen und mühelosen Abfallbeseitigung. Und die Angestellten fahren viel lieber damit auf den Parkplätzen herum, als daß sie die Abfälle mit dem Nagelstock einsammeln. McDonald's hat die Methoden, die für die Führung von Industrieunternehmen charakteristisch sind, in einem arbeitsintensiven Dienstleistungsunternehmen angewandt und damit einen wesentlichen Beitrag zur modernen, hochentwickelten Service-Technologie geleistet. Wenn man eine Maschine als eine Einrichtung betrachtet, die ein voraussehbar standardisiertes, den Käufer befriedigendes Produkt liefert, wobei der Entscheidungsspielraum des Bedienungspersonals auf ein Minimum reduziert wird - dann könnte man McDonald's als eine solche »Maschine« bezeichnen. Hier wird durch ungelerntes Personal ein relativ hochwertiges, bewährtes Produkt schnell und preiswert hergestellt. McDonald's repräsentiert die Industrialisierung des Dienstleistungssektors, weil das Management die gleichen systematischen Methoden der Analyse, Planung, Organisation und Kontrolle eingeführt hat, die im Industriebereich üblich sind. Darauf läßt sich primär der Bombenerfolg dieses Wirtschaftsgiganten zurückführen. Ich habe bereits das Verhältnis zwischen Produktivität und Nachfrage und zwischen Nachfrage und Produktinnovation am Beispiel der Friseurbetriebe erklärt. Das gleiche gilt für McDonald's. Die Kontrolle von Produktion und Qualität durch eine sorgfältige Systemplanung schafft die Nachfrage, die eine aufwendige Unternehmensführung rechtfertigt. Diese trägt ihrerseits dazu bei, die McDonald's-»Maschine« zu verbessern, den Umsatz zu steigern und die Statistiken über die Produktivität in der Gastronomie ein wenig erfreulicher zu gestalten.

Rationales Management

Diese Art des rationalen Management hat die Verbesserung der Distribution und Serviceleistungen in der Industrie bewirkt. 1961 hatte sich die Building Controls und Components Group, eine Tochter von Honeywell, einer der größten Hersteller von Thermostaten und Kontrollelementen für Heiz- und Klimaanlagen, hauptsächlich auf die Ersatzausstattung (den After-sales-Service) konzentriert. Die Ersatzteile wurden durch Vertriebsfirmen, die sich auf Heiz- und Klimaanlagen spezialisiert hatten, verkauft, die dann Klempner- und andere Installationsbetriebe und Werkstätten belieferten. Zu der Zeit bestand Honeywells Produktlinie aus fast 18 000 verschiedenen, katalogisierten Ersatzteilen und Elementen. Dem Unternehmen standen ca. 5000 Vertriebsorganisationen zur Verfügung, von denen keine - aus wirtschaftlichen Gründen -die gesamte Produktpalette anbieten konnte. Honeywell unterhielt deshalb ungefähr 100 eigene Lager mit dem kompletten Warenangebot, die die Vertriebsgesellschaften sofort beliefern konnten. Das Resultat war, daß die Händler den Installateuren hauptsächlich die Teile verkauften, die sie selbst nicht vorrätig hatten. Sie schickten sie entweder zum nächsten Honeywell-Depot, oder sie holten die Ware selbst dort ab und lieferten sie an ihre Kunden aus. Honeywells Lagerhaltungskosten waren immens hoch, wurden aber als notwendiges Übel betrachtet.

Und dann änderte Honeywell wagemutig seinen Kurs und gab seine neue Firmenpolitik bekannt: alle eigenen Depots sollten aufgelöst und die Ersatzteile von den Vertriebsgesellschaften gelagert werden. Die Originalausrüstung war zwischenzeitlich neu konstruiert worden und enthielt jetzt dreihundert austauschbare Standardteile - die sich sowohl bei anderen Produkttypen von Honeywell als auch bei Konkurrenzartikeln einbauen ließen. Darüber hinaus war auf jeder Verpackung vermerkt, zu welchen Honeywell- oder Konkurrenzprodukten das Teil paßte.

Durch die Abschaffung der eigenen Warenlager bürdete der Konzern die Lagerhaltungskosten den Vertriebsgesellschaften auf. Aber die neuen austauschbaren Teile waren keine Belastung, sondern ein Gewinn; sie ermöglichten den Händlern, ihr Magazin zu verkleinern, weil weniger Ersatzteile- auch für die Konkurrenzprodukte, die sie ja weiterhin führen konnten, notwendig waren. Dadurch konnten sie ihren Kunden einen schnelleren und preiswerteren Service anbieten und Reparaturen problemloser und billiger ausführen.

Honeywells Marktanteile in der Ersatzteilbranche verdoppelten sich fast. Die Originalgeräte hatten eine Absatzsteigerung von fast 50% zu verzeichnen, und die Lagerhaltungskosten waren auf Null gesunken. Während vorher fast 90% der Honeywell Ersatzteile auf 4000 Vertriebsgesellschaften verteilt waren, konzentrierte sich das gleiche, inzwischen verdoppelte Absatzvolumen innerhalb von zehn Jahren nach Inkrafttreten der neuen Unternehmenspolitik auf neunhundert leistungsstärkere Händler.

Ein scheinbar unvermeidliches, arbeitsintensives Problem wurde hier durch den geschickten Einsatz von in der Industrie üblichen Management-Methoden gelöst. Motivation, harte Arbeit, persönliches Engagement, Schulung und verkaufsfördernde Anreizsysteme wurden durch eine neue Zielvorgabe ersetzt. Sie bestand nicht darin, den Umsatz zu steigern. Vielmehr sollte sie Bedingungen schaffen, um den Händler zu motivieren, seine Geschäftsbeziehung zu Honeywell auszuweiten, das durch diese Maßnahme seine Kosten erheblich reduziert hatte. Die grundlegende Entscheidung des Management, sich kreativ der Serviceprobleme und -bedürfnisse der Vertriebsgesellschaften und ihrer Kunden anzunehmen, war der Ausgangspunkt für einen schnelleren, vereinfachten und preiswerteren Service, der nicht durch eine gute Administration, sondern ein hervorragendes Management ermöglicht wurde.

Auch in anderen kommerziellen Bereichen machen sich ähnliche Denkprozesse bemerkbar; z. B. - wie ich bereits erwähnt habe - bei der Transamerika Rechtstitelversicherungsgesellschaft, die ihre vorher komplexen, zeitraubenden, arbeitsintensiven Aktivitäten, die man für notwendig hielt, um kostengünstig und genau die Rechtsansprüche der Klienten zu klären und Versicherungspolicen ausstellen zu können, industrialisiert hat.

Die genannten Beispiele für die Industrialisierung des Dienstleistungssektors durch die Anwendung rationaler Führungsmethoden - McDonald's, Kreditkartensystem, Supermärkte, Transamerika und andere Firmen - sind weder belanglos noch außergewöhnlich; es handelt sich dabei ebensowenig um die bewußt aus einer sonst monotonen Wirklichkeit herausgesuchten Illustrationen rein spekulativer Möglichkeiten, die sich nur bedingt realisieren lassen. Sie zeigen vielmehr die Chancen, die sich dem gesamten Servicebereich heute (sogar unausweichlich) bieten, und die einst charakteristisch waren für die Art der Industrie, die Adam Smith 1776 als Beispiel zur Veranschaulichung der Arbeitsteilung und ihre Folgen für die Produktion diente.

Produktion kontra Leistung

Das Fehlen der in der Industrie üblichen rationalen Management-Methoden erklärt zum Teil die Trägheit so vieler Dienstleistungsbranchen. Für diesen Mangel gibt es einen Grund, den ich Ihnen nicht vorenthalten möchte. Das Wort »Dienstleistung« verbinden wir mit der jahrhundertealten Vorstellung von persönlicher Bedienung und Aufmerksamkeit. Den gleichen etymologischen Ursprung haben die Begriffe »Diensteifer« und »Dienstbeflissenheit«. Unter einer Dienstleistung verstehen wir im allgemeinen etwas, das man persönlich (und devot) für einen anderen Menschen verrichtet. Assoziationen wie Gehorsam, Subordination und Unterdrückung oder Altruismus, Edelmut und Selbstlosigkeit werden geweckt. Aus dieser Perspektive gesehen dienen Menschen gezwungenermaßen (in der Sklaverei, oder bedingt durch ihren Beruf, z. B. als Kellner, Zimmermädchen, Hotelpage oder Putzfrau).
In den angeseheneren Dienstleistungsbranchen, z. B. im Kirchen- oder Militärdienst, zählt traditionsgemäß rituelles, und nicht rationales Verhalten. Die niedrigeren Dienstleistungs-»Kasten« haben schlicht zu ge-

horchen. Eigenständiges Denken ist in keiner der beiden Kategorien gefragt. Was man hier bestenfalls an Verbesserungen erwarten kann, ist, daß sich die Ausführenden physisch noch mehr anstrengen und bemühen, das zu tun, was sie immer getan haben. Dieser veralteten präindustriellen Denkweise sind sie ohnmächtig ausgeliefert.

Im Gegensatz dazu legt man in der Industrie hauptsächlich Wert darauf, die gewünschten Resultate zu erzielen. Ritualen und persönlicher Dienstbeflissenheit werden wenig Bedeutung beigemessen. Die zwischenmenschlichen Beziehungen sind rein geschäftlicher Natur und Statusunterschiede selten.

Das in der Industrie übliche rationale Denken konzentriert sich weniger auf eine Verbesserung der persönlichen Leistungen bei der Durchführung bestimmter laufender Projekte, sondern vielmehr auf neue Wege, um die aktuellen Aufgaben zu bewältigen, oder, noch besser, zu verändern. In der Industrie hält man wenig von einem verstärkten Einsatz rein physischer Energie (körperlich härter zu arbeiten, wie der Sklave), von größerer Verpflichtung (devoter oder loyaler zu sein, wie der Priester) oder zunehmender Abhängigkeit (unterwürfiger zu scheinen, wie der Butler). Stattdessen fordert man aktive geistige Mitarbeit. Auf einen einfachen »Nenner« gebracht: es geht darum, welches alte und neue Instrumentarium, welche Materialien, Fähigkeiten, Prozesse, organisatorische Veränderungen, Anreiz-, Kontroll- und Revisionssysteme zur Verfügung stehen, um das gewünschte Ergebnis zu erzielen. Oft wird das Problem von innen nach außen gekehrt: Stellt das gewünschte Produkt tatsächlich eine Lösung für das Problem des Konsumenten dar? Läßt sich das Problem auch anders definieren oder das Instrumentarium neu gestalten, um ein Produkt schneller oder kostengünstiger herzustellen und gleichzeitig Qualität und Leistungsfähigkeit zu verbessern? Kurz gesagt - die Industrie sucht nach Lösungen innerhalb des Aufgaben- und Problemlösungsbereiches, und es geht dabei nicht nur um Probleme der Industrie, sondern auch der Kunden. Genau das hat Henry Ford mit großem Erfolg praktiziert. Er hat den Kern des Problems in Angriff genommen, statt der vorher teuren Autos billigere vom Fließband produziert und aus einem »Luxusmarkt« einen »Massenmarkt« gemacht.

Im Gegensatz dazu werden Lösungen im Dienstleistungsgewerbe nicht in der Stellung der Aufgaben, sondern in ihrer Ausführung gesucht. Sogar heute noch glaubt man, daß sich mit tradierten Verhaltensmustern und veralteten Vorstellungen die Fähigkeiten und Leistungen der Menschen, die eine Dienstleistung ausführen, verbessern lassen, anstatt sich eingehender mit einer neuen Definition und Gestaltung der Dienstleistung zu befassen.

Die Industrie hat den Dienstleistungssektor weit überholt, weil sie, schon seit langem, mit Hilfe von Technokratie und der Kunst moderner Unternehmensführung ihre Funktion verbessert. Der Servicesektor hinkt hinterher, weil er immer noch eine humanistische Denkweise pflegt. Da wir alle Menschen und keine Maschinen sind, ist diese Einsicht bitter. Aber ungeachtet unserer Wünsche ist wohl nicht zu vermeiden, daß der Servicebereich auch in Zukunft das Schlußlicht unseres Wirtschaftssystems bildet, solange wir ihn mit humanistischen anstatt technokratischen Augen betrachten. Solange wir auch weiterhin unter einer Dienstleistung eine Aufgabe verstehen, die vollständig von der persönlichen Leistungsbereitschaft und dem Einsatz des Einzelnen zum Wohl seiner Mitmenschen bestimmt wird, bleibt uns die Suche nach Alternativen verwehrt.

Unsere Einstellung hindert uns daran, die Aufgabenstellung anders zu formulieren, neue Pläne, Instrumentarien, Prozesse, Systeme, Organisationsformen oder Kontrollen zu schaffen; möglicherweise sind wir dann nicht einmal in der Lage, die Bedingungen abzuändern, die zur Entstehung des Problems überhaupt erst beigetragen haben.

Produktive Prototypen

Um die Qualität und Produktivität des Dienstleistungssektors zu verbessern, ist das gleiche technokratische Denkmuster notwendig, das in anderen Bereichen der Wirtschaft die kostenintensive, unberechenbare Arbeitsweise des Handwerkers durch die kostensparende, berechenbare Produktivität der fabrikmäßigen Herstellung ersetzt hat. Dazu ist eine Industrialisierung des gesamten Servicesektors erforderlich. Das versucht man inzwischen allerorts, wobei sich allerdings gelegentliche Rückschläge nicht vermeiden lassen. Der Grund dafür ist, daß die »glattzüngigen« Technokraten oft etwas versprechen, was sich so kurzfristig nicht realisieren läßt. (Nicht jeder möchte bei McDonald's essen, obwohl es manchmal so aussieht.) Nicht alle Arbeiten lassen sich rationalisieren, wenn auch mehr, als auf den ersten Blick scheint. Ich habe als Beispiele für die neuen, aus der Industrie übernommenen Methoden die Mr. Minit-Schuhreparaturdienste auf dem Europäischen Kontinent genannt; außerdem die pathologischen Kliniken der Damon's Stiftung in Amerika; jene Gesundheitsorganisationen, die eine ambulante, preiswerte, vorausbezahlte medizinische Versorgung in Krankenhäusern bieten, welche über alle nur denkbaren Arten von Spezialisten verfügen – also hochbezahlte Fachkräfte, die sich im Gegensatz zu ihren Kollegen nicht mit bürokratischer »Puzzlearbeit« belasten müssen; und die ambulanten Hospitäler, die bei Patienten mit gutem gesundheitlichen Zustand bestimmte, leichtere chirurgische Eingriffe preiswert, schnell und sicher durchführen. Es gibt z. B. auch Anwälte, die mit Hilfe computergesteuerter Informationssysteme ihre Recherchen wesentlich schneller und wirtschaftlicher durchführen. Noch größerer Beliebtheit erfreuen sich die neuen sogenannten Rechtshilfekanzleien, die sich nur auf konventionelle Untersuchungen beschränken und nicht vor Gericht tätig werden. Es ist bemerkenswert, daß es sich hier um die gleiche Art der Spezialisierung handelt, die auch erkennen läßt, warum General Motors nicht seine eigenen Reifen, Scheiben oder anderes Zubehör herstellt: dieser Konzern versteht sich als ein »Industrie«-unternehmen, in dem die manuelle Arbeit hauptsächlich in der Zusammenstellung der vorliegenden Produkte besteht. Ähnlich verhält es sich bei Sears & Roebuck, wenn eine schriftliche Bestellung ausgeliefert werden muß, oder bei American Express mit einem umfangreichen Pauschalreiseprogramm, das von anderen geplant und durchgeführt wird, - ein »Supermarkt« in der Touristikbranche, der in regelmäßig erscheinenden Katalogen seine Reiseziele klar, detailliert und farblich ansprechend anbietet. Der Urlauber weiß genau, was er bekommt und was er dafür ausgeben muß; alles ist im voraus arrangiert, inklusive der fakulatativen, »maßgeschneiderten« Exkursionen. Diesen drückt man, wie bei einem Auto, einen »individuellen Stempel« auf, indem man schon vor der Buchung bestimmte Änderungen anordnet. Und um wieviel einfacher und billiger ist diese Art zu reisen: man muß sich nicht mehr mühevoll seine dann meistens wesentlich teurere Reiseroute zusammenstellen oder das Arrangement einem Reisevermittler überlassen, der nicht besonders zuverlässig wirkt und weniger durch sein Wissen auffällt, als vielmehr durch seine Gier, möglichst viel am Kunden zu verdienen.

Die Grenzen der Industrialisierung

Die Industrialisierung der Serviceunternehmen, also die Steigerung ihrer Produktivität, ist gerade den Kinderschuhen entwachsen und beginnt heranzureifen. Ähnlich wie im menschlichen Reifeprozeß wird es auch hier mißlungene Experimente und traumatische Erlebnisse geben; trotzdem werden viele Branchen wachsen und prosperieren, wie es bei einigen bereits der Fall ist. Das Wissen, die wohl am leichtesten übertragbare Form wirtschaftlicher Ressourcen, scheint schließlich doch einen entscheidenden Einfluß auf unseren Lebensstandard auszuüben; dabei geht es weniger um brauchbare Verbesserungen im Servicebereich, als vielmehr darum, Unternehmensziele und -zwecke zu überdenken und rationale Denkweisen, Systeme und Methoden mit Hilfe der Steuer- und Kontrollfunktion des Management einzusetzen. Die »postindustrielle« Gesellschaft hat bereits einige äußerst produktive Prototypen hervorgebracht, und McDonald's ist nicht das einzige Beispiel.

Aber manche Dinge gehen weniger leicht »von der Hand« als andere. Die Nachfrage nach verschiedenen Dienstleistungsaktivitäten - u. a. Restaurants, Bankwesen, Einzelhandel und Freizeiteinrichtungen - fluktuiert stark je nach Tageszeit oder Wochentag. Während der Flaute bleibt ein großer Teil der vorhandenen Kapazität ungenutzt. Wären die Betriebe voll ausgelastet, würde auch die Produktivität wachsen; das gelingt aber leider nicht immer.

Einige Restaurants und Freizeiteinrichtungen versuchen es mit einer differenzierten Preisgestaltung: z. B. verlangen manche Kinos Montags nur den halben Eintrittspreis; in vielen Skiorten kosten Liftkarten während der Woche nur die Hälfte; es gibt einen verbilligten »Damentag« in Squash- und Tennishallen und die »Happy Hour« in manchen Bars, wo ab 15 Uhr Drinks zum halben Preis serviert werden. Viele arbeiten in der Dienstleistungsindustrie, weil sie mehr Möglichkeiten bietet, sich selbständig zu machen - und zwar in den verschiedensten Berufsgruppen, im Einzelhandel und im Reparaturgewerbe. Hier findet man doppelt soviele Selbständige wie in der übrigen Wirtschaft. Wo der Wunsch nach Eigenständigkeit vorrangig ist, gilt die unternehmerische Effizienz als zweitrangiger, zumindest aber nicht als dominierender Faktor. Der Inhaber einer kleinen Firma ist wahrscheinlich weniger an kapitalintensiven oder die Unternehmensführung betreffenden Verbesserungen interessiert als der professionelle Manager, der völlig anders motiviert ist. Wo man ein gesichertes Einkommen zugunsten der »Freiheit« aufgibt, ist Produktivität meistens von sekundärer Bedeutung. Die Studien von Victor Fuchs zeigen, daß innerhalb derselben Servicebranchen die Pro-Kopf-Produktivität in den Firmen, die Angestellte beschäftigen, beträchtlich höher ist als dort, wo der Inhaber (meistens mit Hilfe der Familie) die ganze Arbeit leistet. Das liegt z. T. an den Kosteneinsparungen, die durch eine optimale Betriebsvergrößerung erzielt werden - größere Firmen werden selten vom Inhaber geführt. Zum Teil spiegelt sich darin die Überlegenheit der professionellen Unternehmensführung wider. Da es immer Leute geben wird, die lieber weniger verdienen als für andere arbeiten, verschwinden trotz der höheren Produktivitätsrate der Konkurrenz nicht alle Firmen, die weniger effizient arbeiten, von der Bildfläche. Es wird auch in Zukunft den Lebensmittelladen »an der Ecke«, die winzige Reparaturwerkstatt und die kleine Steuerkanzlei geben, deren Inhaber im Vergleich zum Stundenlohn eines Facharbeiters ein klägliches Einkommen beziehen. Das kommt im industriellen Sektor seltener vor.

Die Produktivitätsrate im Dienstleistungssektor wird deshalb im Durchschnitt wohl auch weiterhin niedriger liegen als im Industriebereich, selbst wenn die Serviceunternehmen noch stärker industrialisiert werden sollten. Aber der Fall ist trotzdem nicht so hoffnungslos, wie man mancherorts glaubt, - nicht einmal, wenn es um den Staatsdienst geht.

Staatsdienst, ein Sonderfall

Über 18% aller amerikanischen Arbeitnehmer sind im Staatsdienst, auf Bundes-, Landes- oder kommunaler Ebene beschäftigt. Der Staatsdienst ist der wohl personalintensivste Dienstleistungsbereich. Ich möchte ihm aus zwei Gründen besondere Aufmerksamkeit widmen: Erstens nimmt man allgemein an, daß die produktivitätsfördernden Technologien des güterproduzierenden Sektors hier auf nur wenige Aktivitäten angewendet werden können; und zweitens sind viele der Überzeugung, daß sich der Umfang dieses Wirtschaftsbereiches kaum reduzieren läßt. Oft wird sogar die Meinung vertreten, er expandiere unaufhaltsam. Aber weder die erste noch die zweite Annahme ist berechtigt.

215

Erstens weiß niemand genau, worin die Produktivität des Staates besteht. Die Experten sind sich nicht einmal darüber einig, wie man sie messen kann. Deshalb geht man - unglaublich aber wahr - davon aus, daß die Produktivität des Staates offiziell weder zu - noch abnimmt; die mir bekannten Daten weisen jahraus, jahrein keine Produktivitätsänderungen auf. Und zweitens: wenn die Produktivität im Finanz-, Versicherungs- und Immobiliensektor zunehmen kann, wie es zwischen 1929 und 1961 der Fall war (während diese Bereiche vorher mit einem Steigerungsminimum von nur 0.26% dem durchschnittlichen Produktivitätszuwachs der Gesamtwirtschaft beträchtlich hinterherhinkten), dann kann sie auch im Staatsdienst, wo die Aktivitäten ähnlich sind, angehoben werden. Und drittens: die Vorstellung, daß der Staatsdienst (das heißt in diesem Fall die Arbeit des Angestellten) genauso gesteuert und rationalisiert werden kann wie die des Arbeiters, ist relativ neu. Frederick W. Taylor führte seine ersten Studien über Zeit- und Bewegungsabläufe 1881 in Pennsylvanien im Midvale Stahl-Konzern bei Arbeitern durch, die Schlacke und Kalkstein transportierten. Das Resultat war schließlich die »wissenschaftliche Betriebsführung«, der Akkordlohn und viele andere Neuerungen, die zu einer erheblichen Produktivitätssteigerung des Industriebereiches beigetragen haben. Seit die Angestellten (innerhalb und außerhalb des Staatsdienstes) ihren Arbeitnehmer-Status akzeptiert haben und den Gewerkschaften beigetreten sind, wurden Tür und Tor für ähnliche Innovationen in ihrem Bereich geöffnet. Erst 1975 erschien ein Handbuch darüber, wie man mit Hilfe von Taylors inzwischen fast hundert Jahre alten Methoden die Produktivität im Staatsdienst und in den Dienstleistungsorganisationen verbessert - und dieses Handbuch wurde auch noch von Japanern publiziert.*

Erst mit der Verabschiedung des »Zweiten Bundesstaatlichen Reorganisationsprogrammes« von 1970 war die Regierung gezwungen, der Entwicklung der Führungsqualitäten ihrer höheren Chargen auch offiziell mehr Aufmerksamkeit zu schenken. Heute muß jeder leitende Angestellte im Staatsdienst je nach Dienstgrad ein ein- bis zweiwöchiges formales Management-Training absolvieren. Das ist immerhin ein Anfang - obwohl diese Neuregelung bis jetzt leider nur die Beamten auf Bundesebene betrifft. Von den 16 Millionen im Staatsdienst - ohne die

---

* Marvin E. Mundel, Measuring and Enhancing the Produktivity of Service Government Organizations (Tokio: Asian Productivity organization, 1975).

Streitkräfte – Beschäftigten, arbeiteten 1981 jedoch 13.2 Millionen in der Landes- und Kommunalverwaltung.

Abgesehen von der wachsenden Zahl der »Staatsdiener« hat sich die Zahl der Beschäftigten im gesamten Dienstleistungsbereich verdoppelt. Zwischen 1950 und 1974 betrug die Steigerungsrate 90%, im güterproduzierenden Sektor hingegen nur 34%.

Zwischen 1970 und 1981 steig das Kontingent der Arbeitnehmer im güterproduzierenden Sektor um 10%, im nicht-güterproduzierenden um 39%. Seit 1880 ist die Beschäftigungsquote in der Dienstleistungsindustrie im Verhältnis zum gesamten Arbeitskräftepotential ununterbrochen gestiegen (allerdings nicht gleichmäßig: der Anteil der Erwerbstätigen im Nahverkehr begann 1947 abzunehmen; im Immobiliengeschäft waren 1974 genausoviele Arbeitnehmer tätig wie 1956). Der Unterschied besteht jedoch darin, daß die Zahl der im Staatsdienst Beschäftigten seit 1950 schneller gestiegen ist, und zwar von 13% auf 18%. Dieser Zuwachs ist auf verschiedene Ursachen zurückzuführen: auf den zunehmenden Einfluß der Regierung in allen nationalen Angelegenheiten, der mit der Depression begann; auf die Erweiterung der Streitkräfte (mit und ohne Uniform) seit Beginn des Kalten Krieges 1948 und der darauffolgenden Propaganda für den Korea-Krieg; und ganz besonders auf die »New Frontier«- und »Great Society«-Programme*, die 1961 auf Bundesebene initiiert wurden und sich schnell auf allen Regierungsebenen ausbreiteten.

Es gibt, was den Staatsdienst betrifft, eine ganz besondere Streitfrage: viele glauben nämlich, daß sich in diesem Bereich die Zahl der Beschäftigten nicht abbauen läßt. Dafür werden mehrere Gründe genannt: (1) Die Öffentlichkeit will immer umfangreichere und größere Dienstleistungen des Staates; (2) Die Verflechtung von Militär und Industrie und der systematische Aufbau eines »Feindbildes« sorgen dafür, daß die Verteitigungsausgaben konstant bleiben; (3) Die Regierung setzt sich aus einem permanenten Kader zusammen, der natürlich daran interessiert ist, den Status quo aufrechtzuerhalten und in »Amt und Würden« zu bleiben; und (4) Die Hierarchie im Staatsdienst und die Gesetze der Anziennität sind die gleichen wie in der freien Wirtschaft: das heißt, selbst wenn arbeitssparende Technologien und Systeme verfügbar wären, würden die dienstältesten Beamten (die den größten Einfluß haben)

---

* Anm. d. Übers.: Programme zur wirtschaftlichen und sozialen Entwicklung die letzten sein, die gehen müssen oder sich ändern, denn Alter und Trägheit sind auf ihrer Seite. Auch wenn es gelingt, die Arbeit der Angestellten allgemein ausreichend zu rationalisieren, um die Effizienz zu vergrößern und die Beschäftigungsquote zu senken, braucht der Staat dafür mindestens eine Generation länger und wird deshalb zwangsläufig hinter der generellen Entwicklung zurückbleiben. Der dritte und vierte Grund sind im wesentlichen derselbe: er gilt nicht nur für den Staatsdienst, sondern für alle Wirtschaftsbereiche. Auch unsere Privatwirtschaft kennt das Senioritätsprinzip: institutionalisiert in den unteren und mittleren Ebenen der Unternehmenshierarchie, rationalisiert in den Chefetagen und dramatisiert in leeren Phrasen, die vom Gegenteil zu überzeugen suchen. Die meisten Dinge passieren genau dort, wo man sie am wenigsten erwartet.

Der zweite Grund, die permanent hohen Verteidigungsausgaben, wird von der Geschichte widerlegt. Die Ausgaben unserer Streitkräfte gehen heute trotz des, absolut gesehen, großen Umfanges proportional zurück und sind immer schon langfristig reduziert worden. Das Verteidigungsbudget der USA ist seit 1946 von 8.4% des Bruttosozialproduktes (der Höhepunkt war während des Vietnam-Krieges mit 9.4% erreicht) auf 5.9% im Jahre 1974 gefallen. 1982 ist der konstante Kostenaufwand hinter dem Verteidigungshaushalt der frühen 60er Jahre zurückgeblieben.

Das »Demokratische Unbehagen«

Im Hinblick auf den ersten Grund ist die Analyse von Samuel P. Huntington besonders aufschlußreich*. Er spricht von dem »demokratischen Unbehagen« der 60er Jahre, von dem wachsenden Bedürfnis nach und der Zunahme an Aktivitäten des Staates einerseits, und dem gleichzeitigen Vertrauensschwund in die Regierung andrerseits. Während der, nach Huntington, »demokratischen Welle« der 60er Jahre zeigten zahlreiche Meinungsumfragen, daß das Vertrauen der Wähler in den Präsi-

---

Samuel P. Huntigton, American Politics« The Promise of Disharmony (Cambridge: Harvard University Press, 1981). Siehe auch sein Artikel, »The Democratic Distemper,« The Public Interest, Nr. 41 (Herbst 1975), S. 9–38.

denten, den Kongreß, den Obersten Gerichtshof und die Streitkräfte im gleichen Maße abnahm, wie deren Aktivitäten zunahmen. Obwohl die Öffentlichkeit sich definitiv für eine starke Regierung aussprach und sogar noch umfangreichere staatliche Maßnahmen forderte, wurde der Bürger doch immer unzufriedener, je mehr er bekam. In den 80er Jahren war die Reputation der Regierung zwar einigermaßen wiederhergestellt, aber sie genoß noch lange nicht das gleiche Ansehen wie in den 50er Jahren. Das Vertrauen in die Fähigkeit des Staates, die demokratischen, liberalen und egalitären Ziele zu erreichen, die die »demokratische Welle« der 60er Jahre »hochgespült« hatte, ist verschwunden. Ich möchte noch einen Schritt weiter gehen als Huntington und behaupten, daß die Desillusionierung wahrscheinlich um 1969 in den Intellektuellenkreisen an den Universitäten begann. Eli Ginzberg und Robert M. Solow - einfühlsame und glühende Befürworter einer neuen Gesellschaftsstruktur und Protagonisten eines verbesserten Staatswesens – haben in einem einleitenden Essay in der im Winter 74 erschienenen Sonderausgabe von *The Public Interest* bezüglich der in den 60er Jahren initiierten Interventionsprogramme erklärt, daß »der Angriff, den die Konservativen schließlich doch gewagt haben, zwar bedeutungslos, aber wenigstens längst überfällig war.... Als eine noch größere Überraschung erwies sich die wachsende Desillusionierung und Verzweiflung von so manchem sozialen Planer dieser Interventionsprogramme und der Wählerschaft, die sie vertreten.«

Intellektuelle glauben verständlicherweise, daß das, was sie schreiben, früher oder später seine Wirkung zeigt. In der Vergangenheit haben sie sich für das Egalitätsprinzip und eine Ausweitung der staatlichen Leistungen stark gemacht, und die Öffentlichkeit folgte nach und nach ihrem Beispiel. Heute folgen die Bürger wieder - nur dieses Mal weist die Führerschaft in die entgegengesetzte Richtung. Es spielt keine Rolle, wer führt und wer folgt, die Richtung scheint vorgezeichnet. Darüber hinaus gibt wohl auch die geschichtliche Entwicklung dieser radikalen Abkehr von früheren Verhaltensweisen recht. Huntington schreibt:

In Zeiten abrupten sozialen Umbruchs ... werden die demokratischen und egalitären Prinzipien der amerikanischen Weltanschauung erneut bestätigt. Die Intensität der Überzeugungen während solcher »Perioden leidenschaftlicher Glaubensbekenntnisse« führt dazu, daß die etablierte staatliche Autorität in Frage gestellt wird und man sich verstärkt darum bemüht, die Struktur des Staatswesens so zu verändern, daß sie mit diesen Wertvorstellungen übereinstimmt. In dieser Hinsicht ... weist die demokratische Welle der 60er Jahre die gleichen Merkmale auf wie die vergleichbaren egalitären und Reformbewegungen der Jackson-Ära und anderer progressiver Perioden. Diese »Wellen« machten sich, wie die augenblickliche, auch während Phasen der Neuorientierung bei Regierungspartei und Regierungsinstitutionen einerseits, und den sozialen Kräften andrerseits, bemerkbar. Die Wahlsprüche, Ziele, Wertvorstellungen und Absichten all dieser Bewegungen lassen erstaunliche Ähnlichkeiten erkennen. Folglich läßt sich aus dieser Analyse schließen, daß sich zu gegebener Zeit die demokratische Welle und das daraus resultierende zwiespältige Gefühl des Bürgers gegenüber der Regierung abschwächt.

Es ist bereits eine eindeutige Abschwächung der politischen Aktivität in unserem Lande spürbar (obwohl der Lärm darum nicht abgeklungen ist); das liegt nicht nur daran, daß ein unpopulärer Krieg beendet und ein unfähiger Präsident gegangen ist. Die meisten amerikanischen Bürger haben das Gefühl, daß die Dinge nicht so laufen, wie sie sollten, und daß die Nachteile auf lange Sicht unüberschaubar sind. Die prekäre Lage der meisten größeren Städte hat die Situation so zugespitzt, daß jeder Grenzen und Einschränkungen nicht nur akzeptiert, sondern vielmehr fordert. Michael Dukakis, ein sympathischer, intelligenter und liberaler Demokrat, wurde 1974 aufgrund seiner liberalen Einstellung zum Gouverneur von Massachusetts gewählt. Schon damals sagte er nach dreiwöchiger Amtszeit sinngemäß: »Das können wir uns nicht leisten. So kann es nicht weitergehen. Wir müssen zurückstecken und unser Budget ausgleichen.« In acht Monaten hatte er die Sozialausgaben um 8000 Dollar gekürzt, die Zahl der Regierungsangestellten verringert und den Etat ausgeglichen.

Niemand, der politische Kommentare und öffentliche Meinungen in den Lokalzeitungen liest, und hört, was auf der Straße, in Büros, Fabriken und bei Zusammenkünften von lokalen Politikern geredet wird, kann leugnen, daß die »Zugkraft« des Staates nachgelassen hat. Der Bürger will ganz einfach weniger verwaltet werden; er lehnt Experimente des Staates ab; es sei denn, es handelt sich um fiskalische und monetäre Transaktionen, um die Wirtschaft und Hilfsprogramme für Rentner, Minoritäten und sozial Schwache zu stützen. Nur solche

Programme spielen eine zentrale Rolle in seinem Leben; alles andere ist ihm suspekt, außer er wird zum direkten Nutznießer staatlicher Freigebigkeit. Und selbst das Gefühl, das zu bekommen, »was einem schließlich ja zusteht«, ist in den Hintergrund getreten. Es steht nicht einmal eindeutig fest, ob all die großen sozialen Programme, die sich mittlerweile als Fehlschlag erwiesen haben und in Verruf gekommen sind, von einer breiten Bevölkerungsschicht befürwortet worden sind.

Was das bedeutet ist klar. Der Prozentsatz der im Staatsdienst Beschäftigten ist, gemessen am gesamten Arbeitskräftepotential, seit der Präsidentschaft Reagans genauso zurückgegangen wie während der Eisenhower-Ära; das liegt nicht nur daran, daß die Gesamtzahl der Arbeitnehmer in Amerika steigt, sondern ist auch darauf zurückzuführen, daß die Beschäftigungsrate im Staatsdienst generell rückläufig ist. Das trägt zweifellos dazu bei, daß potentielle strukturelle Tendenzen zu Produktivitätsverringerung, gebremstem Wirtschaftswachstum und steigender Inflation abgeschwächt werden.

Zukunftsaussichten

Die meisten staatlichen Dienstleistungsunternehmen unterscheiden sich funktional und qualitativ von privaten Dienstleistungsbetrieben. Die Technologie der Unternehmensführung - oder Management als eine Form des Wissens - läßt sich in einigen Dienstleistungsbranchen leichter anwenden als in anderen. Entsprechend schwieriger und weniger spektakulär als im güterproduzierenden Sektor gestaltet sich der Versuch, die Produktivität im Servicebereich zu steigern. Die Arbeit eines Chirurgen wird vielleicht durch eine bessere Ausrüstung des OP und eine rationellere Planung vereinfacht. Aber er schafft es trotzdem nicht, zwei Blinddarmoperationen in der gleichen Zeit durchzuführen, die er sonst für eine gebraucht hat. Dem Angestellten im Arbeitsamt, der für die Bearbeitung der Anträge auf Arbeitslosenunterstützung zuständig ist, werden wohl kaum die produktivitätsfördernden Technologien zugänglich gemacht, die dazu beigetragen haben, daß es den Antragsteller, dessen Gesuch er gerade bearbeitet, überhaupt erst gibt.

Andrerseits gibt es mehr Möglichkeiten, als bei oberflächlicher Betrachtung ersichtlich ist. Es ist z. B. bemerkenswert, daß ein großer Teil der ständig wachsenden Zahl der Anträge auf Kreditkarten und Klein-

221

kredite nicht aufgrund eines zeitraubenden, persönlichen Gespräches oder langwieriger Recherchen »bearbeitet« wird, sondern mit Hilfe eines einfachen (nicht einmal computergesteuerten) einseitigen Kredit-Antragsformulars. Die Kriterien, die zur Beurteilung der Kreditwürdigkeit des Antragstellers zugrunde gelegt werden, wurden anhand eines komplexen statistischen Diagrammes entwickelt; die mit Ja oder Nein zu beantwortenden Fragen wurden unter Anwendung der Bayesschen Methode ausgearbeitet. Bezeichnend ist, daß dieses »blitzschnelle« Bewertungssystem nicht von Banken, Finanzierungsgesellschaften, Warenhäusern oder American Express entwickelt wurde, sondern von Außenseitern mit Erfahrung in der Systemanalyse, die die Gelegenheit, Geld zu verdienen, erkannten und ergriffen - von Experten mit einem gewissen Know-how, die eine Dienstleistungsgesellschaft gründeten, um die Produktivität anderer Dienstleistungsunternehmen zu erhöhen.

Obwohl eine solche Entwicklung im Kreditwesen eine Produktivitätssteigerung bewirkt hat, ist es unwahrscheinlich, daß diese Art der Mechanisierung - sei sie auch noch so effizient - auch bereitwillig bei der Bearbeitung der Anträge auf Arbeitslosenunterstützung akzeptiert wird. Genauso, wie es zwischen den einzelnen Dienstleistungsbranchen Unterschiede gibt, sind sie auch verschieden im Hinblick auf eine mögliche Industrialisierung. Technische Durchführbarkeit ist nicht gleichbedeutend mit praktischer Annehmbarkerit.

Aber damit ist noch gar nichts gesagt. Wir haben gesehen, daß die güterproduzierenden Industriezweige nicht einheitlich produktiv gewesen sind, wobei jährliche Zuwachsraten zwischen 1948 und 1966 von 1.1% (in der tabakverarbeitenden Industrie) bis 4.9% (bei chemischen Produkten) zu finden sind. Genauso ist es im Dienstleistungssektor: von 1939 bis 1963 rangieren die jährlichen Zuwachsraten zwischen 0.6% (bei Friseurbetrieben) und 3.3% (bei Kraftfahrzeug-Reparaturwerkstätten).

Die Hypothese von der »postindustriellen« Gesellschaft beschwört erschreckende Zukunftsvisionen herauf - eine strukturelle Umformung, die zu verringerter Produktivität und somit zu erhöhter Inflation führt. In Wirklichkeit hat das kaum Einfluß auf die wachsende Bedeutung der geistig Arbeitenden. Als die güterproduzierende Industrie die Dienstleistungsindustrie im 19. und in der ersten Hälfte des 20. Jahrhunderts im Hinblick auf die Produktivität überflügelte, war der Mangel an theoretischen oder wissenschaftlich fundiertem Wissen für die »Flickschuster« kein Hinderungsgrund auf ihrem Weg zu phantastischen Erfolgen. Nur wenn man davon ausgeht, daß theoretisches Wissen in Zukunft zwangsläufig produktiver sein muß als die praktische Erfahrung (»die Flickschusterei«) früher war, ist die Annahme begründet, daß der Unterschied in der Art des Wissens per se zu einem neuen Produktivitätsgefälle zwischen güterproduzierender und Dienstleistungsindustrie führen könnte.

Die tatsächlichen Erfahrungen lassen keineswegs derartige Schlußfolgerungen zu. Vor mehr als 25 Jahren wurde bewiesen, daß die Kernspaltung theoretisch möglich ist, und es ist mittlerweile zehn Jahre her, daß sie im Labor durchgeführt wurde. Aber von einer allgemein sicheren praktischen Nutzung kann auch in absehbarer Zukunft noch keine Rede sein; In der Zwischenzeit braucht man die praktischen Technologen, die »Flickschuster«, wenn Sie wollen, um die Arbeit voranzutreiben.

Dennis Gabor z. B. erhielt nach dem Zweiten Weltkrieg den Nobelpreis für die Entwicklung der Holographie. Anfang der 60er Jahre versuchte die RCA, die über fast unbegrenzte Ressourcen verfügt, mit allen Mitteln, einen kommerziell nutzbaren Kamera- und Kinofilm zu produzieren. Der Kostenaufwand war ungeheuer: der gesamte Eastman Kodak-Konzern, die Film- und Fernsehgiganten aus Hollywood, der Stumm- und Tonfilmmarkt und andere, neue Marktsegmente rechneten mit Milliardenbeträgen - und mit den preiswerten Videorecordern und -kassetten. Zehn Jahre später, als die Ausgaben bereits astronomische Ausmaße erreicht hatten, mußte man sich eingestehen, daß das Unternehmen an der Praxis, also an der »Flickschusterei«, gescheitert war. Das theoretische Wissen war vorhanden, aber das Projekt erwies sich als Fehlschlag, weil es nicht wirtschaftlich in die Praxis umgesetzt werden konnte. Ingenieure und Technologen, die die besten Universitäten besucht hatten und als Experten galten, arbeiteten rund um die Uhr unter optimalen Bedingungen in Princeton, New Jersey, an der Realisierung; sie versagten genauso wie John F. Kettering - der auch ein Meister in seinem Metier war - als er 1920 versuchte, eine bahnbrechende Alternative zum alten Vergaser zu konstruieren. Zwei Generationen später nahmen die Wissenschaftler von General Motors seinen Platz ein, aber auch ihnen blieb der Erfolg versagt. Es gelang ihnen lediglich, Mikroprozessoren einzusetzen, um die mechanische Vermischung von Benzin und Luft in demselben alten Vergaser zu kontrollieren und die direkte Benzineinspritzung zu verbessern.

Das Wissen, daß für die Entwicklung der Holographie notwendig war, basiert auf Wissenschaft und Technologie und wurde Schritt für Schritt aus dem gesamten Reservoir theoretischer und wissenschaftlicher Erkenntnisse zusammengetragen. Selbst in den modernen wissenschaftlich fundierten Industriezweigen, in denen eine wissenschaftliche Grundlage auch in der Praxis unentbehrlich ist, sind die meisten Erfolge nicht in erster Linie dem theoretischen Wissen zu verdanken. Wir brauchen deshalb die »Flickschuster« mehr als je zuvor. Die »Macher« sind auch in den wissenschaftlich fundierten Industriezweigen die Regel und nicht die Aussnahme.

Praktische Unternehmensführung

Der Aufstieg der wissenschaftlich fundierten Industriezweige und die wachsende Bedeutung, die man den geistig Arbeitenden beimißt, haben in struktureller Hinsicht keine wesentliche Bedeutung oder Konsequenz. Wichtig ist, daß in den wirtschaftlich prosperierenden Ländern Überfluß und Wohlstand den Bedarf an Dingen, die wesentlich effizienter in Massen produziert werden können, proportional steigern. Aber die neuerdings wachsende Nachfrage nach handwerklich gefertigten Gegenständen - von »folkloristischem« Schmuck bis hin zum »antiken« Schreibtisch für den Top-Manager, zeigt, daß selbst die leistungsstärkste Massenproduktion in den güterproduzierenden Industriezweigen nicht alle häufig wechselnden Wünsche der Konsumenten erfüllen kann.

Die Nachfrage nach Dienstleistungen nimmt zweifellos zu. Man kann aber mit Recht davon ausgehen, daß bei einer Expansion des Marktes - wie im Fall der Kosmetiksalons, des Kreditkartensystems, der Schnellimbißrestaurants, der Reparaturwerkstätten, in der Medizin oder Justiz - die Vorstellungskraft unserer Führungskräfte ausreicht, um das ihnen zu Gebote stehende spezifische Wissen zur Steigerung der Produktivität einzusetzen.

Was sich sonst auch noch ändern wird: die »postindustrielle« Gesellschaft muß nicht zwangsläufig ein »Nach«-zügler sein, weil in Zukunft nicht mit einem neuen Industrialisierungsschub zu rechnen ist. Industrialisierung geht über Erfindungen, Maschinen und eine Anhäufung von Technologien hinaus. Zu der wachsenden Zahl der »geistig Arbeitenden« gehören nicht nur Ingenieure, Wissenschaftler und Techniker,

224

sondern - was viel wichtiger ist - auch unsere Führungskräfte. Das flüchtige Interesse, das man in der Literatur über die »postindustrielle« Gesellschaft den Managern entgegenbringt, ist nicht mehr als ein widerwilliges Zugeständnis. Entscheidend ist für viele aus dem Kreis unserer wissenschaftlichen Elite die »systematische Entwicklung der Forschung und die Gründung (außergewöhnlich produktiver) wissenschaftlich fundierter Industriezweige«, die zur Entstehung einer tiefgehenden strukturellen Unausgewogenheit in unserer Gesellschaft beitragen könnte«. Bei diesem »lyrischen Erguß« übersehen sie die Tatsache, daß solche wissenschaftlich fundierten Industriezweige von irgendjemandem »geschaffen«, »entwickelt« und »systematisiert« worden sind, daß die »fruchtbare Verbindung von Wissenschaft und Erfindung prinzipiell durch die Organisation der Forschungs- und Entwicklungsarbeit zustandekommt und einzig auf den weniger spektakulären praktischen Einsatz unermüdlicher »Flickschuster«, vor allem aber der Führungskräfte zurückzuführen ist - die Probleme und Möglichkeiten erkennen, Ziele und Absichten definieren, die Mittel wählen, Ressourcen bereitstellen, motivieren, anspornen, lenken und die Leistungen ihrer Mitarbeiter bewerten, überprüfen, anerkennen.

Was Führungskräfte in der Vergangenheit geleistet haben, um Technologie und Überfluß in den güterproduzierenden Branchen zu ermöglichen, und was sie heute leisten, indem sie wissenschaftliche Erkenntnisse mit Hilfe technologischer Systeme in praktische Ergebnisse umsetzen, kommt jetzt in verstärktem Ausmaß der Dienstleistungsindustrie zugute. Was damit erreicht werden kann, habe ich zum Teil schon geschildert. Und ich bin sicher, daß dies erst der Anfang ist.

Das Management ist ein entscheidendes Element in unserer Gesellschaft. Sollte sie tatsächlich »postindustrielle« Züge annehmen, so berechtigt die jüngste Entwicklung auf dem Gebiet der modernen Unternehmensführung zu der Hoffnung, daß auch in Zukunft die gleichen produktivitätssteigernden Ergebnisse in den expandierenden Bereichen unserer Wirtschaft erzielt werden können, wie früher im güterproduzierenden Sektor. Die apokalyptische Prognose vom strukturellen »Ungleichgewicht«, das den Fortschritt »hemmt«, halte ich für eine Fehleinschätzung unserer Zukunftsaussichten. Dabei wird nämlich, bewußt oder unbewußt, außer acht gelassen, was letztlich wirtschaftlichen Fortschritt überhaupt erst ermöglicht: die praktische Unternehmensführung.

Anmerkungen

»Marketing und Unternehmensziel« (Originaltitel: »Marketing and the Corporate Purpose«), basiert auf »Marketing and the Corporate Purpose« von Theodore Levitt in: CHANGING MARKETING STRATEGIES IN A NEW ECONOMY, herausgegeben von Jules Backman and John Czepiel, © 1977 by The BOBBS-Merrill Company, Inc.

»Die Globalisierung der Märkte« (Originaltitel: »The Globalization of Markets«) Mit freundlicher Genehmigung der Harvard Business Review. Eine geringfügig veränderte Version wurde unter dem Titel »The Globalization of Markets« von Theodore Levitt im Mai/Juni 1983 veröffentlicht. Copyright © 1983 by the President and Fellows of Harvard College; all rights reserved.

»Die Industrialisierung des Dienstleistungssektors« (Originaltitel: »The Industrialization of Service«). Nachdruck mit freundlicher Genehmigung der Harvard Business Review. »The Industrialization of Service« von Theodore Levitt (September/Oktober 1976). Copyright © 1976 by the President and Fellows of Harvard College; all rights reserved.

»Differenzierung ist Trumpf!« (Originaltitel: »Differentiation – of Anything«) Nachdruck mit freundlicher Genehmigung der Harvard Business Review. »Marketing Success Through Differentiation – of Anything« von Theodore Levitt (Januar/Februar 1980). Copyright © 1980 by the President and Fellows of Harvard College; all rights reserved.

»Marketing immaterieller Produkte and Produkteigenschaften« (Originaltitel: »Marketing Intangible Products and Product Intangibles«). Nachdruck mit freundlicher Genehmigung der Harvard Business Re-

227

Stichwortverzeichnis